D0083703

Moments littéraires

Moments littéraires

An Anthology for Intermediate French

SECOND EDITION

BETTE G. HIRSCH
Cabrillo College

CHANTAL P. THOMPSON
Brigham Young University

HEINLE
CENGAGE Learning

Australia • Brazil • Japan • Korea • Mexico • Singapore • Spain • United Kingdom • United States

HEINLE
CENGAGE Learning

Moments littéraires: An Anthology for Intermediate French, Second Edition
Bette G. Hirsch and Chantal P. Thompson

Publisher: Rolando Hernández

Development Editor: Florence Kilgo

Project Editor: Harriet C. Dishman/
    Anastasia K. Schulze,
    Elm Street Publications

Art and Design Manager: Gary Crespo

Senior Photo Editor: Jennifer Meyer Dare

Composition Buyer: Chuck Dutton

Associate Manufacturing Buyer:
    Brian Pieragostini

Executive Marketing Director:
    Eileen Bernadette Moran

Associate Marketing Manager:
    Claudia Martínez

Cover image: Georges Seurat, French,
    1859–1891, *A Sunday on La Grande
    Jatte—1884*, oil on canvas, 81¾" × 121¼"
    (207.5 cm × 308.1 cm), Helen Birch
    Bartlett Memorial Collection, 1926.224
    Reproduction, The Art Institute of
    Chicago, © The Art Institute of Chicago

Acknowledgments for text, photos, realia,
and illustrations appear on pages 297–298
of this book, which constitute an extension
of the copyright page.

The second edition of *Moments littéraires* is
dedicated by Bette Hirsch to Sydney, Brendan,
Ethan, Shea, Alexa, Marin, Riley, and Max;
and by Chantal Thompson to Ashley, Ethan,
Brandon, Kendra, Andrew, and Alex.

© 2006 Heinle, Cengage Learning

ALL RIGHTS RESERVED. No part of this work covered by the copyright
herein may be reproduced, transmitted, stored, or used in any form or by
any means graphic, electronic, or mechanical, including but not limited to
photocopying, recording, scanning, digitizing, taping, Web distribution,
information networks, or information storage and retrieval systems, except
as permitted under Section 107 or 108 of the 1976 United States Copyright
Act, without the prior written permission of the publisher.

For product information and technology assistance, contact us at
Cengage Learning Customer & Sales Support, 1-800-354-9706

For permission to use material from this text or product,
submit all requests online at **www.cengage.com/permissions**
Further permissions questions can be e-mailed to
permissionrequest@cengage.com

Library of Congress Control Number: 2005931375

ISBN-13: 978-0-618-52773-1

ISBN-10: 0-618-52773-7

Heinle Cengage Learning
20 Channel Center Street
Boston, MA 02210
USA

Cengage Learning is a leading provider of customized learning solutions
with office locations around the globe, including Singapore, the United
Kingdom, Australia, Mexico, Brazil, and Japan. Locate your local office at
www.cengage.com/global

Cengage Learning products are represented in Canada by
Nelson Education, Ltd.

To learn more about Heinle, visit **www.cengage.com/heinle**

Purchase any of our products at your local college store or at our preferred
online store **www.cengagebrain.com**

Printed in the United States of America
7 8 9 10 13 12 11 10

Table des matières

◆───────────────────────────────◆

CHAPITRE 7: La Francophonie 231

A. LA LITTERATURE FRANCOPHONE D'AFRIQUE NOIRE ET DES ANTILLES   231

B. LA LITTERATURE FRANCOPHONE DU MAGHREB   259

C. LA LITTERATURE FRANCOPHONE DU CANADA   273

Preface

Moments littéraires introduces a selection of French and Francophone[*] literary masterpieces from the Middle Ages to the 21st century to students at the intermediate college level and those in third-, fourth-, and fifth-year high school classes. It may be used by itself for a single term, or in conjunction with a grammar review text for an entire academic year. For many students, this anthology will represent a first encounter with French literature, and the readings have been selected with that in mind. They represent major trends and accomplishments of each period and introduce literary figures whose works are particularly interesting and suitable for intermediate students.

The language of some of the texts from the medieval period and the sixteenth century has been modernized for ease of reading. All of the other works are presented in their original form. This may seem to be a linguistic obstacle in some cases, but

> With literature, there is some special incentive involved: enjoyment; suspense; a fresh insight into issues which are felt to be close to the heart of people's concerns; the delight of encountering one's own thoughts or situations encapsulated vividly in a work of art; the other, equal delight of finding those same thoughts or situations illuminated by a totally new, unexpected light or perspective: all these are incentives which can lead learners to overcome enthusiastically the linguistic obstacles that might be considered too great in less involving material. (Collie and Slater, *Literature in the Language Classroom,* Cambridge University Press, 1987, pp. 5–6.)

Shorter works appear in their entirety, while scenes from plays and episodes of novels have been chosen for their unity and interest, and are contextualized in the introductions.

FEATURES OF THE TEXT

Historical and Literary Analyses

Chapters 1–6 each cover a period in French history. Chapter 7 introduces the diversity of sub-Saharan, Caribbean, North African, and Canadian literature in the modern world. Chapters begin with a brief historical and

---

[*]From French-speaking areas outside of France

literary overview of the period or culture. Literary genres are introduced. This ample contextual support is essential to enable intermediate-level students to read with success.

Prereading Sections

Passage-specific prereading strategies appear throughout the text to encourage students to read the pieces all the way through without resorting to frequent dictionary searches. Often students are urged to skim through a piece once to get the gist, to map out the main ideas of the text, or to scan for specific information. These strategies are meant to precede a subsequent close reading, and will help students develop techniques that facilitate effective reading.

   The prereading activities also introduce students progressively to the most common literary devices (**personnification, métaphore, comparaison,** etc.) and the simplest characteristics of versification (**rimes, pieds,** etc.). Each of these stylistic elements is presented as needed to facilitate its accompanying reading, rather than as part of an overwhelming cluster of facts. Note also the section entitled "Strategies for Successful Reading" in the **Chapitre préliminaire**, which provides detailed reading guidance.

Glosses

While some of the glosses are in English to facilitate comprehension, the overwhelming majority of glosses are in French to strengthen students' ability to arrive at meaning from context. Good readers are effective guessers who avoid turning to the dictionary to search for every new word. The use of French glosses will encourage intelligent guessing, among other techniques, by guiding students to build upon words and word families they already know, to recognize cognates, and to perceive patterns of spelling changes from English to French. Where appropriate, on-page footnotes supplement the glosses, providing cultural or literary background needed for comprehension.

Compréhension

Compréhension questions follow each selection, to prompt students to read closely for detailed comprehension and linguistic development. The questions lead students to use the selection's essential vocabulary as well as to understand its structure. **Compréhension** takes into consideration the fact that intermediate students' reading skills are usually more advanced than their speaking or writing skills. The questions are therefore constructed with the level of these skills in mind. They challenge students, but ask them to produce only what they are capable of producing.

Perceptions

The **Perceptions** questions guide students to think about the reading from a variety of perspectives. The questions concern points of style, issues raised by the author, and personal reactions to the work. In addition, they may offer ideas for paired role-plays and other communicative activities. This section provides practice in speaking (or writing) and is pitched slightly beyond students' likely level of proficiency in these skills areas. One goal of intermediate courses is generally to develop these productive skills as well as the receptive skills of listening and reading to the extent that each student approaches the higher ranges of Intermediate on the ACTFL scale. (See chart of Functions, Context, Content, Accuracy, and Text Type from the ACTFL scale, p. xiii.) The "Strategies for Speaking" section in the **Chapitre préliminaire** provides many useful suggestions to guide students toward advanced-level proficiency.

Synthèse

At the end of each chapter, a **Synthèse** section enables students to compare and contrast authors and works within that period, both orally and in writing, through a carefully structured progression of tasks ranging from simple to complex analyses. This progression mirrors students' likely development of speaking and writing ability from Intermediate toward Advanced on the ACTFL scale. In the **Chapitre préliminaire**, a section entitled "Strategies for Successful Writing" provides ample guidance for compositions, adding to this anthology the dimension of writing.

These features have been designed to afford students a working knowledge of French literature, while developing their language skills. This anthology is by no means meant to be a complete overview of French and Francophone literature. Women writers, often unduly neglected in traditional anthologies, are well represented here. Certain major figures have been omitted because of space considerations and the stated goals of readability and interest. For the same reasons, a limited number of authors have been included from the earlier centuries. *Moments littéraires* does, however, present the chronological evolution of French literature in a manner conducive to preparing intermediate-level students for more intensive study in the field.

NEW COMPONENTS

Two new ancillary components have been added for this edition.

A **Student Companion Website** (accessed through *www.cengage.com/college/languages/french/students*) includes the table of contents, links of interest to the student, maps of France and the Francophone world and activities that train students to summarize each of the literary selections and manipulate connectors in the context of connected discourse.

An **Instructor Companion Website** (accessed through *www.cengage.com/college/languages/french/instructors*) offers, in addition to the material on the Student Companion Website, information on the textbook's authors and the book's features.

ACKNOWLEDGMENTS

A book is the work of many people: its authors, yes, but also those who have accepted its concept, bettered its manner of expression, and nurtured its development. For this we thank Vince Duggan, Denise St. Jean, Rolando Hernández, and Florence Kilgo. They have understood how an intermediate-level anthology can introduce students to great works of French literature while increasing their proficiency.

We wish also to thank the following instructors who completed a series of reviews during the development of *Moments littéraires*. Their participation does not imply their endorsement of the book.

Marc Olivier, Brigham Young University
Jean Marie Schultz, University of California
Dr. Jane E. Evans, University of Texas at El Paso
Robert Emmett Chumbley III, Louisiana State University

Assessment Criteria: Speaking Proficiency

Global Tasks/Functions	Context	Content	Accuracy	Text Type
Superior Can discuss extensively by supporting opinions, abstracting and hypothesizing	Most formal and informal settings	Wide range of general interest topics and some special fields of interest and expertise; concrete, abstract and unfamiliar topics	Errors virtually never interfere with communication or disturb the native speaker	Extended discourse
Advanced Can describe and narrate in major time/aspect frames	Most informal and some formal settings	Concrete and factual topics of personal and public interest	Can be understood without difficulty by speakers unaccustomed to non-native speakers	Paragraph discourse
Intermediate Can maintain simple face-to-face conversation by asking and responding to simple questions	Some informal settings and a limited number of transactional situations	Topics related primarily to self and immediate environment	Can be understood, with some repetition, by speakers accustomed to non-native speakers	Discrete sentences and strings of sentences
Novice Can produce only formulaic utterances, lists and enumerations	Highly predictable common daily settings	Common discrete elements of daily life	May be difficult to understand, even for those accustomed to non-native speakers	Discrete words and phrases

Reprinted with permission, American Council on the Teaching of Foreign Languages (ACTFL).

Moments littéraires

Pour mieux lire, écrire et parler: Conseils pratiques

✦ Strategies for Successful Reading

As you read a passage in your native language, you are likely to employ many techniques to facilitate the reading process. However, it is quite possible that you are unaware either of these strategies or of their applicability to a foreign language. If so, you may not realize that you can draw upon them when reading in French. This introductory discussion will list some of the most common reading strategies and explain how each may be useful to you. In addition, immediately before each reading passage you will find a highlighted section, **Préparation à la lecture**, with an activity that incorporates a reading strategy that we feel is particularly appropriate to that text. Performing these activities will allow you to implement each strategy discussed here and to assess its effectiveness for you as a reader.

Our goal in presenting this general discussion of reading strategies is to help you become a fluent reader of French. We all know how frustrating it is to refer to a dictionary or a glossary at the end of the book every time you come across a seemingly unknown word. Searching for individual words takes a lot of time, interrupts the continuity of the reading, is quite boring, and often leads to written English translations atop the French words whose meanings still escape you at the end of the reading! The processes effective readers use are often automatic and subconscious. You probably use a number of them already when reading in English. We will attempt here to bring them to the surface for you, so that they will also become part of your repertoire when reading in French.

THE READING PROCESS

As you read, do you assume that the most important part of the process of understanding goes on between your eyes and the words on the page? Actually, the next phase, what happens between your eyes and what is already in your head, is probably much more important. It is at this stage that you draw upon your past experiences and what you know about the world to make sense of the print on the page. Some of the activities suggested here and at the outset of each reading are intended to make you actively aware of the facts related to the reading's content that you already possess. When you are thinking about a subject in a focused manner, you will be much more likely to make the kind of intelligent guesses that facilitate reading. The best guessers are often the best readers!

BRAINSTORMING

When you read the title (or first sentence) of a story or are otherwise introduced to its theme, it is often helpful to guess what you are likely to encounter as you read the passage. Thinking about the topic will help re-activate previously learned related vocabulary stored in your memory, and you will thus be better prepared to read.

INTRODUCTORY MATERIAL

What you find in visual or written form before the reading passage is there to orient you. It may inform you about an author, a period of time, a style, a particular fact necessary to understand the work, and so on. Be sure to examine this material before you approach the reading itself. It should help you avoid some of the difficulties inherent in the reading.

SKIMMING

A very useful technique when approaching a new reading is skimming. This consists of a quick (perhaps 2–3 minutes per page) read-through of the passage with the aim of getting a general sense of the meaning or gist of what you have read. Following this reading, you will be able to answer such general questions as whether it is about a person, a place, or an event. During this kind of reading, your eyes should travel from left to right over each line in a continuous fashion. You will not have time to stop to ponder over the unfamiliar. Instead, your purpose should be to get a general sense of the reading's content. After the first skimming, you already understand the general outline and are ready for a closer reading.

SCANNING

Scanning is another initial reading technique that you will be asked to try with certain readings, and that you might use yourself whenever you read. This strategy is particularly useful when you know in advance that a particular passage will contain certain features. As you read, train your eyes to search for and stop at these different bits of information. For example, you may be aware that a given passage will contain many dates. Underline each as you reach it, to gain a sense of the time period of the reading. Or perhaps you will encounter a detailed description of a character in a novel or short story. You may choose to circle all the adjectives that tell you something about this character.

Like skimming, scanning can introduce you to some important components of the passage, give you a general sense of its content, and prepare you to go back and read more closely. When you have practiced using skimming and scanning prior to detailed reading, you may find that the confidence gained from your general awareness of its content makes the presence of some unknown words or forms less bothersome to you.

VOCABULARY AND GENERAL MEANING

Guessing from the Context

When you encounter a new word in isolation, its meaning may be impossible to fathom. When you see that same word in context, though, the difficulty may evaporate. Because the other words in the sentence are known to you, you can figure out the meaning of the unknown one.

Example: Do you know the meaning of **tracassent**? Read the following lines from *La Farce du cuvier*:

> Ma femme là, sa mère ici,
>
> Comme des démons, me tracassent,
>
> Je n'ai repos ni loisir,
>
> Pas de bonheur, pas de plaisir!

Now that you see the word in context, can you come closer to guessing that it means *cause problems*?

Realize also that cues to a word's meaning may not appear in the same sentence, but later in the paragraph. Guessing from context means not jumping immediately to the glossary or a dictionary, but waiting instead until the context develops. After you try to arrive at a meaning on your own, these devices will serve for confirmation rather than information.

Families of Words

Many new words you will meet will resemble other words you have already learned. Even though these words are new, you can usually trust your hunch that they are indeed another form of an already known word. The glosses you will find in the margins will help you with this process. They will often refer you to a similar word in French, or an infinitive if the difficult word is a verb form.

Example: Each of the following words appears in passages you will read. Look at the word in parentheses and with this association to a more familiar word, attempt to guess the new one:

la perte   (perdre)

je me venge   (vengeance)

éloigné   (loin)

méprisante   (mépriser)

voulussiez   (vouloir)

Cognates

Many words are the same, or almost the same, in both French and English. These **mots apparentés** will often be noted for you in the glosses. Again, it is a question of freeing up your imagination to reach for the seemingly unknown! (The few false cognates you will run across should not deter your guessing about the meaning of most French words that look like English words.)

Example: Guess the meaning of the following words that you will encounter in the passages of the book:

la destinée

une torture

attaqués

des privilèges

dégrader

Patterns of Change

Certain letters and accents in French suggest certain letters in English. These patterns will often be noted for you.

For example, when you see an **accent circonflexe** above a vowel and before a **t,** if you add an **s** before the **t** you will often be close to the corresponding word in English.

hôte (*host*)

Or a word with an **é** followed by a **t** in French can often be made close to an English word by changing the **é** to **s.**

état (*state*)

And the ending **-ment** is often the equivalent of *-ly* in English.

gracieusement (*graciously*)

Also, **-eur** in French is often like *-er* or *-or* in English.

danseur (*dancer*)

Verb Tense Endings

Probably no one technique will help you in your reading more than that of focusing on the exact time frame suggested by the verb ending. A review of verb tenses is strongly suggested. Knowing whether the passages are narrating and describing in past, present, or future time will immediately establish a frame of reference for you.

Sentence Structure

In our native language we read with certain expectations of the words on the page. Sentences usually revolve around a subject, a verb, and the complement of that verb (its object and other related words). As you read in French, identify this core of each sentence. Often the meaning of the sentence will fall into place once this is done. This is especially true when the sentence is elaborately constructed and/or contains many difficult words. In the following sentence, underline the subject, circle the verb, and put parentheses around the complements:

> «Le capitaine, un grand monsieur, maigre, à longs favoris, se promenait sur la passerelle d'un air important…».

GENERAL SUGGESTIONS

These reading strategies should be considered each time you begin a reading assignment. Even if just one of these is suggested at the beginning of the reading, you may want to consider others that you have found helpful. The few minutes you spend in preparation will pay off royally in an easier, shorter, more interesting reading of your class assignment.

USING THE DICTIONARY

Our suggestions thus far have been directed toward strategies that will enable you to avoid the frequent looking up of words in a passage. If, after implementing all of these strategies, you still need help in deciphering a word, then it is probably time to turn to your bilingual dictionary. Before opening it, however, keep in mind that only rarely will you find just one definition listed for the word you have looked up. How can you pick the correct meaning? Here are a few suggestions.

- Identify the part of speech you are looking for. Is it a verb, a noun, an adjective, etc.? This will begin the narrowing-down process.

  EXAMPLE: (*Les Maximes*) «… le vent éteint les bougies et allume le feu.» Once you realize that **éteint** and **allume** are verbs, you should search for the meaning of their infinitive forms, **éteindre** and **allumer**.

- Grammatical considerations can also help you. For example, if you need to define a verb, consider whether it is transitive (a direct object follows) or intransitive (an indirect object follows). Is it a pronominal (or reflexive) verb?

  EXAMPLE: (*Le Jeu de l'amour et du hasard*—Marivaux) «… de quoi vous mêlez-vous?…».

  The realization that **vous mêlez-vous** is a pronominal verb form will narrow your dictionary search, enabling you to focus on the entries for **se mêler**.

- Always keep in mind the context of the word you are looking up. Even though the contextual guessing you practiced prior to going to the dictionary did not yield the meaning of the word, remaining aware of its context within the reading may help you find its correct meaning among the many listed.

  EXAMPLE: (*Emile*) «Supposons que, tandis que j'étudie avec mon élève le cours du soleil et la manière de s'orienter, tout à coup il m'interrompe pour me demander à quoi sert tout cela.»

  Rereading the rest of the sentence (and even the rest of the paragraph) will help you decide which of the meanings of **cours** (*path, course*) makes sense.

- Consider whether the word you are looking up is part of a longer expression. If this is the case, you may discover that the entire expression appears in the listings, usually toward the end of the dictionary entry. Be aware that you may have to look up the expression under more than one of its component words before finding the meaning of the entire expression.

  EXAMPLE: (*Lettres persanes*) If you have trouble with «il a l'air bien persan», finding the expression **avoir l'air** (*to seem*) will be your key to the meaning of **l'air** in this passage.

Once you have identified the appropriate definition of a word or expression, be sure to verify the definition you have selected by checking it against the context of the passage. Being thorough will make your limited use of the dictionary a valued strategy for successful reading.

✦ Strategies for Successful Writing

The central task of writing is that of negotiating meaning with a partner, the reader, who is absent. In a conversation, instant clues such as interruptions and facial expressions indicate when clarifications are needed. With writing, there is no such feedback. The writer must anticipate the reader's questions and address them in a clear and complete way. Writing in a foreign language, therefore, is as much a negotiation problem as it is a language problem. The following strategies will help you become a better writer in French.

1. «Faire ce qu'on peut avec ce qu'on a»

One of the first rules of survival is, as the French saying above tells us, to do what you can with what you have. Applied to a French writing assignment, this means using what you already know in French, instead of trying to translate literally to French the thoughts that come to you in English. Remember that direct translation often leads to linguistic disaster and that in any language there are many ways to get a message across, including *simpler* ways. If the ideas that come to your mind are too sophisticated for *your* French, do not try to translate; instead, reformulate! Ask yourself: "How can I say this with the words and the structures that *I* know?"

For example, if you are not sure of your ability to narrate or describe in the past, at first stay away from the past! **Le présent de narration** is much safer and perfectly acceptable in many contexts.

Before you rush to the dictionary, activate the vocabulary that you already have in French and see if you can convey the same idea with familiar terms. You may have to settle for less precision, but you will be more in control of what you write, and your message will be clearer. When you do have to resort to the dictionary, keep in mind the instructions that appear on pp. 5–6.

2. Knowing What to Say

Thinking of what to say about a given topic is not always easy. The main obstacle may be that you are expecting too much too soon. Do not be discouraged if you are unable to generate novel ideas and smooth prose instantly. If you look at writing as a series of little steps, the task may not be quite so overwhelming. The first of these steps is brainstorming, in groups or by yourself; taking notes is essential during this part of the process. The trick is to generate ideas on the topic at hand as quickly as possible. These can be expressed as single words or whole thoughts as long as the flow is unstructured, free from screening and judging. "Dumb ideas" can be tossed away later.

When generating ideas, start with small, concrete events from your personal experience. If your topic is the role of joy and suffering in life, think of moments of joy and moments of suffering in your life. The way to capture your reader's interest is to write about what you know best. From the concrete, you can then move to the abstract by asking yourself: What generalizations can be made from the way the event unfolded? What conclusions can be drawn from this experience?

Once you begin brainstorming in this fashion, you may be surprised to find out how much you have to say about nearly any topic.

3. The Reader's Role

What you say and how you say it often depends on the audience you are
addressing. For a letter on the moral codes of modern society, for example, consider the following potential readers: an old-fashioned grandpar-
ent, a younger brother or sister, or a newspaper editor. For each of those
readers your purpose, your tone, and the examples you would use might
be entirely different, because each audience has to be approached in a different way. In fact, one key to good writing is a sense of audience. When
you have a "real" reader in mind, writing is no longer a mechanical act but
instead becomes real communication.

If your reader is not defined for you, create your own best audience. Writing to the teacher may not be the best policy, because teachers read and
grade and can thus be intimidating. Find and define an audience with whom
you feel comfortable. It will help your writing come alive; it may also raise
your grade because everyone, including teachers, appreciates lively writing.

4. Order and Organization

Once you have generated ideas and decided on a reader, look for a common thread among your ideas and define your thesis or the main point
you want to make. It doesn't have to be a striking universal truth; it only
needs to be something that matters to you, a message worth sharing with
your chosen audience. For example, if the ideas you have generated on joy
and suffering point to the fact that, from your point of view, it is necessary
to experience the bad to appreciate the good, therefore suffering and joy
are interdependent, this can be your thesis. Your whole essay will then
revolve around this statement. Your thesis determines where you are going.
Now how do you get there?

The next step is to review your notes and organize them. Does each idea
relate to your thesis? If the connection is not immediately evident, delete
the idea. If it does relate, determine how and group your ideas into categories and subcategories. If an idea or illustration seems to fall into several
categories at once, assign it to one arbitrarily, remembering that you can
always move it later.

After grouping comes sequencing or putting the groups in an order that
seems logical to you. Anticipate your reader's logic as well: "What will s/he
want to know first? What will s/he logically want to know next?" Your outline might look something like this:

Introduction

I. Main idea #1
   A. Supporting idea #1
   B. Supporting idea #2
   etc.

  II. Main idea #2, with itemized supporting ideas

  III. Main idea #3, with supporting ideas

  etc.

   Conclusion

5. Introductions and Conclusions

Introductions and conclusions should be relatively short and written after you have shaped the rest of the essay.

A good *introduction* has three purposes: (1) to establish the topic, (2) to tell the reader how you are approaching the topic, and (3) to "hook" the reader. Among the many ways to capture a reader's interest are:

- Beginning with a shocking statement or an idea that seems self-contradictory and therefore demands further explanation. To introduce the topic of modern society's moral codes, such a statement could be: «La société moderne parle de nouvelle moralité pour défendre l'immoralité.»

- Asking a rhetorical question that readers cannot resist thinking about, like «La société d'aujourd'hui repose-t-elle encore sur des principes moraux?»

- Using a narrative opener, such as a short anecdote, to illustrate your point.

In all cases, avoid opening statements such as «Dans cette dissertation, je vais analyser...».

The *conclusion* is not a summary of the essay, a repetition of its thesis, or a last word, though it must signal the end of the essay. This can be accomplished in a number of ways.

- Without summarizing or repeating, you may come full circle and return to the essay's opening. If you began with a question, a natural way to conclude is to give the answer. If you began with a narrative about someone, return to that person, possibly in a different predicament.

- Save a clinching statement or anecdote for the end as a reminder of your main point.

- Consider your topic as a subtopic of larger issues and talk about the long-run implications of your thesis. Offer a final, provocative thought to ponder.

6. The Development of Ideas

An essay is like a road; if it reads as though you are driving a few yards in one direction, then a few yards in another, and yet another, with abrupt stops along the way, what you have is a series of disconnected sentences—and poor writing. To achieve unity, you must remove the stop signs and connect the pieces together. This is what constructing a paragraph is all about. Each main idea in your outline can become the basis for a paragraph, with one central focus to which all supporting information relates. Connecting words and punctuation both signal specific relationships between clauses and sentences. Connectors include relative pronouns (**qui, que, dont, où,** etc.) and a number of conjunctions and adverbs. The list below will help you achieve cohesion in French.

Relationship	*Common connectors*
Sequence	Tout d'abord (*first of all*), puis/ensuite (*then*), enfin (*finally*)
Additions	Et (*and*), aussi (*also*), d'ailleurs (*furthermore*), surtout (*especially*), ou (*or*), ou plutôt (*or rather*), en fait (*actually*)
Explanation	Parce que (*because*), à cause de (*because of*), puisque/comme (*since*), car (*for*), c'est pour cette raison que (*that is why*), la raison pour laquelle (*the reason why*), c'est-à-dire (*that is to say*), en d'autres termes (*in other words*)
Illustration	Par exemple (*for example*), comme (*like, as*)
Contrast	Mais (*but*), d'une part... d'autre part (*on one hand . . . on the other hand*), cependant/pourtant (*however*), néanmoins (*nevertheless*), par contre (*on the contrary*), malgré (*in spite of*), au lieu de (*instead of*), bien que [+ subjonctif] (*even though*), alors que/tandis que (*whereas*), même si (*even if*)
Consequence	Alors/donc/ainsi (*so, therefore*)

Unity within a paragraph is further achieved through proper development. Have you stated your main idea clearly? Have you provided explanations, examples, reasons, and implications as needed? Have you anticipated and answered all of your reader's questions?

Just as essential as linking sentences within a paragraph is linking the paragraphs themselves. In a well-constructed essay, each separate paragraph should not signal a complete stop but a "breather" between two ideas that share a common thread. Here are three ways to establish transitions or linkages between paragraphs:

• Use connectors: **Pourtant, d'autre part,** etc... (see the preceding list).

• Raise a question at the end of paragraph 1 («La société est-elle donc destinée à l'échec?»); answer it at the beginning of paragraph 2 («L'espoir est encore vivant, car...»).

• Recall a key word or idea from the preceding paragraph («Un retour aux traditions semble donc être une solution. Une autre solution...»).

7. «Vingt fois sur le métier remettez votre ouvrage»

In trying to define **l'art d'écrire,** seventeenth-century French writer Boileau said:

Hâtez-vous[1] lentement, et, sans perdre courage,

Vingt fois sur le métier[2] remettez votre ouvrage[3]:

Polissez[4]-le sans cesse et le repolissez;

Ajoutez quelquefois, et souvent effacez[5].

In other words, write and rewrite!

Rewriting or editing for *content* is basically the process of asking yourself questions such as: Does this belong? Is that exactly what I mean? What's missing? Have I kept my audience in mind throughout? Is the information clearly organized? Does one thought lead logically into another? Does each paragraph support my thesis? Does my work have a clear beginning, evolution, and conclusion?

Editing or proofreading for *form* is the process of asking yourself another set of questions: Do the verbs agree with the subjects? Do I have the right tenses? (Note: Do not mix present and past!) This is a compound tense with **être** as the auxiliary—does my past participle agree with the subject? Here the auxiliary verb is **avoir**—is there a preceding direct object and therefore a past participle agreement? Have I used some verbs or conjunctions that require the subjunctive? Do the adjectives agree with the nouns? What about word order? Is this the right preposition? What about my articles? Is this the right gender? Is this word spelled correctly? What about accents? (Note: For gender and spelling, check the dictionary.)

And of course, as you edit your French, remember the basic rule of writing in a foreign language: FOR SAFETY AND CLARITY, DO NOT TRANSLATE—REFORMULATE!

Finally, remember that while writing is a language task, good writing, in French or in any language, involves first of all clear thinking. As you approach each writing assignment, remember Boileau's advice:

Avant donc que d'écrire apprenez à penser.
Ce que l'on conçoit[6] bien s'énonce[7] clairement.

—*L'Art poétique,* Chant I

---

1. allez vite   2. *loom*   3. travail   4. *polish*   5. *erase*   6. Infinitif: concevoir   7. se dit

✦ Strategies for Speaking: From Minimal Answers to Elaborations

Intermediate-level students tend to speak in short sentences, or series of short sentences. A question such as «Comparez l'école idéale telle que Rabelais la décrit [au 16ᵉ siècle] et l'université idéale telle que vous la concevez pour notre époque» (see p. 43) might elicit typical answers such as: «L'école idéale de Rabelais n'a pas de règles[1]. L'université idéale aujourd'hui doit avoir quelques règles. Sans règles, c'est l'anarchie. Etc.» While the content of such an answer is perfectly correct, the short sentences that characterize its "text type" label you as an Intermediate Mid speaker, defined in the ACTFL Oral Proficiency Guidelines[2] as someone who "is generally limited to predictable and concrete exchanges necessary for survival in the target culture," someone who "tends to function reactively by responding to direct questions or requests for information" but has difficulty initiating speech, giving details, "linking ideas, manipulating time and aspect, and using communicative strategies, such as circumlocution." Intermediate Mid speakers are also known for their "pauses, reformulations and self-corrections as they search for adequate vocabulary and appropriate language forms to express themselves" and, as a result of "inaccuracies in vocabulary, pronunciation or grammar and syntax, misunderstandings are likely to occur."

If you find yourself fitting this description, be assured that there is nothing wrong with you! It is quite "normal" to have a speaking proficiency of Intermediate Mid as you approach a fourth or fifth semester language class at the college level, or fourth or fifth year in the high school curriculum. The trick is not to stagnate at that level. There are a number of things you can do to move more quickly and more confidently toward the Advanced level of proficiency, defined in the ACTFL Guidelines as "the ability to narrate and describe in all major time frames (past, present, and future) in paragraph-length discourse," and the ability to "handle linguistic challenges" with "sufficient accuracy and clarity" to "be understood by native speakers unaccustomed to dealing with non natives."

What can you do to move from the minimal, halting, and flawed answers that characterize the Intermediate level of proficiency, to the more elaborate, accurate, and flowing answers of an Advanced speaker? The following strategies will help you make that critical transition from Intermediate to Advanced.

---

1. *rules* 2. *ACTFL Proficiency Guidelines—Speaking,* American Council on the Teaching of Foreign Languages, 1999.

1. Expanding your active vocabulary

One of the first steps is to increase your active vocabulary. You already know many more words than you think; reactivate them through review, and, as you read texts in *Moments littéraires,* make lists of useful words and expressions you can add to your vocabulary. Review those lists often and make a conscious effort to use those words in classroom discussions. In the case of nouns, be sure to memorize the articles too; for example, don't learn **château**, but *un* **château**. Words become active vocabulary as you use them over and over, in ever-expanding contexts.

2. Mastering basic grammar

The class you are taking right now may have a language component in which basic grammar concepts are being recycled. If so, organize what you are reviewing or learning for the first time in ways that will help you remember it. For example, regular **-ir** verbs seem to cause intermediate students much grief; yet, if you neatly organize regular **-ir** verbs in your memory as being "like **finir,** therefore with **-iss-** for **nous/vous/ils,**" then it is no longer daunting to try to conjugate a new **-ir** verb such as **s'établir** (*to settle*) (**ils s'établissent au Canada**). If your class does not have a formal language development component, take it upon yourself to review the basic grammar concepts that serve the functions you are trying to master (full control) or improve in (partial control).

Functions	*Grammar concepts*
Describe/narrate in the present (full control)	• Verbes au présent • Articles et noms • Adjectifs et adverbes • Comparatif/superlatif
Ask/answer questions (full control)	• Adverbes et pronoms interrogatifs • La négation
Narrate/describe in the past (partial to full control)	• Le passé composé • L'imparfait • Le plus-que-parfait • Concordance des temps au passé (quand utiliser le passé composé, l'imparfait ou le plus-que-parfait) • Les expressions de temps comme **depuis, il y a,** etc.

Functions	Grammar concepts
Narrate/describe in the future (partial to full control)	• Futur et futur antérieur
Elaborate in present, past, and future (partial to full control)	• Pronoms personnels (**le, la, les, lui, leur, y, en,** etc.) • Pronoms possessifs et démonstratifs • Pronoms relatifs • Gouvernement de l'infinitif (**commencer à, finir de,** etc.)
Express opinion (partial control)	• Le subjonctif après certains verbes • Le subjonctif après certaines conjonctions • Subjonctif, indicatif ou infinitif?
Hypothesize (partial control)	• Le conditionnel présent • Le conditionnel passé • Les phrases hypothétiques

You will still make mistakes, especially as you try to recount in the past a literary plot or a personal story, but if you make a conscious effort to organize and reorganize in your mind the basic concepts of French grammar, the mistakes will be fewer and fewer, you will grow more confident, and, as a result, your proficiency will improve.

3. Using connectors

What changes a string of sentences into connected discourse? Those little words we call connectors, such as **d'abord, puis, alors, parce que, comme, quand,** etc. Compare the string of sentences mentioned on p. 12:

L'école idéale de Rabelais n'a pas de règles. L'université idéale aujourd'hui doit avoir quelques règles. Sans règles, c'est l'anarchie.

with the following:

L'école idéale de Rabelais n'avait pas de règles **parce que** l'homme de la Renaissance voulait être réglé par la vertu, **mais** c'est un idéal **qui** ne marche pas dans la réalité, **parce que** l'homme n'est pas toujours vertueux. **Alors,** dans mon université idéale, il y a des règles, **comme** faire ses devoirs, venir en classe à l'heure, **mais** il y a **aussi** beaucoup de liberté…

Those two sample answers illustrate perfectly the difference between Intermediate and Advanced-level speech.

The list of basic connectors, given on p. 10 under "Strategies for Successful Writing," also applies to speaking. Review that list often; make those words part of your active repertoire. Then, each time you read a text in *Moments littéraires,* take the time to summarize it in your mind, using logical connectors. Activities on the *Moments littéraires* Web site will help you manipulate **les mots liens** in the context of each literary selection.

4. Brainstorming

Last but not least, moving "from minimal answers to elaborations" requires thinking: *What else can I say about this?* Staying with the example of **l'école idéale,** it would be easy to just say a couple of things about cost of schooling («mon école idéale est gratuite!»), grades («pas de notes?»), or the curriculum («plus de cours obligatoires»). But if you take the time to list the categories of ideas you might include, before you articulate what you want to say, then all of a sudden, the short, trivial answer has turned into a thought-provoking, elaborate contribution to group work or class discussion. On the topic of **l'école idéale,** what categories of ideas can be included? Your brainstorming might look like this:

- Les bâtiments et les salles de classe (Quelle architecture? Des grandes fenêtres? Pourquoi? Décor des murs? etc.)
- En ville ou à la campagne? Pourquoi?
- Le cursus (curriculum): cours obligatoires vs. facultatifs, etc.
- Les étudiants (Diversité? Critères d'admission?)
- Les professeurs (Formation? Qualités?)
- La technologie (Rôle? Qu'est-ce qui peut ou ne peut pas se faire en ligne? etc.)
- Les examens et les notes (Contrôles fréquents ou non? etc.)
- Les sports (Equipes semi-professionnelles? Bourses aux athlètes? etc.)

By now, you are probably thinking of one or two more categories of ideas that might be included. You can also see that, although there may not be time to include *all* of those points, a discussion that includes *some* of those points will be rich and interesting, and will get you closer to being an Advanced-level speaker. This type of brainstorming can be done with any and every **Perceptions** question. Of course, elaborations take time, but in the end, it may be more productive to fully develop one or two questions, rather than give minimal answers to five or six.

As you try these Strategies for Speaking, you will find that elaborations truly unlock the door to fluency.

Pol de Limbourg, Calendrier des très riches heures du Duc de Berry:
Août. Chantilly, Musée Condé.

CHAPITRE 1

Le Moyen Age

ongtemps ignoré ou considéré comme une longue nuit entre la chute de l'Empire romain et l'avènement de la Renaissance, le Moyen Age est une période de mille ans qui s'étend du 5e au 15e siècle et qui, loin d'être une époque barbare, nous a laissé de nombreux trésors littéraires. Dans le contexte d'une période aussi vaste, on ne peut guère parler d'*une* littérature médiévale; pour comprendre l'évolution de cette littérature, il faut d'abord comprendre la société dont elle est l'expression.

La société du Moyen Age, principalement rurale jusqu'au 12e siècle, est une société féodale divisée en trois classes: le clergé ou les «orators» (terme latin pour «ceux qui prient»), les nobles ou les «bellatores» (ceux qui se battent) et les paysans ou les «laborantes» (ceux qui travaillent). Chaque classe a donc des fonctions bien définies, mais c'est une organisation qui repose sur la réciprocité des besoins.

En tant que représentants de Dieu sur la terre, les membres du clergé sont les plus privilégiés. Tout le monde a besoin de leurs prières pour recevoir le salut[1] éternel. Les «orators» ont à leur tour besoin des «bellatores» pour les protéger et des «laborantes» pour les nourrir.

Les nobles sont les propriétaires terriens, les seigneurs[2] qui sont toujours en guerre pour défendre ou agrandir leurs territoires. Ils dépendent du clergé pour les purifier des péchés de la guerre; ils dépendent aussi des paysans qui assurent leurs moyens d'existence.

Les paysans, ou les serfs, représentent 90% de la population. La terre qu'ils travaillent, les maisons qu'ils habitent, les fours où ils font leur pain, tout appartient aux seigneurs à qui ils doivent service et obéissance en échange de la protection et la sécurité.

La société féodale est une pyramide hiérarchique de vassaux[3] et de seigneurs. Les serfs sont les vassaux d'un seigneur qui est lui aussi le vassal d'un seigneur plus puissant, jusqu'au roi de France qui est au sommet de la pyramide. Et tous, y compris le roi, sont les vassaux de l'Eglise qui exerce un contrôle absolu sur la destinée des âmes[4] et domine tous les aspects de la vie médiévale. C'est ainsi que les monastères et les abbayes sont pendant longtemps les seuls centres de la vie intellectuelle. L'Eglise protège les arts et l'architecture, comme en attestent les grandes cathédrales romanes et gothiques. Au 13e siècle, elle fonde aussi les premières universités, dont la Sorbonne qui reçoit son nom de son premier directeur, le théologien Robert de Sorbon. C'est enfin l'Eglise qui, du 11e au 13e siècle, appelle les «chevaliers»[5] à délivrer la Terre Sainte[6] des «Infidèles de l'Islam» et à défendre la chrétienté contre les invasions païennes[7]. Nées de l'enthousiasme religieux, les croisades[8] font naître peu à peu l'esprit d'aventure et la soif de conquêtes matérielles.

Les 12e et 13e siècles, qui sont en France une période de paix relative et de croissance économique, voient changer la société du Moyen Age. Dans les châteaux, le culte du raffinement et les préoccupations de la vie de cour[9] viennent tempérer le culte de la guerre. Dans les villes, c'est la naissance d'une nouvelle classe, les bourgeois, qui revendiquent[10]

---

1. voir «sauver» 2. *landowners, lords* 3. sing. vassal 4. *souls* 5. *knights* 6. Jérusalem 7. *pagan* 8. *crusades*
9. *court* 10. demandent

des privilèges économiques et juridiques semblables aux pouvoirs des seigneurs.

Le déclin de la féodalité se produit pendant la Guerre de Cent Ans contre l'Angleterre (1337–1453). Obligés d'oublier leurs conflits internes, les seigneurs français se rallient sous une seule bannière, celle du roi de France, pour libérer l'ensemble du royaume de la présence anglaise. Grâce à Jeanne d'Arc, une jeune bergère[11] qui, improvisée Général en Chef, mène l'armée française à une victoire décisive en 1429, l'autorité du trône est restaurée et le nationalisme français fait ses débuts.

Etroitement liée à son contexte social, la littérature médiévale est tout d'abord une littérature religieuse. Les auteurs, souvent restés anonymes, sont des membres du clergé ou de la noblesse. Comme peu de gens savent lire, c'est une littérature orale, récitée ou chantée par les «troubadours» ou «jongleurs» qui voyagent de château en château. Les premières œuvres écrites sont des vies et légendes de saints, comme la *Cantilène de Sainte-Eulalie,* une chanson poétique qui date du 9e siècle. Dès le 11e siècle, les «chansons de geste» apparaissent; ce sont de longs poèmes épiques qui exaltent l'idéal féodal. Plus fort que la fatigue ou la peur, doué d'une valeur guerrière extraordinaire, fidèle en toutes choses à son seigneur, le chevalier des chansons de geste se bat glorieusement pour sa foi[12]. *La Chanson de Roland,* qui raconte les exploits guerriers de Charlemagne et de son neveu Roland contre les Infidèles, est la plus connue des chansons de geste.

Au 12e siècle, alors que la vie de cour se raffine, le chevalier féodal ajoute à ses valeurs le service d'amour. Comme à la cour imaginaire du roi Arthur dans les romans de la Table Ronde, le chevalier est non seulement brave, mais il fait tout pour plaire à sa dame. Il pratique la courtoisie[13], s'habille de façon élégante, s'intéresse à la musique et à la poésie; fidèle et soumis, il doit mériter, par le sacrifice et la maîtrise de ses désirs, l'amour d'une femme qui est souvent mariée ou de condition supérieure. Tel est l'idéal de l'amour courtois qui inaugure dans la littérature courtoise un culte poétique de la femme. Les *Lais* de Marie de France (voir p. 19) sont des exemples de cette littérature.

Aux 14e et 15e siècles, la littérature française prend de nouvelles formes. La prose apparaît dans les chroniques historiques qui racontent les croisades et la Guerre de Cent Ans. Au théâtre, les «mystères»[14] continuent à transposer sur le parvis[15] des églises les textes sacrés de la Bible, mais entre les longs épisodes dramatiques apparaissent des interludes comiques d'inspiration populaire comme *La Farce du cuvier* (p. 24).

En poésie, c'est le début des poèmes à formes fixes, comme les «ballades» et les «rondeaux»[16]. C'est aussi le début de la poésie lyrique[17] avec François Villon et Charles d'Orléans (p. 34).

---

11. personne qui garde des moutons   12. croyance religieuse   13. origine du terme qui désigne les manières galantes   14. *miracle plays*   15. place devant l'entrée   16. voir «Appendice littéraire»   17. qui exprime des sentiments personnels

Marie de France
(1159–1184)

Marie de France est la première femme poète de la littérature française. Elle a vécu dans la deuxième moitié du 12e siècle, à la cour du roi Henri II d'Angleterre, dont l'épouse, Aliénor d'Aquitaine (une Française) a encouragé la mentalité et la littérature courtoises. Inspirée par la légende du roi Arthur et les romans de la Table Ronde, Marie de France a transposé plusieurs légendes bretonnes en petits poèmes narratifs qu'on appelle des «lais», ou «chansons», parce qu'à l'origine ces œuvres étaient chantées et accompagnées à la harpe celtique. Dans ces lais, Marie de France nous présente une peinture très délicate du monde courtois où le rêve tient une place plus importante que la réalité, et où la femme, tendre et mélancolique, est souvent la victime de mariages malheureux et de circonstances adverses.

Le Lai du laustic qui vous est présenté ici est une transposition en prose et en français moderne.

PREPARATION A LA LECTURE

Pendant la première lecture d'une œuvre de fiction courte, il est très utile d'identifier les idées générales et l'organisation du texte.

A. Parcourez le texte une première fois pour identifier les paragraphes qui contiennent les idées générales suivantes.

Paragraphes	*Idées générales*
1. A Saint-Malo… ___	a. le mari commence à soupçonner quelque chose
2. Le bachelier… ___	b. vengeance du mari
3. Ils s'aimaient… ___	c. présentation des personnages
4. Seigneur, dit-elle… ___	d. l'excuse de la dame (l'oiseau)
5. En écoutant… ___	e. réaction de la dame
6. Je laisse à penser… ___	f. début de l'amour platonique entre la dame et le bachelier
7. La dame ramasse… ___	g. réaction du bachelier
8. La dame enveloppe… ___	h. message tragique de la dame à son amant
9. Le bachelier qui… ___	i. le «cadeau» du mari à sa femme

B. Maintenant, relisez le paragraphe qui commence par «A Saint-Malo» et notez deux ou trois adjectifs (ou autres expressions) qui décrivent **le mari** (conseil: c'est un des deux **chevaliers**), **la jeune femme** et **le bachelier.**

✦ LE LAI DU LAUSTIC

Je vous rapporterai une autre aventure dont les Bretons ont fait un Lai; ils le nomment dans leur langue *Laustic;* les Français par cette raison l'appellent *Rossignol,* et les Anglais *Nightingale.*

  A Saint-Malo, ville renommée dans la Bretagne, résidaient deux
5 chevaliers fort riches et très estimés. La bonté de leur caractère était tellement connue que le nom de la ville où ils demeuraient était devenu
célèbre. L'un d'eux avait épousé une jeune femme sage, aimable et spiri-
tuelle. Elle aimait seulement la parure°; et par le goût qu'elle apportait | ici: l'élégance
dans ses ajustements°, elle donnait le ton à toutes les dames de son rang°. | vêtements, bijoux / **son...** sa classe sociale / collègues, associés / **sa...** son courage
10 L'autre était un bachelier fort estimé de ses confrères°. Il se distinguait par-
ticulièrement par sa prouesse°, sa courtoisie et sa grande valeur; il vivait
très honorablement, recevait bien et faisait beaucoup de cadeaux.
  Le bachelier devint éperdument° amoureux de la femme du chevalier. | follement
A force de prières et de supplications et surtout à cause des louanges° | compliments
15 qu'elle en entendait faire, peut-être aussi à cause de la proximité de leur
demeure°, la dame partagea° bientôt les feux° dont brûlait son amant. Par | maison / senti aussi / sentiments ardents /
la retenue qu'ils apportèrent dans leur liaison°, personne ne s'aperçut de | relation / ici:
leur intelligence°. Cela était d'autant plus aisé° aux deux personnages que | complicité / facile
leurs habitations se touchaient, et qu'elles n'étaient séparées que par un
20 haut mur noirci de vétusté°. De la fenêtre de sa chambre à coucher la | vieux
dame pouvait s'entretenir° avec son ami. Ils avaient même la facilité de se | parler
jeter l'un à l'autre ce qu'ils voulaient; la seule chose qui leur manquait
était de ne pouvoir pas se trouver ensemble, car la dame était étroitement
gardée. Quand le bachelier était à la ville, il trouvait facilement le moyen
25 d'entretenir sa belle, soit de jour, soit de nuit. Au surplus ils ne pouvaient
s'empêcher° l'un et l'autre de venir à la croisée° pour jouir seulement du | s'abstenir / fenêtre
plaisir de se voir.
  Ils s'aimaient depuis longtemps, lorsque pendant la saison charmante
où les bois et les prés° se couvrent de verdure, où les arbres des vergers° | petites prairies / jardins d'arbres fruitiers
30 sont en fleurs, les oiseaux font entendre les chants les plus agréables et
célèbrent leurs amours, les deux amants deviennent encore plus épris° | amoureux
qu'ils ne l'étaient. La nuit, dès que la lune faisait apercevoir ses rayons et
que son mari se livrait au sommeil°, la dame se relevait sans bruit, s'en- | **se...** dormait
veloppait de son manteau et venait s'établir à la fenêtre pour parler à son
35 ami, qu'elle savait y rencontrer. Ils passaient la nuit à parler ensemble;
c'était le seul plaisir qu'ils pouvaient se procurer. La dame se levait si

souvent, ses absences étaient si prolongées, qu'à la fin le mari se fâcha contre sa femme, et lui demanda plusieurs fois avec colère quel motif elle avait pour en agir ainsi et où elle allait.

40 —Seigneur, dit-elle, il n'est pas de plus grand plaisir pour moi que d'entendre chanter le rossignol: c'est pour cela que je me lève sans bruit la plupart des nuits. Je ne puis vous exprimer ce que je ressens du moment où il vient à se faire entendre. Dès lors il m'est impossible de pouvoir fermer les yeux et de dormir.

45 En écoutant ce discours le mari se met à rire de colère et de pitié. Il lui vient à l'idée de s'emparer de° l'oiseau chanteur. Il ordonne en conséquence à ses valets de faire des engins°, des filets°, puis de les placer dans le verger. Il n'y eut aucun arbre qui ne fût enduit de glu ou qui ne cachât quelque piège°. Aussi le rossignol fut-il bientôt pris. Les valets l'ap- 50 portèrent tout vivant à leur maître, qui fut enchanté de l'avoir en sa possession. Il se rend de suite auprès de sa femme.

—Où êtes-vous, Madame? lui dit-il. J'ai à vous parler. Eh bien! cet oiseau qui troublait votre sommeil ne l'interrompra pas davantage. Vous pouvez maintenant dormir en paix, car je l'ai pris avec de la glu.

55 Je laisse à penser quel fut le courroux° de la dame en apprenant cette nouvelle. Elle prie° son mari de lui remettre le rossignol. Le chevalier, outré de jalousie, tue le pauvre oiseau, et, chose très vilaine, il lui arrache° la tête et jette son corps ensanglanté° sur les genoux de sa femme, dont la robe fut tachée sur la poitrine. Aussitôt il sortit de l'appartement.

60 La dame ramasse le corps du rossignol, elle verse des larmes° et maudit° de tout son cœur les misérables qui avaient fait les engins et les lacs°.

—Ah! malheureuse, dit-elle, quelle est mon infortune! Je ne pourrai désormais° me lever la nuit ni aller me mettre à la fenêtre, où j'avais coutume° de voir mon ami. Je n'en puis° douter, il va penser sans doute que 65 je ne l'aime plus. Je ne sais à qui me confier°, et à qui demander conseil. Eh bien, je vais lui envoyer le rossignol, et l'instruire ainsi de ce qui vient de se passer.

La dame enveloppe le corps du malheureux oiseau dans un grand morceau de taffetas brodé en or°, sur lequel elle avait représenté et décrit 70 l'aventure. Elle appelle un de ses gens et l'envoie chez son ami. Le valet remplit sa mission, il se rend auprès du chevalier, le salue de la part de sa maîtresse, puis, en lui remettant le rossignol, il lui raconta l'histoire de sa mort.

Le bachelier qui était fort sensible° fut vivement affecté d'apprendre 75 cette nouvelle. Il fit faire un petit vase, non pas de fer ou d'acier°, mais d'or fin et enrichi de pierres précieuses et fermé par un couvercle. Il y enferma le corps de l'oiseau, puis ensuite il fit sceller° le vase qu'il porta toujours sur lui.

s'... prendre

instruments de
chasse / nets

comme «engin»

la colère

demande à

coupe

couvert de sang

verse... pleure

condamne / ici: pièges
de chasse

à partir de maintenant

l'habitude / peux

me... parler en
confidence

métal précieux

facilement touché par
les sentiments / fer...
métaux ordinaires

fermer de façon
permanente

Cette aventure, qui ne pouvait longtemps rester ignorée, fut bientôt
80 répandue° dans tout le pays. Les Bretons en firent un Lai auquel ils don-   *racontée*
nèrent le nom du *Laustic.*

—*Le Lai du laustic,* 12ᵉ siècle

COMPREHENSION

Vrai ou faux? Si c'est faux, corrigez.

1. *Laustic* est un vieux mot breton pour le nom d'un oiseau.

2. Le Lai raconte l'histoire de deux chevaliers en Normandie.

3. La jeune femme que l'un des chevaliers a épousée n'était pas très
   coquette.

4. La jeune épouse est tombée amoureuse de l'ami de son mari.

5. Les deux amoureux étaient voisins.

6. La femme a voyagé avec son amant.

7. Pendant la nuit, la femme est entrée dans la maison de son voisin.

8. Le mari a commencé à avoir des soupçons.

9. Le mari s'est fâché contre sa femme parce qu'elle quittait souvent son
   lit la nuit.

10. Le mari a fait tuer le rossignol.

11. Le bachelier n'a jamais compris pourquoi leurs «visites» nocturnes ont
    cessé.

12. Le bachelier portait toujours le vase d'or qui contenait le corps du
    rossignol parce que ce vase représentait son amour perdu.

PERCEPTIONS

A. Répondez.

1. Pendant une première lecture, vous avez noté certains adjectifs qui
   décrivent les trois personnages principaux du Lai. Maintenant que vous
   avez lu l'histoire plus soigneusement, quels autres adjectifs ajouteriez-
   vous pour mieux décrire chacun? Essayez d'en trouver deux ou trois
   pour chaque personnage.

2. Quelle est la signification du rossignol pour le couple amoureux? pour
   le mari? Indiquez les phrases du Lai qui déterminent votre jugement.

3. A quelle classe sociale appartiennent les trois personnages? Comment le savez-vous? Le ton de l'histoire est-il familier ou élevé? Comment est-ce que leur classe sociale influence les actions des deux amants?

4. Comment Marie de France inspire-t-elle chez ses lecteurs des sentiments positifs et non des accusations vis-à-vis de la jeune femme?

5. Quelles émotions dominent cette histoire?

6. Quelle morale les nobles de l'époque auraient-ils probablement trouvée dans ce Lai?

7. A quelles légendes et histoires traditionnelles dans votre culture pensez-vous en lisant celle-ci?

8. Comparez le concept de l'amour idéal que ce texte fait ressortir et votre propre concept de l'amour.

B. Jeux de rôles: Jouez les scènes suivantes en groupes de deux d'abord, puis devant la classe. Elaborez le plus possible.

1. Imaginez une conversation entre les deux amants un soir. «Elle» exprimera, entre autres, ses pensées sur son mari et la prison de son mariage. «Lui» voudra sans doute parler de sa solitude, ses espoirs, etc.

2. Ensuite imaginez la conversation entre le mari et la femme après l'incident de l'oiseau. («Elle»: pourquoi cet acte cruel et injuste? «Lui»: ses raisons, ses sentiments.)

La Farce du cuvier
(Anonyme)

Le but d'une farce est de nous faire rire, et de nous faire oublier nos problèmes en riant des problèmes exagérés des autres. Née de la tradition satirique, la farce nous donne aussi une description réaliste et familière de la société bourgeoise et populaire de l'époque. *La Farce du cuvier*, qui date du 15ᵉ siècle, est une protestation comique contre la domination tyrannique des femmes dans certains foyers.

PREPARATION A LA LECTURE

Pour identifier les idées principales de cette farce, parcourez le texte une première fois et marquez la lettre correspondant à la réponse correcte pour chaque scène.

Scène I: _____

    a. Jaquinot parle de son bonheur.
    b. Jaquinot mentionne les difficultés de son mariage.
    c. Jaquinot parle des tâches ménagères (faire la cuisine, laver le linge, etc.).

Scène II: _____

    a. Jaquette, Jeannette et Jaquinot se partagent les tâches ménagères.
    b. Jaquinot refuse de participer aux tâches ménagères.
    c. Jaquinot promet de faire toutes les tâches ménagères.

Scène III: _____

    a. Jaquinot tombe dans le cuvier et ne peut plus travailler.
    b. Jeannette tombe dans le cuvier et révoque le parchemin.
    c. Jaquette assume toutes les tâches ménagères.

✦ LA FARCE DU CUVIER [abrégée]

Personnages

JAQUINOT, le mari

JEANNETTE, la femme

JAQUETTE, la belle-mère

SCENE PREMIERE

JAQUINOT, *seul*

JAQUINOT: Le diable° me conseilla bien,	Satan
Le jour où, ne pensant à rien,	
Je me mêlai de mariage°!	**mêlai...** suis marié
Depuis que je suis en ménage°,	**en...** marié
5 Ce n'est que tempête et souci°.	tourment
Ma femme là, sa mère ici,	
Comme des démons, me tracassent°;	causent des problèmes
Et moi, pendant qu'elles jacassent°,	bavardent
Je n'ai repos ni loisir,	
10 Pas de bonheur, pas de plaisir!	
On me bouscule°, et l'on martelle°	pousse / frappe
De cent coups ma pauvre cervelle°!	tête
Quand ma femme va s'amender°,	se corriger
Sa mère commence à gronder°.	réprimander
15 L'une maudit°, l'autre tempête!	parle avec colère
Jour ouvrier° ou jour de fête,	de travail
Je n'ai pas d'autre passe-temps	
Que ces cris de tous les instants.	
Parbleu!° Cette existence est dure!	(interjection populaire)
20 Voilà trop longtemps qu'elle dure!	
Si je m'y mets°, j'aurai raison!	**m'y...** fais quelque chose
Je serai maître en ma maison.	

SCENE II

JAQUINOT, JEANNETTE, *puis* JAQUETTE

JEANNETTE (*entrant*): Quoi! Vous restez à ne rien faire!	
Vous feriez bien mieux de vous taire°	**vous...** être silencieux
25 Et de vous occuper...	

JAQUINOT: De quoi?

JEANNETTE: La demande est bonne, ma foi!

    De quoi devez-vous avoir cure°?   **avoir...** vous occuper

    Vous laissez tout à l'aventure°!   **à...** au hasard

30   Qui doit soigner votre maison?

JAQUETTE (*entrant à son tour*): Sachez que ma fille a raison!

    Vous devez l'écouter, pauvre âme!

    Il faut obéir à sa femme:

    C'est le devoir des bons maris.

35   Peut-être on vous verrait surpris

    Si, quelque jour, comme réplique°,   réponse

    Elle se servait d'une trique°!   bâton pour frapper

    Et pourtant n'est-ce pas son droit?

JAQUINOT: Me donner du bâton, à moi!

40   Vous me prenez pour un autre homme.

JAQUETTE: Et pourquoi non? Veut-elle en somme

    Autre chose que votre bien?

    Vous ne la comprenez en rien!

    Ne le dit-on pas? Qui bien aime   **Qui...** réf. proverbe:

45   Pour le prouver frappe de même.°   «Qui aime bien châtie

                                       (punit) bien.»

JAQUINOT: Il vaut mieux me le prouver moins;   **fais...** excuse de cette

    Je vous fais grâce de ces soins°,   responsabilité

    Entendez-vous, ma bonne dame?

JEANNETTE: Il faut faire au gré de° sa femme,   **au...** comme veut

50   Jaquinot, ne l'oubliez pas!

JAQUETTE: En aurez-vous moindre repas°,   **moindre...** moins à

    Et sera-ce une peine grande   manger

    D'obéir quand elle commande?

JAQUINOT: Oui! Mais elle commande tant,

55   Que, pour qu'elle ait le cœur content,

    Je ne sais, ma foi, comment faire!

JAQUETTE: Eh bien, si vous voulez lui plaire,

    Afin de vous en souvenir,

    Un registre il faudra tenir,

60   Où vous mettrez à chaque feuille

    Tous ses ordres, quoi qu'elle veuille!

JAQUINOT: Pour avoir la paix, j'y consens,

    Vous êtes femme de bon sens,

    Maman Jaquette, et, somme toute°,   **somme...** finalement

65   Vous pouvez me dicter: j'écoute.

JEANNETTE: Allez quérir° un parchemin   chercher
    Et de votre plus belle main
    Vous écrirez, qu'on puisse lire.

JAQUINOT *va prendre sur la cheminée un rouleau de parchemin, un encrier et une*
grande plume d'oie°. Il dispose le tout sur la table, et s'assied sur l'escabeau°.   **encrier…** instruments
                                                    pour écrire / sorte de
JAQUINOT: Me voici prêt. Je vais écrire.   chaise

70 JEANNETTE: Mettez que vous m'obéirez
    Toujours, et que toujours ferez
    Ce que je vous dirai de faire!

JAQUINOT (*se levant et jetant sa plume*): Mais non! Mais non! Dame très
    chère!
75   Je n'agirai que par raison!

JEANNETTE: Quoi! C'est encore même chanson?
    Déjà vous voulez contredire?

JAQUINOT (*se rasseyant*): Mais non! Mais non! Je vais écrire.

JEANNETTE: Ecrivez donc et taisez-vous.

80 JAQUINOT (*ramassant sa plume*): Parbleu! Je suis un bon époux.

JEANNETTE: Taisez-vous!

JAQUINOT: Dût-on vous déplaire,
    Si je veux, je prétends me taire,
    Madame, et je me tais. Dictez.

85 JEANNETTE: En première clause, mettez
    Qu'il faut chaque jour, à l'aurore°,   **à…** juste avant le lever
    Vous lever le premier…   du soleil

JAQUINOT *fait mine de n'y pas consentir.*

             Encore!…
    Qu'ensuite il faut préparer tout,
90   Faire le feu, voir si l'eau bout°…   devient chaude
    Bref, qu'au lever, avec courage,
    Pour tous les deux ferez l'ouvrage.
    Vous cuirez le premier repas.

JAQUINOT (*se levant et jetant sa plume*): Oui-dà°! Mais je n'y consens pas!   alors
95   A cet article je m'oppose!
    Faire le feu? Pour quelle cause?

JEANNETTE (*tranquillement*): Pour tenir ma chemise au chaud.
    Entendez-vous bien? Il le faut.

JAQUINOT (*se rasseyant et ramassant sa plume, se met à écrire avec ardeur*):
　　Puisqu'il faut faire à votre guise°,　　　　　　　　　　　à... comme vous voulez
100　Je ferai chauffer la chemise!

Il continue à écrire, et s'arrête tout à coup.

JAQUETTE: Ecrivez donc! Qu'attendez-vous?

JEANNETTE: Vous allez me mettre en courroux°!　　　　　　colère
　　Vous êtes aussi vif° qu'un cancre°.　　　　　　　　　ici: intelligent / idiot

JAQUINOT: Attendez donc! Je n'ai plus d'encre!
105　J'en suis encore au premier mot.

JEANNETTE: Vous bercerez° notre marmot°,　　　　　　　　*rock* / bébé
　　Lorsque la nuit il se réveille,
　　Et vous attendrez qu'il sommeille
　　Avant de retourner au lit.

Les deux femmes dictent à JAQUINOT *une longue liste de devoirs humiliants, qu'il doit écrire en protestant. Il signe finalement le parchemin.*

110　JAQUINOT: Désormais, aujourd'hui, demain,
　　Je n'obéis qu'au parchemin.
　　C'est convenu°, j'en ai pris acte,　　　　　　　　　　d'accord
　　Et j'ai dûment signé le pacte.

JEANNETTE: Oui, c'est convenu, Jaquinot.

115　JAQUINOT: Songez que je vous prends au mot.

JAQUETTE: C'est bien, je puis partir tranquille.

JEANNETTE: Adieu, ma mère!

JAQUETTE:　　　　　　　　Adieu, ma fille!

Elle sort.

SCENE III

JAQUINOT *et* JEANNETTE

JEANNETTE (*s'approchant du cuvier qui est dressé à droite du théâtre*): Allons,
120　Jaquinot, aidez-moi!

JAQUINOT: Mais voulez-vous me dire à quoi?

JEANNETTE: A mettre le linge à la cuve°　　　　　　　　　grande bassine
　　Où j'ai versé° l'eau de l'étuve°.　　　　　　　　　　mis / de... très chaude

JAQUINOT (*déroulant son parchemin et cherchant attentivement*): Ce n'est pas
125　sur mon parchemin.

JEANNETTE: Déjà vous quittez le chemin,
　　Avant de connaître la route.

JAQUINOT *cherche toujours sur son parchemin.*

> Dépêchez-vous! Le linge égoutte°;   est plein d'eau
> Il faut le tordre°!… Et vivement!   *wring*
130 Cherchez dans le commencement;
> C'est écrit: «Couler la lessive…»
> Voulez-vous que je vous l'écrive
> A coups de bâton sur le dos?

JAQUINOT: Non, si c'est écrit, tout dispos°,   prêt
135 Je vais me mettre, sans vergogne°,   honte
> A vous aider à la besogne°.   **à…** au travail
> C'est parbleu vrai que c'est écrit!
> N'en ayez pas le cœur aigri°!   fâché
> Puisque c'est dit en toute lettre,
140 Attendez-moi, je vais m'y mettre.
> J'obéis… Vous avez dit vrai!
> Une autre fois j'y penserai.

Ils montent chacun sur un escabeau de chaque côté du cuvier. JEANNETTE *tend*
à JAQUINOT *le bout d'un drap° tandis qu'elle tient l'autre.*   *sheet*

JEANNETTE: Tirez de toute votre force!

JAQUINOT (*tirant*): Je me donnerai quelque entorse°!   **donnerai…** ferai mal
145 Ma foi! Ce métier me déplaît.
> Je veux charger quelque valet
> De vous aider dans le ménage.

JEANNETTE (*impatientée*): Tirez donc, ou sur le visage
> Je vous lance° le tout, vraiment!   jette

Elle lui lance le linge à la figure.

150 JAQUINOT: Vous gâtez tout mon vêtement!
> Je suis mouillé° comme un caniche°.   couvert d'eau / chien
> Et vous en trouvez-vous plus riche,
> De m'avoir ainsi maltraité?

JEANNETTE: Allons! Prenez votre côté.
155 Faut-il donc que toujours il grogne°!   *complain*
> Ne ferez-vous pas votre besogne?

JAQUINOT *tire brusquement le drap et fait perdre l'équilibre à* JEANNETTE, *qui tombe*
dans le cuvier.

JEANNETTE (*en disparaissant dans la cuve*):
> La peste soit du maladroit!

Elle sort la tête.

Seigneur, ayez pitié de moi!
Je me meurs! Je vais rendre l'âme°!   **rendre…** mourir
160   Ayez pitié de votre femme,
Jaquinot, qui vous aima tant!
Elle va périr° à l'instant,   mourir
Si vous ne lui venez en aide!
Je sens mon corps déjà tout raide°!   **tout…** mort
165   Donnez-moi vite votre main.

JAQUINOT (*après un moment*):
Ce n'est pas sur mon parchemin.

JEANNETTE (*sortant la tête*):
Las!° Voyez quelle est ma détresse!   Hélas!
Le linge m'étouffe° et m'oppresse!   m'empêche de respirer
Je meurs! Vite! Ne tardez pas!
170   Pour Dieu, tirez-moi de ce pas°!   ici: cette situation

JAQUINOT (*chantant*): Allons, la commère,
Remplis donc ton verre!
Il faut boire un coup!

JEANNETTE: Jaquinot, j'en ai jusqu'au cou!
175   Sauvez-moi, de grâce°, la vie.   **de…** s'il vous plaît
Retirez-moi, je vous en prie!
Jaquinot, tendez°-moi la main.   donnez

JAQUINOT: Ce n'est pas sur mon parchemin.

JEANNETTE: Hélas! la mort me viendra prendre
180   Avant qu'il ait voulu m'entendre!

JAQUINOT (*lisant son parchemin*): «De bon matin préparer tout,
Faire le feu, voir si l'eau bout!…»

JEANNETTE: Le sang dans mes veines se glace!

JAQUINOT: «Ranger° les objets à leur place,   Mettre en ordre
185   Aller, venir, trotter, courir…»

JEANNETTE: Je suis sur le point de mourir,
Tendez-moi de grâce, une perche°.   un long bâton

JAQUINOT: J'ai beau relire, en vain je cherche…
«Ranger, laver, sécher, fourbir°…»   frotter

190 JEANNETTE: Songez donc à me secourir°.   aider

JAQUINOT: «Préparer pour le four la pâte,
Cuire le pain, aller en hâte
Relever le linge étendu,
S'il pleut…»

195 JEANNETTE: M'avez-vous entendue?
       Jaquinot, je vais rendre l'âme.

   JAQUINOT: «Chauffer le linge de ma femme…»

   JEANNETTE: Songez que le baquet° est plein!   la cuve

   JAQUINOT: «Mener la mouture° au moulin°,   le blé / *mill*
200   Donner à boire à la bourrique°…»   âne

   JEANNETTE: Je suis prise d'une colique
       Qui m'achève… venez un peu!

   JAQUINOT: «Et puis mettre le pot au feu…»

   JEANNETTE: Appelez ma mère Jaquette!

205 JAQUINOT: «Tenir la maison propre et nette,
       Laver, sans prendre de repos,
       Les écuelles°, plats, les pots!»   assiettes

   JEANNETTE: Si vous ne voulez pas le faire,
       De grâce, allez chercher ma mère.
210   Qui pourra me tendre la main.

   JAQUINOT: Ce n'est pas sur mon parchemin!

   JEANNETTE: Eh bien, il fallait donc le mettre!

   JAQUINOT: J'ai tout écrit lettre pour lettre.

   JEANNETTE: Retirez-moi, mon doux ami!

215 JAQUINOT: Moi, ton ami… Ton ennemi!
       M'as-tu ménagé° la besogne   *spared*
       De ton vivant?—Va, sans vergogne,
       Je vais te laisser trépasser°.   mourir
       Inutile de te lasser°,   fatiguer
220   Ma chère, en criant de la sorte.

   On entend frapper au dehors.

       Ah! Voici qu'on frappe à la porte!

   JAQUETTE (*entrant*): Retirez-la! Dépêchez-vous!

   JAQUINOT: Oui, si vous voulez me promettre
       Que chez moi je serai le maître.

225 JEANNETTE: Je vous le promets de bon cœur!

   JAQUINOT: Oui! Mais peut-être est-ce la peur
       Qui vous rend d'humeur si facile?

   JEANNETTE: Non! Je vous laisserai tranquille,
       Sans jamais rien vous commander!
230   Toujours je saurai m'amender
       Et me taire°, j'en fais promesse!   **me…** ne rien dire

JAQUINOT: Faut-il, ma femme, que je dresse
    Une liste, ainsi que pour moi
    Vous avez fait?

235 JEANNETTE: Non, sur ma foi
    Reposez-vous-en, mon doux maître!

JAQUINOT: Enfin! Vous voulez reconnaître
    Mon droit, madame, c'est fort bien!

JEANNETTE: Alors retirez-moi!

240 JAQUINOT: Le chien
    Eût° été plus heureux, madame,   aurait
    Que votre mari!

JEANNETTE: Je rends l'âme!
    Songez qu'au fond de ce baquet…

245 JAQUINOT: Voyons! Était-ce bien coquet
    De me donner tant de besogne?
    N'en avais-tu pas de vergogne?

JEANNETTE: Hélas! Je demande pardon!
    Mon mari, vous avez raison!
250   Je ferai toujours le ménage
    Avec ardeur, avec courage.

JAQUINOT: C'est fort bien! Je vous prends au mot.
    Vous bercerez notre marmot?

JEANNETTE: Oui! Tirez-moi!

255 JAQUINOT: Ferez la pâte?
    Cuirez le pain, en toute hâte?

JEANNETTE: De grâce! Je vous le promets!
    C'est bien! Je serai désormais
    De votre avis en toute chose,
260   Pourvu que ne soit plus en cause°   que… qu'on ne parle
    Le parchemin que vous savez!   plus (du)
    Brûlez-le, puisque vous l'avez!

JAQUINOT: Il ne faudra plus que j'écrive?
    Je ne ferai plus la lessive?

265 JEANNETTE: Non, mon ami; ma mère et moi
    Ne vous mettrons plus en émoi°.   mettrons… troublerons
                                                 plus

JAQUINOT: Vous ferez chauffer ma chemise?

JEANNETTE: Je ferai tout à votre guise!
    Mais retirez-moi de ce pas!

270 JAQUINOT: Vous ne me contrarierez pas?

JEANNETTE: Je veux être votre servante!

JAQUINOT: Cette soumission m'enchante:
    Vous ne m'avez jamais plu° tant!   (verbe «plaire»)
    Et je vous retire à l'instant.

Il retire sa femme du cuvier.

275 TOUS TROIS (*au public*): Bonsoir, toute la compagnie,
    Notre comédie est finie.

                   —*La Farce du cuvier,* 15ᵉ siècle

COMPREHENSION

Arrangez les phrases suivantes dans l'ordre chronologique de la pièce. Numérotez chaque phrase de 1 à 10.

1 à 5

___ Pour satisfaire sa femme et sa belle-mère Jaquinot écrit qu'il va obéir à sa femme et qu'il fera ce qu'elle ordonne.

___ Jaquinot aide sa femme à faire la lessive.

___ Il signe le parchemin.

___ Jaquinot dit que le mariage est une invention du diable.

___ Jaquinot dit qu'il va faire seulement ce qu'il a écrit.

6 à 10

___ Jaquinot retire sa femme du cuvier.

___ Jeannette tombe dans le cuvier.

___ Jeannette s'excuse d'avoir dominé son mari.

___ Jaquinot sera le maître de sa maison.

___ Jaquinot refuse d'abord d'aider sa femme qui est dans le cuvier.

PERCEPTIONS

Répondez.

1. On rit des difficultés des maris, mais quelle sorte de rire est-ce? Supériorité? Compréhension? Pitié? Expliquez.

2. Quel est l'effet de la violence entre le mari et la femme? Est-ce que ça vous fait rire? Pourquoi ou pourquoi pas?

3. Expliquez comment l'équilibre des rôles change après la chute de Jeannette dans le cuvier.

4. Jaquette: dans quel sens est-elle individualisée et dans quel sens représente-t-elle «la belle-mère» traditionnelle? Est-ce que c'est le type ou l'individu qui vit dans notre mémoire?

5. Dans quel sens est-ce une farce?

6. Quels éléments de *La Farce du cuvier* la situent à une époque lointaine? Quels sont les éléments qui sont universels? Faites deux listes.

7. A quelles émissions de télévision pensez-vous en lisant cette pièce?

8. Créez un scénario qui serait une adaptation moderne de cette farce et jouez votre petite pièce devant la classe.

9. Y a-t-il des tâches ménagères spécifiquement masculines et d'autres féminines? Faites une liste des tâches ménagères (faire la lessive, faire la cuisine, faire la vaisselle, nettoyer la salle de bains, etc.) en trois colonnes: tâches féminines, tâches masculines et tâches négociables. Considérez ce qui se fait chez vous et/ou ce que vous aimeriez voir dans une famille idéale pour déterminer vos choix. Ensuite, comparez vos réponses avec celles des autres groupes.

Charles d'Orléans
(1394–1465)

Charles, Duc d'Orléans, a vécu pendant la Guerre de Cent Ans (1337–1453). Blessé et fait prisonnier par les Anglais à la bataille d'Azincourt (1415), il est resté 25 ans captif en Angleterre. Obligé d'oublier les ambitions politiques auxquelles son titre et ses obligations familiales le destinaient, Charles d'Orléans a trouvé dans la poésie une consolation à son exil.

Après sa libération, il s'est retiré dans son château de Blois, dans la vallée de la Loire, entouré d'une cour élégante et de poètes. Il a continué à écrire des ballades et des rondeaux d'inspiration personnelle, où le paysage extérieur (la nature) se mêle subtilement au monde intérieur des sentiments. Ses poèmes charment le lecteur par leur élégance et leur simplicité.

PREPARATION A LA LECTURE

A. Etude de mots

La langue française a beaucoup changé depuis le Moyen Age, mais les changements sont souvent faciles à identifier. Un **s** entre une voyelle et une consonne, par exemple, est souvent remplacé en français moderne par un accent circonflexe sur la voyelle, comme dans **hospital/hôpital** ou **vestir/vêtir (habiller)**. La lettre **y** en vieux français est devenue un **i** comme dans **pluye/pluie**. On ajoute certaines lettres et on en laisse tomber d'autres.

Essayez de déduire l'équivalent en français moderne des mots suivants qui sont dans le poème. La prononciation du mot à haute voix peut vous aider à deviner.

laissié	cler	oyseau	s'abille
souleil	beste	chascun	

B. La personnification*

Au cœur d'un poème se trouve souvent une image qui donne des dimensions concrètes à un concept abstrait. C'est le cas du **temps** dans ce rondeau. La comparaison du **temps** à une personne s'appelle **une personnification**, une technique littéraire que vous allez rencontrer souvent en poésie.

Pendant votre première lecture du poème, faites une liste des verbes et des noms qui personnifient **le temps**.

✦ LE PRINTEMPS

Le temps a laissié son manteau
De vent, de froidure et de pluye,
Et s'est vestu de broderie
De souleil luyant°, cler et beau.   luisant, brillant

5   Il n'y a beste ne° oyseau   ni
Qu'°en son jargon ne chante ou crie: Qui
«Le Temps a laissié son manteau
De vent, de froidure et de pluye.»

Rivière, fontaine et ruisseau°   petite rivière
10 Portent en livrée° jolie   costume
Gouttes° d'argent d'orfavrerie°;   *drops* / travaillées par
Chascun s'abille de nouveau.   un artisan

* Voir la définition des différentes figures de style dans l'Appendice littéraire p. 293.

Le temps a laissié son manteau
De vent, de froidure et de pluye,
15   Et s'est vestu de broderie
De souleil luyant, cler et beau.

—Rondeau VI, 15e siècle

COMPREHENSION

1. Quelle est la saison du vent, du froid et de la pluie?

2. Quelle sorte de temps remplace le vent, le froid et la pluie chaque année? Comment est-ce que Charles d'Orléans décrit ce changement?

3. Dès le premier vers, ce rondeau utilise l'image des vêtements pour décrire le changement du temps. Expliquez spécifiquement votre compréhension d(e):
   a. un manteau de vent, de froidure et de pluie
   b. broderie de soleil luisant, clair et beau
   c. livrée jolie
   d. gouttes d'argent d'orfèvrerie

PERCEPTIONS

1. Imaginez un titre différent pour ce poème. Pourquoi le choisiriez-vous?

2. Quel est l'effet de la personnification du temps sur vous en tant que lecteur/trice? Quelles autres personnifications vous viennent à l'esprit quand vous pensez au temps ou aux saisons?

3. Les poètes parlent très souvent de la nature. Parfois c'est le charme de la nature qui est présenté et parfois sa force destructrice. Quelle «nature» voyons-nous dans ce poème? Expliquez.

4. Les poètes parlent aussi de l'effet de la nature sur eux. Leur créativité peut être encouragée ou non par cette nature qui les entoure. Décrivez une expérience personnelle (réelle ou imaginaire) où la force ou la beauté de la nature vous a profondément influencé(e).

Synthèse

A DISCUTER

A. «Plus ça change, plus c'est la même chose» est une maxime bien connue. La littérature du Moyen Age, si éloignée de notre époque, nous initie à des perceptions différentes du monde et de la nature humaine. Cette littérature peut nous instruire et aussi nous aider à comprendre notre propre monde. En petits groupes, parlez des trois œuvres que vous avez lues et des thèmes universels (l'amour, le mariage, la nature) que cette littérature contient. Montrez comment ces thèmes ont évolué. Une personne de chaque groupe présentera à la classe un résumé de la discussion.

B. Certains auteurs montrent la souffrance humaine d'une manière assez légère; d'autres d'une manière plus pessimiste. En pensant aux passages que vous avez lus dans ce chapitre, comparez les effets de chaque technique sur le lecteur. Laquelle vous fait réfléchir davantage? Laquelle préférez-vous?

A ECRIRE*

A. Les deux œuvres, *Le Lai du laustic* et *La Farce du cuvier*, donnent deux images très différentes de la relation entre un homme et une femme. Dans une lettre à quelqu'un qui ne connaît pas du tout la littérature du Moyen Age, décrivez ces relations et comparez-les avec celles d'aujourd'hui.

B. Les symboles qu'utilise un auteur ajoutent une nouvelle dimension aux idées qu'il présente. Choisissez un symbole dans le rondeau et un autre dans *Le Lai du laustic* et montrez ce qu'ils ajoutent.

* Voir "Strategies for Successful Writing", p. 6.

Atelier de la Loire, Concert à la fontaine, détail central — femme jouant de l'orgue.
Paris, Musée des Gobelins.

CHAPITRE 2
Le Seizième Siècle

 E 16e SIECLE est généralement connu sous le nom de «Renaissance», mais de quelle re-naissance s'agit-il?

C'est d'abord une renaissance de la conception du monde. La terre est donc ronde et n'est pas le centre de l'univers? C'est ce qu'avance le savant Copernic, ouvrant de nouvelles frontières à la pensée humaine. Les découvertes de Christophe Colomb et des autres navigateurs ouvrent aussi de nouveaux horizons géographiques.

Des changements se produisent également dans la structure sociale. Les paysans continuent à représenter plus de 80% de la population, mais leur niveau de vie s'améliore. De grands centres urbains se développent, surtout Paris et Lyon. Le pouvoir économique remplace désormais le pouvoir féodal, et les commerçants, les banquiers et autres riches bourgeois commencent à influencer les mœurs[1] et les arts.

L'invention de l'imprimerie[2] rend les livres plus accessibles et cause une véritable renaissance de la vie intellectuelle. On redécouvre en particulier les textes de l'antiquité grecque et romaine, et avec cette résurrection des textes anciens vient une renaissance de la conception de l'homme. Alors que l'homme du Moyen Age, conscient de son insignifiance, s'appliquait surtout à glorifier Dieu, l'homme de la Renaissance, tout en croyant en Dieu, croit aussi et surtout en son propre potentiel. Cette foi illimitée en l'homme est ce qu'on appelle l'humanisme.

Commencée en Italie plus d'un siècle auparavant, la Renaissance proprement dite s'introduit en France par l'intermédiaire des guerres d'Italie (1498–1525). Si les espoirs de conquêtes territoriales ne se réalisent guère, les armées françaises, menées par le roi François 1er (1515–1547), font la conquête d'une nouvelle culture. Eblouis[3] par la «dolce vita», ou la douceur de vivre italienne, les Français ramènent chez eux non seulement de grands artistes comme Léonard de Vinci et Benvenuto Cellini, mais aussi une nouvelle perspective sur la vie, avec le goût du luxe et des arts. Aux imposantes cathédrales romanes et gothiques qui avaient célébré les aspirations divines du Moyen Age succèdent les élégants châteaux de la Loire qui célèbrent les aspirations humaines de la Renaissance. Imités des palais italiens, ces châteaux rivalisent de somptuosité. Les artistes et les écrivains y sont les invités d'honneur et la mode des cours est au raffinement et à l'érudition.

Cette érudition commence par l'étude du latin mais aussi du grec et de l'hébreu pour pouvoir redécouvrir les chefs-d'œuvre de l'antiquité dans leur texte original. Or l'Eglise considère le grec et l'hébreu comme des langues «hérétiques» et en interdit l'enseignement à la Sorbonne. Alors en 1530 François 1er, protecteur des arts et ami des humanistes, fonde le Collège de France qui échappe au contrôle de l'Eglise et dont la charge principale est d'enseigner les langues anciennes.

Mais le retour aux textes et la réflexion critique encouragés par les humanistes mènent aussi à de nouvelles interprétations de la Bible. L'Eglise perd son monopole en la matière, et le mouvement de Réforme qui se développe, avec Luther en Allemagne et Calvin en France, engendre le protestantisme. Les conflits religieux

---

1. coutumes, manières de vivre   2. *printing press*   3. fascinés, séduits

dégénèrent bientôt en guerres civiles à travers l'Europe. De 1562 à 1593, les guerres de religion entre les catholiques et les protestants déchirent[4] la France à coups de[5] massacres sanglants. Ce n'est qu'en 1598 que le pays retrouve la paix, quand le roi Henri IV (1589–1610), lui-même un protestant converti au catholicisme, proclame par l'Edit de Nantes la liberté de culte et accorde aux protestants la possession d'une trentaine de villes à travers la France.

L'humanisme et la Réforme, liés dans leurs origines, ont profondément marqué la littérature de la Renaissance. La diffusion des livres et la glorification des artistes donnent aux écrivains un nouveau statut. Les rois et les princes leur offrent de nombreux privilèges pour les attirer à leurs cours, et parce qu'ils dépendent de leurs protecteurs, les écrivains écrivent pour plaire à un public de courtisans cultivés. Il n'y a donc pas de littérature populaire au 16e siècle. C'est plutôt une littérature riche en références mythologiques et en figures de rhétorique, une littérature humaniste qui cherche à imiter les œuvres antiques ou italiennes mais avec originalité, une littérature de cour, une littérature engagée aussi car elle exprime souvent les tensions politiques et religieuses de l'époque.

L'œuvre de Rabelais (voir p. 41) reflète l'optimisme et la soif de connaissance du début du siècle. Dans ses contes où l'humanisme prend des dimensions gigantesques, Rabelais propose sur un ton joyeux des idées révolutionnaires sur l'éducation, la politique, la justice et la religion.

A la fantaisie rabelaisienne succède le style plus raffiné, plus aristocratique des poètes lyonnais, comme Louise Labé (voir p. 44), et surtout de la Pléiade, un groupe de poètes qui se donnent comme idéal la perfection classique. Du Bellay (voir p. 47), Ronsard (p. 50) et d'autres poètes de la Renaissance s'inspirent des modèles antiques ou italiens non pas pour les reproduire mais pour créer en français une nouvelle littérature. Ils enrichissent la langue française et perfectionnent les formes poétiques, en particulier le sonnet.

Vers la fin du siècle, au milieu des conflits religieux, l'optimisme humaniste se transforme en interrogations douloureuses. Si rien n'est impossible à l'homme, pourquoi ne peut-il pas mettre fin à l'horreur du fanatisme? Dans ses fameux *Essais,* Montaigne (p. 53) reconnaît les limites de l'homme mais, fidèle à l'esprit de la Renaissance, refuse de perdre la foi en la sagesse humaine.

---

4. divisent et détruisent   5. **à...** avec des

François Rabelais
(1494–1553)

Né dans une famille d'avocats, François Rabelais a la passion d'apprendre. Pour se consacrer aux études, il se fait d'abord moine, mais quand ses supérieurs lui interdisent d'étudier le grec, il quitte l'ordre franciscain pour aller étudier le droit à l'Université de Poitiers. Il se lance ensuite dans la médecine, qu'il étudie à Paris, puis à Montpellier. Pendant qu'il exerce la médecine à Lyon, il publie en 1532 une traduction des traités d'Hippocrate, éminent médecin grec de l'antiquité. La même année, sous un pseudonyme, Rabelais publie aussi l'histoire du géant *Pantagruel*, où, sous des apparences bouffonnes, il exprime la réconciliation de l'homme avec la nature, le plaisir de la vie et les joies de l'esprit. Ce récit est également une satire de la société de l'époque et en particulier des théologiens. Le succès est immédiat, mais la Sorbonne condamne l'ouvrage.

Devenu le médecin particulier de l'évêque de Paris (Jean du Bellay, cousin du poète), Rabelais a l'occasion de faire plusieurs séjours en Italie, le rêve de tout humaniste. Entre deux voyages, il publie en 1534 l'histoire de *Gargantua*, le père de Pantagruel, avec le même résultat: succès et censure. Ici encore, sous des allures de farce, se cache toute une philosophie. En décrivant l'éducation de Gargantua, Rabelais propose une «renaissance» des idéaux antiques: une éducation encyclopédique («un abîme de science»), mais aussi un équilibre entre les disciplines intellectuelles (langues, sciences, musique), les disciplines physiques (sports, jeux, danse) et les valeurs morales, religieuses et sociales.

L'Abbaye de Thélème, fondée par Gargantua, incarne l'idéal de Rabelais, qui était d'allier la connaissance, la sagesse et la vertu, mais sans oublier la joie de vivre!

PREPARATION A LA LECTURE

L'anticipation du contenu d'un passage dans une langue étrangère peut faciliter votre lecture. Sachant que l'Abbaye de Thélème incarne l'idéal de Rabelais en matière d'éducation, et en vous basant sur la première phrase du texte, auxquelles des questions suivantes le passage va-t-il répondre, à votre avis? Cochez les possibilités et ajoutez-en d'autres si vous le désirez.

____ Pour qui est cette école?
____ Combien coûtent les études à l'Abbaye de Thélème?

—— Qu'est-ce qu'on y enseigne?
—— Quelles règles suit-on?
—— Qui sont les professeurs?
—— ?

Maintenant, parcourez le texte rapidement pour confirmer vos prédictions. Cochez une deuxième fois les questions qui sont réellement traitées.

✦ L'Abbaye de Thélème

Toute leur vie était employée non par lois, statuts ou règles, mais selon leur vouloir et franc arbitre°. Ils se levaient du lit quand bon leur semblait, buvaient, mangeaient, travaillaient, dormaient quand le désir leur venait; nul° ne les éveillait, nul ne les forçait ni à boire, ni à manger, ni à faire
5 chose autre quelconque°. Ainsi l'avait établi Gargantua. En leur règle n'était que cette clause:

Fais ce que voudras,

parce que les gens libres, bien nés, bien instruits, conversant en compagnie honnête, ont par nature un instinct et aiguillon°, qui toujours les
10 pousse à agir de façon vertueuse et fuir le vice; ils nommaient cela honneur. Quand par vile° sujétion et contrainte, ils sont déprimés et asservis°, ils détournent° le noble sentiment par lequel ils tendaient franchement à la vertu, pour déposer ou enfreindre ce joug° de servitude; car nous entreprenons toujours choses défendues et convoitons° ce qui nous est
15 dénié.

Par cette liberté, ils entrèrent en louable émulation° de faire tout ce qu'à un seul ils voyaient plaire. Si quelqu'un ou quelqu'une disait: «Buvons», tous buvaient; si l'un disait: «Jouons», tous jouaient; s'il disait: «Allons à l'ébat° aux champs», tous y allaient. Si c'était pour chasser, les dames,
20 montées sur de beaux chevaux, portaient chacune, sur le poing mignonnement engantelé°, ou un épervier, ou un laneret, ou un émerillon°. Les hommes portaient les autres oiseaux.

Ils étaient si noblement éduqués qu'il n'était entre eux celui ni celle qui ne sut lire, écrire, chanter, jouer d'instruments harmonieux, parler cinq
25 ou six langages, et en ceux-ci composer tant en vers qu'en prose. Jamais on ne vit chevaliers aussi preux°, aussi galants, aussi habiles à pied et à cheval, plus vifs, mieux remuant°, mieux maniant tous bâtons°, que ceux qui étaient là. Jamais on ne vit dames aussi propres, aussi mignonnes, aussi agréables, plus habiles à la main, à l'aiguille°, et à tout acte de femme hon-
30 nête et libre, que celles qui étaient là.

Pour cette raison, quand le temps était venu que quelqu'un de cette abbaye, ou à la requête de ses parents, ou pour autres causes, voulut partir,

---

franc... liberté de choix

personne

chose... rien d'autre

force motivatrice

mauvaise / réduits à la servitude / perdent

enfreindre... sortir des restrictions / désirons

entrèrent... avaient le désir

à... nous promener

le poing... la main couverte d'un gant / **un épervier...** oiseaux de chasse

braves

mieux... plus actifs / toutes armes

aux travaux de couture

il emmenait avec lui une de ces dames, celle qui l'aurait pris pour son chevalier, et ensemble ils étaient mariés; et s'ils avaient bien vécu à Thélème
35 en dévotion et amitié, ils continuaient encore mieux dans le mariage, et s'aimaient autant à la fin de leurs jours qu'en leur premier jour de noces°.   mariage

— *Gargantua, chap. 57*, 1535
(français modernisé)

COMPREHENSION

1. Qu'est-ce qui guide la vie des Thélémites (résidents de l'Abbaye de Thélème)?

2. Quelle est la devise (le slogan) de l'Abbaye de Thélème?

3. Identifiez dans le passage les quatre verbes à l'impératif. Considérez l'effet de chacun sur la narration. S'agit-il d'un ordre dans le sens traditionnel? Pourquoi?

4. Qui sont les Thélémites? Comment sont-ils choisis? Quelles sont leurs qualités naturelles? Que savent-ils faire?

5. Que font les Thélémites quand ils quittent l'Abbaye?

PERCEPTIONS

1. En grec, Thélème veut dire «la volonté libre». Dans cet extrait, Rabelais décrit comment les Thélémites mènent une vie vertueuse, non pas à cause des règles, mais à cause de leur vertu innée. Il croit que les jeunes gens bien élevés agissent avec honneur et que leurs instincts les dirigent naturellement vers «le bien». Est-ce un rêve impossible? Y a-t-il des gens dans ce monde qui sont naturellement bons, et capables de vivre une vie aussi vertueuse?

2. Les Thélémites avaient pour but de devenir des «abîmes de science», possédant une sagesse encyclopédique dans beaucoup de disciplines. Aujourd'hui, il semble que nous estimons surtout les «spécialistes», dont les connaissances se limitent à un seul domaine. Quelle sorte de personne est mieux éduquée? Que recherchez-vous dans votre éducation?

3. En quoi ce texte est-il une satire et de quoi?

4. Comparez l'école idéale telle que Rabelais la décrit (l'Abbaye de Thélème) et l'université idéale telle que vous la concevez pour notre époque. Quelles sont les différences et les similarités? Quelles autres dimensions voyez-vous dans votre université idéale?

5. La liberté de Thélème est une liberté que Rabelais n'a pas connue. Comme beaucoup d'écrivains de son âge, il devait déguiser ses critiques sociales et politiques. La censure existe-t-elle dans votre pays aujourd'hui? Justifiez votre réponse. Expliquez ce qui se passerait si un(e) étudiant(e) choisissait d'attaquer le président de son université dans le journal universitaire. Devrait-il y avoir des limites à la liberté de la presse?

Louise Labé
(1524–1566)

Née à Lyon dans une famille de riches artisans, Louise Labé reçoit une éducation humaniste. Elle sait lire le latin et l'italien, elle est aussi experte en musique et en équitation. Belle et cultivée, elle choque son entourage par sa participation à des tournois équestres, normalement réservés aux hommes. Accusée d'immoralité par le réformateur Calvin, elle reçoit chez elle les intellectuels de la société lyonnaise, et ose parler librement de l'amour dans ses poèmes.

Nous savons très peu de sa vie personnelle, sinon que dans sa jeunesse, elle a passionnément aimé un homme qui l'a ensuite quittée, la laissant en proie à une souffrance profonde. Dans ses poèmes, elle décrit, sur un ton original et intime, les joies amoureuses du cœur et du corps, et la douleur de l'absence.

La forme poétique qu'elle utilise est le sonnet. Inventé par Pétrarque, poète italien du 14e siècle, et repris par les poètes de la Renaissance, le sonnet est un poème de 14 vers distribués en 2 quatrains (strophes de 4 vers) et 2 tercets (strophes de 3 vers).

PREPARATION A LA LECTURE

Quand vous lisez un poème, un élément caractéristique de son organisation ou de sa forme peut vous sauter aux yeux à cause de sa répétition. Quand c'est le cas, une analyse de cet élément mène souvent à une compréhension générale du poème.

Ici, ce sont des oppositions (*opposites*), ou *antithèses,* qui se trouvent répétées. La juxtaposition de ces antithèses force une analyse de ce qui constitue leur «nature opposée». Parcourez les deux premières strophes du poème et faites une liste de toutes les antithèses que vous pouvez trouver. Soyez prêt(e) à comparer votre liste avec celles de vos camarades de classe. Après avoir fait cette liste, pouvez-vous deviner le sujet du poème?

◆ «JE VIS, JE MEURS»

Je vis, je meurs; je me brûle et me noie°.   meurs dans l'eau
J'ai chaud extrême en endurant froidure;
La vie m'est et trop molle et trop dure.
J'ai grands ennuis° entremêlés de joie.   problèmes

5   Tout à un coup je ris et je larmoie°,   pleure
Et en plaisir maint grief tourment° j'endure;   **maint...** beaucoup de tourments pénibles / ma richesse
Mon bien° s'en va, et à jamais il dure;
Tout en un coup, je sèche et je verdoie°.   **sèche...** *dry up and turn green*

Ainsi Amour inconstamment me mène°.   dirige
10 Et quand je pense avoir plus de douleur,
Sans y penser je me trouve hors° de peine.   sortie

Puis quand je crois ma joie être certaine,
Et être au haut de mon désiré heur°,   bonheur
Il me remet en mon premier malheur.

— *Sonnets, VII,* 1554–1556
(orthographe modernisée)

COMPREHENSION

A. Vérification du texte

1. Pour chaque phrase qui suit, indiquez si la phrase est vraie ou fausse, ou si le poème ne discute pas ce qui est proposé.
   a. La narratrice souffre beaucoup.
   b. Son bonheur est constant quand elle est amoureuse.
   c. Elle évite l'amour parce que l'amour fait souffrir.
   d. Elle peut contrôler son amour.

2. Trouvez dans le poème le contraire de chaque expression:
   le bonheur
   la chaleur
   la mort
   cesser
   la joie

B. Analyse

1. Quels sont les effets de l'amour sur le poète, physiquement et psychologiquement?

2. Résumez le message présenté dans les deux quatrains. Faites la même chose pour les deux tercets. Contrastez les deux parties du poème.

3. «Amour», avec un «A» majuscule, suggère la personnification de l'amour: l'amour devient un être. Quelle relation entre «Amour» et le poète voyons-nous dans ce poème? Lequel des deux est le plus fort? Qui contrôle et qui est contrôlé(e)?

PERCEPTIONS

1. Quel est l'effet de la répétition du pronom *je* dans chaque strophe?

2. Les sentiments décrits dans le poème semblent extrêmes. Montrez à quels moments on sent le caractère passionné de la narratrice et l'intensité de cette passion. Est-ce vraisemblable?

3. Le poème indique qu'on peut rire et pleurer en même temps et que la joie peut comporter un élément de tristesse. Est-ce vrai selon votre expérience? Expliquez.

4. La dualité humaine entre la raison et les émotions est un phénomène que beaucoup de philosophes et d'écrivains ont exploré.
   a. Parlez d'une œuvre littéraire que vous avez lue (en anglais ou en français) qui présente un autre exemple de cette situation: une œuvre où un personnage se laisse guider par ses émotions en dépit du bon sens.
   b. Certains écrivains représentent l'homme et la femme comme des êtres raisonnables qui peuvent contrôler leurs émotions. D'autres montrent que les émotions contrôlent nécessairement la raison. Quelle image vous semble la plus réaliste dans votre propre vie et celle de vos amis?

5. Louise Labé décrit ouvertement l'intensité de sa passion et les souffrances qui l'accompagnent. Cela implique le droit de la femme de se voir comme un être libre d'exprimer sa passion. Comme vous pouvez l'imaginer, cette contestation lui a valu d'être considérée comme une féministe. Que pensez-vous de ce jugement? Est-ce du «féminisme» quand une femme s'exprime librement? Qu'est-ce que ce poème révèle sur la société du 16ᵉ siècle?

Joachim du Bellay
(1522–1560)

Joachim du Bellay est né au petit château de Liré, dans l'Anjou[1]. Devenu orphelin très jeune, maladif, négligé par son tuteur, il grandit plus ou moins seul dans son village natal, s'attachant profondément à cette terre dont il exprimera plus tard la nostalgie.

Pour se préparer à servir son cousin, le cardinal Jean du Bellay, dans ses responsabilités diplomatiques, Joachim étudie le droit à l'Université de Poitiers. Il y étudie le latin, compose ses premiers poèmes et fait la connaissance de Ronsard, qu'il suit à Paris. Il apprend alors le grec et l'italien et découvre l'œuvre du poète italien Pétrarque. Avec Ronsard et cinq autres poètes qui forment avec lui une société appelée «la Pléiade», il publie la *Défense et illustration de la langue française* (1549). Selon ce manifeste, la poésie n'est plus un simple jeu de l'esprit, mais une mission; élu des Dieux, le poète humaniste doit utiliser et enrichir la langue française pour égaler ou même surpasser les œuvres de l'antiquité grecque et latine et de la Renaissance italienne.

Cette même année, il publie *L'Olive,* un recueil de sonnets imités de Pétrarque. De 1553 à 1557, il accompagne le cardinal Du Bellay à Rome. Joachim pensait que ce séjour serait bon pour sa santé et sa culture humaniste, mais ses responsabilités de secrétaire le déçoivent[2] beaucoup, et la France lui manque.

Aussi décevantes[3] soient-elles, ses années en Italie lui inspirent ses deux œuvres majeures: les *Antiquités de Rome,* consacrées à la Rome antique, et *Les Regrets,* consacrés à la Rome moderne et les «regrets» de l'exil. Ce recueil de sonnets est comme le journal du poète, où il écrit en vers ses impressions (satiriques) de la cour du pape, la corruption de la société romaine et sa nostalgie de l'Anjou natal.

De retour en France, Joachim du Bellay est accablé de difficultés financières et domestiques; une affaire de succession menace de lui enlever sa propriété de Liré. Malheureux en amour, il l'est aussi en matière de santé. Devenu sourd[4], il ne peut plus communiquer que par écrit. Découragé, vieilli prématurément, il meurt à Paris à l'âge de 37 ans, laissant derrière lui une œuvre marquée par l'inspiration personnelle.

---

1. la vallée de la Loire 2. décevoir (*to disappoint*) 3. voir décevoir 4. incapable d'entendre

PREPARATION A LA LECTURE

Très souvent dans vos lectures, la structure d'un passage va clarifier son sens. Qu'est-ce qui organise le texte: une séquence d'événements? une liste de caractéristiques? une série de comparaisons et de contrastes?

Au cœur du poème que vous allez lire, vous allez trouver plusieurs comparaisons (avec le mot «comme») et métaphores (comparaisons sans le mot «comme»). En lisant le poème une première fois, essayez de répondre aux questions suivantes: Qui est-ce qu'on compare à Ulysse et Jason? Qu'est-ce qui est comparé à Rome? Qu'est-ce qui est comparé à *des palais romains?* à *l'ardoise fine?* au *Tibre latin?* au *mont Palatin?*

✦ «HEUREUX QUI, COMME ULYSSE, A FAIT UN BEAU VOYAGE»

Heureux qui°, comme Ulysse[1], a fait un beau voyage,	celui qui
Ou comme cestuy-là° qui conquit la toison[2],	celui-là
Et puis est retourné, plein d'usage° et raison,	expérience
Vivre entre ses parents le reste de son âge!	
5 Quand reverrai-je, hélas, de mon petit village	
Fumer la cheminée, et en quelle saison	
Reverrai-je le clos° de ma pauvre maison,	jardin
Qui m'est une province et beaucoup davantage°?	plus
Plus me plaît le séjour° qu'ont bâti mes aïeux°,	la maison / ancêtres
10 Que des palais romains le front audacieux,	
Plus que le marbre dur me plaît l'ardoise° fine;	*slate*
Plus mon Loir[3] gaulois, que le Tibre[4] latin,	
Plus mon petit Liré, que le mont Palatin[5],	
Et plus que l'air marin la douceur angevine°.	de l'Anjou

— *Les Regrets, sonnet xxxi*, 1558
(orthographe modernisée)

---

1. héros de l'*Odyssée* 2. référence mythologique à la Toison d'Or (*Golden Fleece*) conquise par Jason 3. petite rivière près de la Loire 4. fleuve qui traverse Rome 5. une des sept collines de Rome

COMPREHENSION

1. Quel mot choisiriez-vous pour exprimer le ton du poème:
   la colère? la nostalgie? l'ennui?

2. Quelle expérience les deux héros mentionnés dans le premier quatrain
   du poème ont-ils en commun?

3. Le poète envie Ulysse et Jason. Expliquez pourquoi.

4. Quel est l'effet Du mot *hélas* dans la deuxième strophe?

5. Dans la deuxième strophe, Du Bellay constate que quelque chose de
   petit peut être plus important que quelque chose de grand. Clarifiez ce
   paradoxe.

6. Reprenez les comparaisons et les métaphores que vous avez trouvées
   dans le poème et expliquez-les. [Exemple de métaphore: «… ma pauvre
   maison, Qui m'est une province…». Pourquoi cette comparaison sous-
   entendue de la maison du poète avec une province?]

PERCEPTIONS

1. Celui qui doit vivre loin de sa famille, l'exilé, le voyageur, etc., éprouve
   souvent une nostalgie profonde pour ce qui lui manque. Avez-vous déjà
   lu d'autres œuvres littéraires qui expriment ce sentiment? Avez-vous eu
   cette expérience? A quoi attribuez-vous cette nostalgie? Répondez de
   façon détaillée.

2. La maison de notre enfance occupe une place spéciale dans nos souvenirs. Quels souvenirs de sa maison Du Bellay évoque-t-il? Lesquels
   pourriez-vous mentionner sur la maison de votre enfance?

3. Ce poème est un sonnet (voir Appendice littéraire p. 294).
   a. Imaginez un instant que vous êtes Du Bellay. Ecrivez une lettre à
      un(e) ami(e) décrivant vos impressions sur la vie à Rome et votre
      mal du pays (*homesickness*).
   b. Lisez vos lettres aux autres membres de la classe.
   c. Discutez l'effet différent des lettres par rapport au sonnet. Laquelle
      des deux formes communique le mieux les émotions?

4. Du Bellay commence un autre sonnet de la même série de la manière
   suivante:

   > France, mère des arts, des armes et des lois,
   > Tu m'as nourri longtemps du lait de ta mamelle!

   Reconnaissez-vous une métaphore ici semblable à celle du sonnet que
   vous venez de lire? Expliquez. Dans quel sens le pays natal est-il comme
   une mère pour chacun de nous?

Pierre de Ronsard

(1524–1585)

Pierre de Ronsard est originaire d'une famille noble de la région d'Orléans, dans la vallée de la Loire. A l'âge de 12 ans, il devient le page des enfants du roi François Ier. Il voyage ainsi en Ecosse, en Angleterre et en Allemagne; il fréquente aussi les plus grands humanistes de la cour de France. A l'âge de 15 ans, une grave maladie le laisse à moitié sourd, mettant ainsi fin à ses ambitions d'une carrière militaire ou diplomatique. Il se réfugie dans l'étude des lettres antiques et la poésie.

Ses premières *Odes* (1550) sont imitées du grec. Inspiré ensuite par Pétrarque, Ronsard devient le maître de la poésie amoureuse. Il chante non seulement ses propres amours, mais les amours des rois et des princes pour lesquels il écrit. Poète officiel de la cour de France, et très bien rémunéré pour ses travaux, Ronsard compose également des poèmes d'éloge dédiés à ses protecteurs, et des *Discours* où il prend parti dans les luttes religieuses du temps. D'abord violemment opposé aux protestants, il deviendra plus modéré vers la fin de sa vie et se fera le porte-parole de la tolérance. Dans ses dernières années, Ronsard continue à prouver qu'il est toujours «le Prince des poètes» (et le poète des princes), en publiant pour le roi Henri III les *Sonnets sur la mort de Marie,* et les *Sonnets pour Hélène,* qui couronnent sa gloire.

De ses premières *Odes,* dont le poème suivant est tiré, à ses derniers *Sonnets,* Ronsard évoque avec hantise le thème de la fuite du temps: puisque le temps passe et détruit tout, il faut profiter du présent pour vivre et pour aimer.

PREPARATION A LA LECTURE

Ici encore nous trouvons un poème basé sur une comparaison implicite, cette fois-ci entre une rose et une jeune fille (Cassandre). Pendant une première lecture du poème, notez deux expressions qui comparent la rose à la personne (deux premières strophes) et deux expressions qui comparent la jeune fille à une fleur (dernière strophe). Dans quel(s) cas la comparaison est-elle une personnification?

✦ ODE À CASSANDRE

Mignonne, allons voir si la rose
Qui ce matin avait déclose°   ouvert
Sa robe de pourpre° au soleil,   couleur rouge foncé
A point perdu cette vesprée°   ce soir
5   Les plis° de sa robe pourprée,   ondulations
Et son teint° au vôtre pareil.   *complexion*

Las! voyez comme en peu d'espace,
Mignonne, elle a dessus la place,
Las! las! ses beautés laissé choir°!   tomber
10   Ô vraiment marâtre° Nature   mère cruelle
Puisqu'une telle fleur ne dure
Que du matin jusques au soir!

Donc, si vous me croyez, mignonne,
Tandis que votre âge fleuronne°   est ouvert comme une
      fleur
15   En sa plus verte nouveauté,
Cueillez°, cueillez votre jeunesse: prenez (profitez de)
Comme à cette fleur la vieillesse
Fera ternir° votre beauté.   détériorer

— *Odes, I, 17,* 1550
(orthographe modernisée)

COMPREHENSION

A. Choisissez la meilleure réponse.

1. Dans la première strophe Ronsard décrit:
   a. la robe de Cassandre
   b. la beauté de la rose
   c. la faiblesse de la rose

2. Quel est le sentiment qui prédomine dans la deuxième strophe?
   a. la tristesse
   b. le bonheur
   c. l'humour

3. Et dans la troisième strophe?
   a. l'urgence
   b. l'ennui
   c. la mélancolie

B. Imaginez que vous parlez à quelqu'un qui n'a pas lu le poème. Racontez l'histoire du poème à cette personne en 5 ou 6 phrases. Puis, relisez le poème et comparez son effet avec celui de votre narration.

PERCEPTIONS

1. Expliquez le sens de «Cueillez, cueillez votre jeunesse». Comment peut-on «cueillir» sa jeunesse?

2. Toute réflexion sur la fuite du temps peut mener à une philosophie de la vie qui accentue le plaisir du moment: un bonheur égoïste. Ou bien on peut aussi décider que «carpe diem» est une décision d'être vertueux pour être heureux. Vers quelle conclusion penchez-vous? Expliquez.

3. Souvent, on parle de la Nature comme d'une mère. Ici elle devient une **marâtre**. Quelles images évoque le mot **marâtre**? Pourquoi le poète a-t-il choisi ce terme?

4. Il existe dans ce poème presque un culte de la beauté. Quelles formes de beauté sont décrites? Quels sont les dangers d'un tel culte?

5. Ce poème, chanté aussi bien que lu, est bien connu des lycéens français. Il fait partie de l'héritage culturel national. Quels poèmes en anglais ont une telle importance pour vous et pour vos camarades de classe? Faites une liste des poèmes que chaque membre de la classe connaît bien ainsi que des premiers vers de ces poèmes si c'est possible.

Montaigne
(1533–1592)

Michel Eyquem est né au château de Montaigne, dans le sud-ouest de la France. A la mort de son père, il a pris le nom du domaine familial. De son père, il a aussi gardé une éducation humaniste et le goût de l'engagement politique. Comme son père, en effet, Montaigne est devenu magistrat au parlement de Bordeaux, puis maire de Bordeaux. Mais, marqué par les guerres de religion, Montaigne ne peut guère partager l'optimisme humaniste de son père. Il opte plutôt, pendant plusieurs années, pour le stoïcisme, une philosophie d'austérité morale qui prépare l'individu à la souffrance et à la mort.

C'est Etienne de La Boétie, magistrat comme lui au parlement de Bordeaux, qui l'initie à cette philosophie. Les deux hommes deviennent de grands amis et, quand La Boétie meurt quatre ans plus tard, en 1563, Montaigne est déchiré de douleur. Pour «essayer» de trouver la sagesse et la consolation, il commence à rédiger ses *Essais.* Il se retire de la vie politique, se marie et se consacre à l'étude et à l'écriture. Il publie la première édition des *Essais* en 1580. Pour des raisons de santé, il voyage ensuite à travers l'Allemagne et l'Italie. En 1581, à la demande du roi Henri III, il accepte la charge de maire de Bordeaux, qu'il garde jusqu'en 1585.

Activement lié aux drames de son temps, appelé à plusieurs reprises à servir d'intermédiaire entre les catholiques et les protestants, Montaigne continue à trouver refuge dans ses *Essais,* dont il publie la deuxième édition en 1588. Il meurt en 1592 dans son château de Montaigne, alors qu'il préparait une troisième édition de son œuvre.

A travers le portrait qu'il fait de lui-même, avec une sincérité parfois choquante, Montaigne «essaie» dans ses *Essais* de peindre l'homme universel. Ses expériences personnelles l'amènent ainsi à s'interroger sur des questions universelles comme la mort et l'amitié.

PREPARATION A LA LECTURE

Un essai est une courte composition qui traite un seul sujet et qui présente généralement les opinions personnelles de l'auteur. Parcourez le passage qui suit, en notant dans la marge de votre livre l'idée centrale de chaque paragraphe de l'essai. En relisant le passage, puis en répondant aux questions après votre lecture, consultez ces notes pour mieux comprendre la façon dont Montaigne présente ses idées sur l'amitié.

✦ DE L'AMITIÉ

Ce que nous appelons ordinairement amis et amitiés, ce ne sont qu'accointances et familiarités nouées° par quelque occasion ou commodité, par le moyen de laquelle nos âmes s'entretiennent°. En l'amitié dont je parle, elles se mêlent et se confondent° l'une en l'autre, d'un mélange si universel qu'elles effacent° et ne retrouvent plus la couture° qui les a jointes. Si on me presse de dire pourquoi je l'aimais je sens que cela ne peut s'exprimer qu'en répondant: «Parce que c'était lui, parce que c'était moi».

Il y a, au delà° de tout ce que je puis° en dire, je ne sais quelle force inexplicable et fatale, médiatrice° de cette union. Nous nous cherchions avant de nous être vus, rapprochés° par des rapports que nous entendions l'un de l'autre, et aussi, je crois, par quelque ordonnance du ciel°. Nous nous embrassions° par nos noms; et à notre première rencontre, qui fut par hasard en une grande fête et compagnie de ville, nous nous trouvâmes si pris, si connus, si liés° entre nous, que rien dès lors ne nous fut si proche que l'un à l'autre…

Qu'on ne mette pas en ce rang° ces autres amitiés communes: j'en ai autant de connaissance qu'un autre, mais je ne conseille pas qu'on confonde leurs règles. Les autres amitiés, dans lesquelles il faut marcher avec prudence et précaution, se nourrissent° de services rendus et de bienfaits°. Mais en ce noble commerce°, l'union de tels amis étant véritablement parfaite, elle leur fait perdre le sentiment de tels devoirs, et chasser d'entre eux ces mots de division et de différence: «bienfait, obligation, reconnaissance°, prière, remerciement», et leurs pareils. Tout étant, effectivement, commun entre eux, volontés, pensées, jugements, biens°, enfants, honneur et vie, et leur convenance n'étant qu'une âme en deux corps, selon la très propre définition d'Aristote[1], ils ne peuvent rien se prêter° ni se donner… . Si, en l'amitié dont je parle, l'un pouvait donner à l'autre, ce serait lui qui recevrait le bienfait qui obligerait son compagnon. Car cherchant l'un et l'autre, plus que toute autre chose, de s'entre-bienfaire°, celui qui en donne l'occasion est celui qui se montre généreux…

L'ancien Ménandre[2] disait celui-là heureux, qui avait pu rencontrer seulement l'ombre° d'un ami. Il avait certes raison de le dire. Car, à la vérité, si je compare tout le reste de ma vie, quoiqu'avec la grâce de Dieu je l'aie passée douce et, sauf la perte° d'un tel ami, exempte d'affliction pesante et pleine de tranquillité d'esprit; si je la compare, dis-je, toute, aux quatre années qu'il m'a été donné de jouir de la douce compagnie et société de ce personnage, ce n'est que fumée°, ce n'est qu'une nuit obscure et ennuyeuse. Depuis le jour que je le perdis°,

formées	
restent ensemble	
se mêlent… *mix and blend* / font disparaître / *seam*	
effacent	
en supplément / peux à la base	
brought closer	
ordonnance… volonté de Dieu / étions unis	
attachés	
ce… cette catégorie	
subsistent à cause / faveurs / **ce noble…** la vraie amitié	
gratitude	
possessions	
lend	
agir avec générosité	
shadow	
(du verbe «perdre»)	
smoke	
perdre (passé simple)	

---

1. philosophe de l'antiquité grecque   2. poète de l'antiquité grecque

> *Quem semper acerbum*
40 > *Semper honoratum (sic, Di, voluistis) habebo,*[3]

je ne fais que traîner languissant°; et les plaisirs mêmes qui s'offrent à moi,   **traîner…** souffrir
au lieu de me consoler, me redoublent le regret de sa perte. Nous étions à
moitié de tout; il me semble que je lui dérobe° sa part.   enlève, prends

> *Nec fas esse ulla me voluptate hic frui*
45 > *Decrevi, tantisper dum ille abest meus particeps.*[4]

J'étais déjà si accoutumé à être deuxième° partout qu'il me semble   ici: avec lui
n'être plus qu'à demi.

—*Essais, Livre I, xxviii*, 1580
(texte légèrement modernisé et édité)

COMPREHENSION

A. Mettez les phrases suivantes dans l'ordre où elles sont présentées dans
le texte. Numérotez les phrases de l à 8.

1 à 4

____ Il y a une force méconnue qui unifie deux amis.

____ Ils ont tout de suite reconnu la force de leur amitié.

____ Montaigne contraste l'amitié et la camaraderie.

____ Ils se sont rencontrés à une fête.

5 à 8

____ Après la mort de son ami il se sent comme amputé.

____ La vraie amitié est une fusion parfaite de deux volontés: une âme
en deux corps, donc les amis ne comptent pas qui a «prêté» et qui a
«reçu».

____ Dans d'autres sortes de relations beaucoup de précautions sont
nécessaires.

____ Le reste de sa vie (comparé aux quatre années de son amitié avec La
Boétie) n'est que «fumée».

B. Exprimez l'idée principale des phrases suivantes en français simple.

1. «Ce que nous appelons ordinairement amis et amitiés, ce ne sont qu'accointances et familiarités nouées par quelque occasion ou commodité,
par le moyen de laquelle nos âmes s'entretiennent.»

3. «Jour qui pour moi sera toujours amer, toujours sacré (Dieux, vous l'avez voulu ainsi!)»—
citation du poète de l'antiquité romaine Virgile.   4. «J'ai décidé que je ne saurais plus
goûter aucun plaisir, maintenant que j'ai perdu celui qui partageait tout avec moi»—citation
de Térence, autre poète de l'antiquité romaine.

2. «… à notre première rencontre… nous nous trouvâmes si pris, si connus, si liés entre nous, que rien dès lors ne nous fut si proche que l'un à
   l'autre.»

3. «Les autres amitiés, dans lesquelles il faut marcher avec prudence et
   précaution, se nourrissent de services rendus et de bienfaits.»

4. «Si, en l'amitié dont je parle, l'un pouvait donner à l'autre, ce serait lui
   qui recevrait le bienfait qui obligerait son compagnon.»

PERCEPTIONS

1. En écrivant ses essais, Montaigne essaie de se comprendre. Que
   découvrons-nous sur sa nature en lisant cet essai? Quelle sorte de personne était-il, à votre avis?

2. Quelles sont les bases de l'amitié selon Montaigne? Etes-vous d'accord?
   En ajouteriez-vous d'autres? Lesquelles?

3. Montaigne constate que dans sa vie on ne peut avoir qu'un seul vrai
   ami. Etes-vous d'accord? Expliquez votre réponse.

4. La phrase de Montaigne «Parce que c'était lui, parce que c'était moi» a
   été reprise par de nombreux artistes, en particulier dans le monde de
   la chanson. Parlez d'une expérience que vous avez partagée avec
   quelqu'un, «parce que c'était lui [ou elle], parce que c'était moi».

5. A certains moments, l'amitié ici décrite ressemble à l'amour. D'après
   vous, quelles sont les différences entre les deux?

6. Une amitié profonde est quelque chose de très précieux. Parlez de
   votre expérience personnelle en matière d'amitié: décrivez votre meil-
   leur(e) ami(e) (maintenant ou auparavant). Comment avez-vous connu
   cette personne? Pourquoi et comment êtes-vous devenu(e)s ami(e)s?
   Quelles sont (étaient) ses caractéristiques?

7. Une si forte amitié peut entraîner une certaine perte d'identité de la
   part de chacun des amis. Que pensez-vous de cet aspect de l'amitié?
   Donnez un exemple personnel si possible.

8. Montaigne nous présente l'histoire très personnelle de son amitié avec
   La Boétie.
   a. Racontez son histoire à un(e) camarade de classe sur le ton d'une
      conversation simple.
   b. Comment Montaigne élève-t-il son essai à un plus haut niveau? Con-
      sidérez par exemple les citations et références aux écrivains clas-
      siques (Aristote, Ménandre, Virgile, Térence) et d'autres aspects de
      son style écrit.

Synthèse

A DISCUTER

A. Vous avez lu trois poèmes du 16ᵉ siècle: le premier sur la nature paradoxale de l'amour (Labé), le deuxième sur le mal du pays (Du Bellay) et le troisième sur le passage du temps (Ronsard). Faites ensemble une liste des images qui vous viennent à l'esprit quand vous pensez à chacun de ces thèmes.

B. Imaginez une conversation à une terrasse de café entre les cinq auteurs de ce chapitre. Labé va parler d'abord de ses souffrances en amour, puis Du Bellay va décrire sa nostalgie de son pays natal. Les trois autres vont essayer de les consoler. Imitez les idées et les sentiments exprimés dans les passages que vous avez lus.

A ECRIRE

A. «Cueillez, cueillez votre jeunesse…» Comment ce célèbre vers de Ronsard exprime-t-il l'idéal de la Renaissance? Que pensez-vous de ce conseil? S'applique-t-il au 21ᵉ siècle? Discutez le pour et le contre et donnez votre opinion au présent.

B. Qu'est-ce qui est moderne et qu'est-ce qui est ancien dans les idées de Rabelais et de Montaigne sur l'éducation et sur l'amitié?

Nicolas Poussin, Eliezer et Rebecca. Paris, Musée du Louvre.

CHAPITRE 3

Le Dix-septième Siècle

E 17e SIECLE a été profondément marqué par le règne de Louis XIV. Agé de cinq ans quand il hérite du trône de France en 1643, Louis XIV règne personnellement de 1661 jusqu'à sa mort en 1715. Avant son règne, c'est une époque d'instabilité et de diversité, une période *baroque.* Pendant son règne, c'est l'âge de l'ordre, de l'autorité et de la grandeur, l'âge d'or du *classicisme.*

Les premières années du 17e siècle sont des années de convalescence. Affaiblie par les guerres de religion qui déchiraient le pays depuis 1562, la France souffre encore de troubles civils et économiques. Malgré l'Edit de Nantes qui dès 1598 accordait aux protestants la liberté de culte, le fanatisme religieux continue à faire des victimes. Après l'assassinat du roi Henri IV en 1610, la régence de Marie de Médicis et le début du règne de Louis XIII sont marqués par l'instabilité et l'intrigue.

Ce climat de transformation et de désordre est propice au développement de l'art baroque, dont l'extravagance de forme traduit[1] la complexité de la vie. L'artiste baroque préfère l'apparence à la réalité, l'excès à la modération. Tout comme l'architecte baroque dissimule les structures essentielles sous des décors fantaisistes, l'écrivain baroque substitue au mot précis un surchargement[2] d'images. Les métaphores, les personnifications, les antithèses, les hyperboles[3] et les périphrases[4] se multiplient. Comme un jeu intellectuel, un langage «précieux» se développe dans les milieux cultivés. C'est ainsi qu'un mot commun comme *les dents* devient *l'ameublement[5] de la bouche* et les *pieds* se font appeler *les chers souffrants.* Les superlatifs sont *terriblement, furieusement, admirablement* à la mode et le badinage[6] prend des dimensions grandioses. Bien que la préciosité soit parfois tombée dans le ridicule, son influence s'est fait sentir à travers le 17e siècle.

Parallèlement au mouvement baroque, cependant, une autre tendance se dessine: un besoin d'ordre au milieu du désordre, une recherche d'absolu au milieu de la complexité. En politique deux grands ministres, Richelieu puis Mazarin, essaient d'établir cet ordre. Entre 1630 et 1661 ils consolident l'autorité de l'Etat, préparant ainsi la monarchie absolue du «Roi Soleil». Se croyant le représentant de Dieu sur terre, Louis XIV élabore un système fondé sur l'ordre et la concentration des pouvoirs. La cour de Versailles devient le centre d'attraction de toute l'Europe. Nobles et bourgeois vivent pour le roi, par le roi. Chacun est à la merci des faveurs du roi. Avide de gloire, celui-ci s'entoure d'artistes et d'écrivains qui recherchent par leur art la perfection «classique».

Comme l'humanisme, le classicisme adopte les idéaux de l'antiquité grecque et romaine. Pour comprendre la nature humaine et l'univers, les classiques font appel au pouvoir suprême de la raison. C'est ainsi que Descartes, auteur du fameux «Je pense, donc je suis» («*Cogito, ergo sum*»), base sur le doute et la raison sa méthode de l'analyse scientifique, psychologique et morale (voir p. 64). Contemporain de Descartes, le philosophe Pascal explore lui aussi les lois de la physique et de la métaphysique à l'aide de la raison. Dans ses *Pensées,* il avance cependant que la raison seule ne suffit

---

1. représente 2. *overload* 3. exagérations 4. circonlocutions (*circumlocutions*) 5. *furnishings* 6. *small talk*

pas, car «le cœur a ses raisons que la raison ne connaît point». (Voir p. 68).

Avec le règne de la raison vient le règne de l'ordre et des règles. Pour établir les règles qui gouvernent la langue française et sa littérature, Richelieu fonde en 1635 l'Académie française. La charge des premiers académiciens est de codifier la langue française en un *Dictionnaire de l'Académie* qui paraît en 1694. L'Académie consacre aussi la «bonne» littérature, désapprouvant l'extravagance et les excès baroques, approuvant la clarté, la modération et la sobriété classiques.

Les auteurs dramatiques doivent suivre les règles du théâtre classique qui sont l'unité d'action (une seule intrigue[7]), l'unité de temps (l'action doit se dérouler en 24 heures), l'unité de lieu (un seul décor) et l'unité de ton (un seul genre)[8]. Les grands noms du genre tragique sont Corneille et Racine; Molière, quant à lui, est le maître incontesté de la comédie classique (voir p. 82).

En tant qu'art social, le théâtre est particulièrement à la mode au 17e siècle car il répond aux exigences[9] morales de la littérature classique, qui sont d'éduquer et d'édifier le public. D'autres genres remplissent aussi ces fonctions sociales: les maximes (voir La Rochefoucauld, p. 61), les fables (voir La Fontaine, p. 77) et les lettres (voir Mme de Sévigné, p. 71).

Malgré toute sa grandeur, le règne de Louis XIV souffre dans ses dernières années de sclérose économique, religieuse et intellectuelle. Les guerres et les dépenses de la cour ont beaucoup appauvri le pays; la révocation de l'Edit de Nantes en 1685 marque la fin de la tolérance religieuse; la liberté de pensée est en danger et les valeurs classiques commencent à être contestées; partout, le mécontentement s'élève. A la fin du 17e siècle, une nouvelle génération de penseurs et d'écrivains apparaît: ce sont les «modernes», qui soulignent le besoin de réformes politiques et sociales et annoncent le 18e siècle.

---

7. *plot*   8. c'est-à-dire tragique ou comique   9. demandes

François de La Rochefoucauld
(1613–1680)

François de La Rochefoucauld était un homme de la grande noblesse. Jusqu'à l'âge de 40 ans, il a mené une vie d'intrigues amoureuses et politiques. Grièvement blessé au cours d'une de ces intrigues en 1652, il s'est retiré de la vie politique et a cherché à se consoler dans la vie mondaine. En fréquentant les salons précieux où l'analyse psychologique et la dissertation morale étaient à la mode, il s'est mis à écrire ses fameuses *Maximes,* dont il a publié le premier recueil en 1665. Quatre autres éditions allaient suivre, exprimant le pessimisme d'une vie marquée par la maladie et les déceptions. Dans ses *Maximes,* La Rochefoucauld essaie d'exposer l'âme humaine, qu'il considère égoïste et faible. Par des phrases très courtes qui visent à frapper le lecteur, il exprime des généralisations qui sont peut-être aussi des confessions.

PREPARATION A LA LECTURE

Une maxime est une généralisation qui exprime une vérité de façon concise et précise. La Rochefoucauld a choisi cette forme condensée pour décrire la vie et le comportement humain. En anglais, vous connaissez sans doute les maximes «*Haste makes waste*» ou «*Absence makes the heart grow fonder*». En lisant chaque maxime, déterminez d'abord le sens de la maxime puis décidez si vous êtes d'accord. Les maximes ne sont pas difficiles à lire, mais l'important est de décider si l'on croit ou non la «vérité» que chacune exprime avec tant d'autorité. Créez donc un tableau avec ces titres, puis remplissez-le au fur et à mesure.

Maxime	Votre interprétation	Etes-vous d'accord?

Pendant la discussion en classe, ajoutez des détails à votre tableau et expliquez votre position.

✦ LES MAXIMES [extraits]

[49] On n'est jamais si heureux ni si malheureux qu'on s'imagine.

[89] Tout le monde se plaint° de sa mémoire, et personne ne se plaint de son jugement.　　　　　　　　　　　　　　　　　　　　　　　　*lamente*

[113] Il y a de bons mariages, mais il n'y en a point de délicieux.

[122] Si nous résistons à nos passions, c'est plus par leur faiblesse que par notre force.

[149] Le refus des louanges° est un désir d'être loué° deux fois.　　*compliments / complimenté, glorifié /*

[171] Les vertus se perdent dans l'intérêt°, comme les fleuves se perdent dans la mer.　　　　　　　　　　　　　　　　　　　　　　　　*égoïsme*

[276] L'absence diminue les médiocres passions et augmente les grandes, comme le vent éteint° les bougies° et allume° le feu.　　*cause l'extinction / candles / commence /*

[303] Quelque° bien qu'on nous dise de nous, on ne nous apprend rien de nouveau.　　　　　　　　　　　　　　　　　　　　　　　　*Peu importe le*

[304] Nous pardonnons souvent à ceux qui nous ennuient°, mais nous ne pouvons pardonner à ceux que nous ennuyons.　　*ennuyer: to bore*

[389] Ce qui nous rend la vanité des autres insupportable°, c'est qu'elle blesse la nôtre.　　　　　　　　　　　　　　　　　　　　　　*intolérable*

[436] Il est plus aisé de connaître l'homme en général que de connaître un homme en particulier.

— *Les Maximes,* 1665

COMPREHENSION

Vrai ou faux, d'après les maximes? Si c'est faux, corrigez.

1. Les gens exagèrent leurs difficultés.

2. On considère qu'on a une bonne mémoire.

3. Le mariage parfait n'existe pas.

4. La force de notre personnalité nous permet de résister à nos passions.

5. On aime les louanges.

6. Notre vertu est plus forte que notre intérêt.

7. Si on aime vraiment quelqu'un, l'absence ne va pas diminuer l'amour.

8. Nous ne connaissons pas très bien nos mérites.

9. Nous aimons penser que nous sommes amusants.

10. Nous aimons les gens vaniteux.

11. Les individus sont difficiles à connaître.

PERCEPTIONS

1. La forme des maximes est très concise. Est-ce que cette concision ajoute à la clarté du message ou le rend plus difficile à saisir? Pourquoi?

2. Est-ce que La Rochefoucauld vous semble optimiste? pessimiste? entre les deux? Donnez des exemples spécifiques pour appuyer votre opinion.

3. Quand vous n'êtes pas d'accord avec une maxime, est-ce parce que vous n'acceptez pas du tout la conclusion de La Rochefoucauld ou parce que vous trouvez qu'il exagère? Donnez des exemples. Est-il plus facile d'être d'accord avec lui quand il juge les autres que quand il nous demande de nous juger nous-mêmes?

4. La Rochefoucauld implique que ce qui semble être une vertu est quelquefois un vice. Est-ce vrai? Donnez un exemple tiré de votre expérience (exemple: une situation où une personne semblait faire quelque chose pour une raison noble mais en vérité, c'était par intérêt ou égoïsme).

5. Peut-on être trop vertueux? Par exemple, l'honnêteté peut-elle aller trop loin et devenir cruelle? Ou la tolérance peut-elle devenir une absence de principes? Discutez.

6. Composez votre propre maxime!

René Descartes
(1596–1650)

Descartes est né dans la région de Tours, pendant les dernières années des guerres de religion. Après une licence en droit, à l'âge de 22 ans, il se lance dans une carrière militaire et, pendant dix ans, parcourt l'Europe. Sa fortune personnelle lui permet de visiter de nombreux pays et de rencontrer des gens de divers milieux, y compris des savants et des artistes. C'est durant cette période qu'une nuit de novembre 1619, il reçoit la brusque révélation de sa destinée: découvrir «la méthode» pour accéder à la science parfaite. A l'âge de 32 ans, il va s'installer en Hollande, où il va vivre en solitaire et écrire l'essentiel de son œuvre, qui inclut le *Discours de la méthode* (1637) et *Méditations métaphysiques* (1641), à l'abri des autorités religieuses qui trouvent ses idées dangereuses. Plus tard, il acceptera l'invitation de la reine Christine de Suède, une femme passionnée de science et de philosophie, à venir vivre à la cour de Suède. Il supportera mal le climat rigoureux et mourra d'une pneumonie en 1650.

Le *Discours de la méthode,* dont les passages que vous allez lire sont extraits, est donc un traité où Descartes définit les règles qu'il faut appliquer pour aborder tout domaine de la connaissance humaine. La méthode, qui sera connue sous le nom de cartésianisme, est simple: pour éviter les préjugés, il faut d'abord faire table rase de toutes les certitudes, c'est-à-dire mettre tout en doute. Ensuite il faut tout soumettre au filtre de la logique. Seuls le doute et la raison mènent à la vérité.

PREPARATION A LA LECTURE

Le passage de Descartes que vous allez lire se divise en trois parties:

1. Son expérience avec des philosophes et des savants classiques et contemporains

2. La méthode qu'il invente pour savoir la vérité

3. Comment il est arrivé à sa fameuse formule «Je pense, donc je suis» («*Cogito, ergo sum*»).

Quand on lit une œuvre aussi abstraite que le *Discours de la méthode,* il est nécessaire de comprendre la progression logique des idées et de les reformuler en termes plus simples. Les activités qui suivent vont vous aider à organiser ces idées.

Première Partie

Parcourez le premier paragraphe et décidez si les phrases suivantes sont vraies ou fausses. Si c'est faux, corrigez.

1. Descartes a trouvé pendant ses études que les philosophes se disputent continuellement.

2. Tout de même, il continue ses études des lettres pour trouver de meilleurs philosophes.

3. Il cherche la vérité dans ses voyages et dans le monde en fréquentant des gens.

4. Il respecte les idées de l'homme de lettres qui travaille seul dans son bureau plus que celles de l'homme dans la société.

5. Il veut apprendre à distinguer le vrai d'avec le faux.

Deuxième Partie

Parcourez le deuxième paragraphe et identifiez dans le tableau ci-dessous les descriptions (à droite) qui correspondent aux quatre parties de la méthode que propose Descartes (à gauche).

1. ___ Règle de l'évidence et de l'intuition rationnelle	a. Il faut décomposer le compliqué en éléments simples.
2. ___ Règle de l'analyse	b. Une vérification méthodique élimine les omissions.
3. ___ Règle de la synthèse, de la déduction	c. Il faut procéder par ordre, du plus simple au plus complexe.
4. ___ Règle des dénombrements, de l'énumération	d. Il ne faut jamais présumer des vérités.

Troisième Partie

Dans sa quête de la vérité, après avoir rejeté ses études des lettres, Descartes a analysé les mœurs de la société, y compris les idées populaires, les préjugés et les idées politiques et religieuses qui s'imposent comme absolus. Avant de trouver la vérité, il a dû rejeter ces «absolus» comme étant basés sur des «opinions incertaines». Il rejette beaucoup d'idées, mais enfin

il arrive à une réalité (une idée) qu'il ne peut pas nier (*deny, refute*). Parcourez
la troisième partie de l'extrait pour identifier cette réalité et notez-la ici:

_____

_____

✦ DISCOURS DE LA MÉTHODE

Je ne dirai rien de la philosophie, sinon que, voyant qu'elle a été cultivée
par les plus excellents esprits qui aient vécu depuis plusieurs siècles, et que
néanmoins il ne s'y trouve encore aucune chose dont on ne dispute, […]
je n'avais point assez de présomption pour espérer d'y rencontrer mieux
5 que les autres […]…

C'est pourquoi, […] je quittai entièrement l'étude des lettres. Et me ré-
solvant de ne chercher plus d'autre science, que celle qui se pourrait trouver en moi-même, ou bien dans le grand livre du monde, j'employai le
reste de ma jeunesse à voyager, à voir des cours et des armées, à fréquenter
10 des gens […]. Car il me semblait que je pourrais rencontrer beaucoup plus
de vérité, dans les raisonnements que chacun fait touchant les affaires qui
lui importent, […] que dans ceux que fait un homme de lettres dans son
cabinet°[…]. Et j'avais toujours un extrême désir d'apprendre à distinguer   bureau
le vrai d'avec le faux, pour voir clair en mes actions, et marcher avec assu-
15 rance en cette vie.

(Après beaucoup d'observation du monde et beaucoup d'introspection, il arrive à
sa «méthode» pour savoir la vérité. Cette méthode comporte quatre préceptes.)

Le premier était de ne recevoir jamais aucune chose pour vraie, que je
ne la connusse évidemment être telle […].
20 Le second, de diviser chacune des difficultés que j'examinerais, en autant de parcelles qu'il se pourrait […].
Le troisième, de conduire par ordre mes pensées, en commençant par
les objets les plus simples et les plus aisés à connaître, pour monter peu à
peu […] jusques à la connaissance des plus composés […].
25 Et le dernier, de faire partout des dénombrements° si entiers°[…] que   inventaires / complets
je fusse assuré de ne rien omettre.

Je ne sais si je dois vous entretenir des premières méditations que j'y ai
faites; car elles sont si métaphysiques° et si peu communes, qu'elles ne   abstraites
seront peut-être pas au goût de tout le monde. […] J'avais dès longtemps
30 remarqué que, pour les mœurs, il est besoin quelquefois de suivre des opinions qu'on sait être fort incertaines; […] mais, parce qu'alors je désirais
vaquer° seulement à la recherche de la vérité, je pensai qu'il fallait que je   aller
fisse tout le contraire, et que je rejetasse comme absolument faux tout ce en
quoi je pourrais imaginer le moindre doute, afin de voir s'il ne resterait

35 point, après cela, quelque chose en ma créance°, qui fût entièrement indu-   *croyance*
bitable. [...] Et enfin, [...] je me résolus de feindre° que toutes les choses   *considérer*
qui m'étaient jamais entrées en l'esprit n'étaient non plus vraies que les
illusions de mes songes. Mais, aussitôt après, je pris garde que, pendant que
je voulais ainsi penser que tout était faux, il fallait nécessairement que moi,
40 qui le pensais, fusse quelque chose. Et remarquant que cette vérité: *je pense,*
donc je suis, était si ferme et si assurée que toutes les plus extravagantes sup-   *personnes qui doutent*
positions des sceptiques° n'étaient pas capables de l'ébranler, je jugeai que   *de tout, qui pratiquent*
je pouvais la recevoir, sans scrupule, pour le premier principe de la philoso-   *le doute systématique*
phie que je cherchais. [...]
45 [J]e vois très clairement que [...] je pouvais prendre pour règle
générale, que les choses que nous concevons fort clairement et fort distinctement sont toutes vraies; mais qu'il y a seulement quelque difficulté à
bien remarquer quelles sont celles que nous concevons distinctement.

— *Discours de la méthode,* 1637

COMPREHENSION

1. Pourquoi Descartes a-t-il abandonné ses études formelles? Qu'est-ce
   qu'il a choisi de faire à la place?

2. La méthode de Descartes: expliquez simplement comment chaque règle fonctionne et donnez des illustrations personnelles.

3. La pensée «cartésienne» (de Descartes): expliquez à un(e) camarade
   de classe ce que c'est.

PERCEPTIONS

1. Vous avez identifié les trois périodes de «l'éducation» de Descartes: l'enseignement traditionnel à l'école, l'enseignement du monde et de la
   société, et finalement un enseignement personnel où il cherche seulement en lui-même ce qu'il peut accepter comme vrai dans le monde.
   a. Quels sont les risques et les limites de chaque approche, d'après vous?
   b. Comment est-ce que vous formez généralement votre opinion de ce
       qui est vrai parmi tous les «faits» qu'on vous présente?

2. Comparez le système de Descartes avec ce que vous comprenez des
   techniques de la science moderne d'aujourd'hui. Est-ce que son système est toujours valable?

3. Comme Descartes le suggère dans la dernière phrase de l'extrait, la va-
   lidité de tout son système et de toutes ses conclusions repose sur la nécessité d'identifier parmi toutes les idées qui nous assaillent, celles qui
   sont claires et distinctes et vraies. Est-ce possible, à votre avis? Expliquez.

Blaise Pascal
(1623–1662)

Blaise Pascal était un enfant prodige. Orphelin de mère à l'âge de 3 ans, il a été élevé par son père, magistrat et mathématicien réputé, aux côtés de ses deux sœurs. Studieux de nature, il s'est vite passionné pour les mathématiques et dès l'âge de 12 ans, il a redécouvert tout seul la 32e proposition d'Euclide, selon laquelle la somme des angles d'un triangle est égale à deux angles droits! A 17 ans, il a écrit un traité de géométrie et à 19 ans, il a créé ce qu'il a appelé «la machine arithmétique», l'ancêtre de la machine à calculer. Mais Pascal était aussi un être social et il aimait fréquenter les milieux mondains[1] et les écrivains. A l'âge de 31 ans, cependant, une expérience a changé sa vie: au cours de ce qu'il a appelé «la nuit de feu», le 23 novembre 1654, il a connu une «illumination», une révélation personnelle de Dieu et de la foi. Après cet événement bouleversant, il a effectué plusieurs séjours à l'abbaye de Port-Royal, centre des jansénistes (une branche du catholicisme) et a commencé la rédaction des *Pensées,* une défense et illustration de sa foi. Cette œuvre restera inachevée car Blaise Pascal, qui avait toujours été de santé fragile, mourra à l'âge de 39 ans. Les *Pensées* comportent quatre grands mouvements: le tableau de la misère et de la grandeur de l'homme et des sociétés; le constat de l'ignorance du vrai bonheur, qui caractérise l'homme; la nécessité de la recherche de Dieu; les preuves de l'existence de Dieu. Comme Descartes, Pascal propose une méthode pour «saisir la vérité»: «l'esprit de géométrie», apte à la déduction et au raisonnement logique, convient particulièrement aux sciences exactes; «l'esprit de finesse», qui repose sur l'intuition, est l'instrument privilégié des sciences humaines; quant à la vérité de Dieu, seul le cœur peut la saisir. La raison et le cœur se complémentent.

1. de la haute société

PREPARATION A LA LECTURE

Parcourez les quatre *Pensées* de Pascal et complétez les phrases suivantes:

#72

1. L'homme est grand parce qu'il _____.

2. Dans la nature, l'homme se trouve au milieu entre _____ et _____.

3. L'homme est _____ de comprendre le néant ou l'infini.

#347

4. L'homme est comparé à un _____, mais un _____.

5. La nature peut très facilement _____ l'homme.

6. La dignité de l'homme vient du fait qu'il est capable de _____.

#199

7. Tous les hommes sont condamnés à _____.

8. Tous les hommes sont liés par leur condition comme dans _____.

#277–278

9. _____ de l'homme est comparé à sa _____.

10. D'après Pascal, c'est _____ qui aime et qui sent _____.

✦ LES PENSÉES

72

La grandeur de l'homme est grande en ce qu'il se connaît misérable; un arbre ne se connaît pas misérable.

C'est donc être misérable que de (se) connaître misérable, mais c'est être grand que de connaître qu'on est misérable.

5   Car enfin qu'est-ce que l'homme dans la nature? Un néant° à l'égard de° l'infini, un tout à l'égard du néant, un milieu entre rien et tout, infiniment éloigné° de comprendre les extrêmes; la fin des choses et leurs principes sont pour lui invinciblement cachés dans un secret impénétrable.   Egalement incapable de voir le néant d'où il est tiré et l'infini où il est 10 englouti°. *a nothing / in respect to* / *far from* / *gobbled up*

347

L'homme n'est qu'un roseau°, le plus faible de la nature, mais c'est un roseau pensant. Il ne faut pas que l'univers entier s'arme pour l'écraser°; une vapeur°, une goutte d'eau suffit pour le tuer. Mais quand° l'univers *reed* / *crush* / *un brouillard / même si*

l'écraserait, l'homme serait encore° plus noble que ce qui le tue, puisqu'il   *même dans ce cas*
15 sait qu'il meurt et l'avantage° que l'univers a sur lui. L'univers n'en sait rien.   *deuxième complément de «sait» / à partir de*

Toute notre dignité consiste donc en la pensée. C'est de là° qu'il nous   *là / de notre «bassesse»*
faut relever° et non de l'espace et de la durée, que nous ne saurions rem-
plir. Travaillons donc à bien penser: voilà le principe de la morale.

199

Qu'on s'imagine un nombre d'hommes dans les chaînes, et tous con-
20 damnés à la mort, dont les uns étant chaque jour égorgés° à la vue des   *have their throats slit*
autres, ceux qui restent voient leur propre condition dans celle de leurs
semblables°, et, se regardant les uns et les autres avec douleur et sans es-   *fellow creatures*
pérance, attendent à leur tour. C'est l'image de la condition des hommes.

277–278

Le cœur a ses raisons que la raison ne connaît point; on le sait en mille
25 choses.

Je dis que le cœur aime l'être universel° naturellement et soi-même   *Dieu*
naturellement, selon qu'il s'y adonne°, et il se durcit° contre l'un ou   *devote itself / harden*
l'autre° à son choix. Vous avez rejeté l'un et conservé l'autre; est-ce par rai-   *insensible envers Dieu ou lui-même*
son que vous vous aimez?
30 C'est le cœur qui sent Dieu et non la raison. Voilà ce que c'est que la foi:
Dieu sensible au cœur.

— *Les Pensées,* 1670

COMPREHENSION

1. (#72) Expliquez le sens du «néant» et de «l'infini». Qu'est-ce que
   l'homme comprend de ces deux extrêmes?

2. (#347) Pourquoi est-ce que l'homme est plus noble que la goutte d'eau
   qui peut le tuer?

3. (#199) Quelle vérité de la vie Pascal décrit-il avec brutalité dans cette
   pensée?

4. (#277–278) Pascal voit deux domaines dans l'être humain: celui du cœur
   et celui de la raison. Duquel vient l'amour de soi et des autres? Et la foi?

PERCEPTIONS

1. Dans la *Pensée* 72 Pascal introduit une série d'antithèses (contrastes): la
   grandeur/la misère, l'homme/la nature, le néant/l'infini, tiré/
   englouti. Quel est l'effet de ces contrastes?

2. Pascal examine l'existence des infinis (#72). Est-ce que la science moderne confirme cette existence? Expliquez.

3. Expliquez ce qui sépare les deux penseurs (Descartes et Pascal) dans leur analyse de la nature humaine, même si les deux arrivent à des conclusions similaires quand il s'agit de leur foi. Comparez «le cœur a ses raisons que la raison ne connaît point» de Pascal avec le «je pense, donc je suis» de Descartes dans votre discussion. Mais considérez aussi que Pascal a dit: «Toute notre dignité consiste donc en la pensée».

4. Dans la *Pensée* 199 nous voyons les êtres humains tous liés en chaînes, sachant qu'ils vont mourir et incapables de contrôler leur mort ou la mort de leurs semblables. Pascal nous dit que c'est la condition humaine. Une interprétation de cette image est que Pascal est un pessimiste. Une autre, plus positive, accentue le lien qui unit les hommes et la responsabilité que nous avons en tant que maillons (*links*) de la chaîne humaine. Par ses actes, chacun affecte la chaîne de l'humanité, la tirant vers le bien ou vers le mal. Quelle est votre interprétation de cette *Pensée*? Expliquez.

5. Pourquoi imaginez-vous que beaucoup de penseurs qui n'acceptent ni les prémisses ni les conclusions de Pascal le lisent avec admiration? Qu'est-ce que vous trouvez d'éternel et d'actuel dans les *Pensées*?

Madame de Sévigné
(1626–1696)

Née à Paris dans une famille de la grande noblesse, orpheline à un très jeune âge, mariée à 18 ans, puis veuve à 24 ans, Marie de Rabutin-Chantal, marquise de Sévigné, a partagé sa vie entre les salons mondains de Paris et sa fille, pour qui elle avait une véritable adoration. Quand sa fille se marie au Comte de Grignan et va vivre dans le sud de la France, Mme de Sévigné lui écrit deux lettres par semaine, parfois plus. Ces lettres sont devenues une chronique du 17ᵉ siècle. Avec précision et émotion, Mme de Sévigné raconte l'histoire de son temps: les grands événements historiques mais aussi la vie quotidienne de la cour, dans ses plus petits détails. Experte dans les jeux du langage chers aux «précieux», Mme de Sévigné sait aussi être directe et naturelle, autant dans son style que dans son sens de l'observation.

PREPARATION A LA PREMIERE LECTURE

Madame de Sévigné était une femme sensible et intelligente, séparée pendant de longues périodes de temps de sa fille bien-aimée, la Comtesse de Grignan. Les lettres qu'elle a écrites à sa fille et à des amis constituent un portrait de la vie de la cour ainsi que de la vie de tous les jours.

Dans cette lettre à son cousin, elle crée une sorte de jeu pour aviver sa curiosité au sujet de la nouvelle qu'elle veut lui annoncer. Imaginez que vous allez annoncer une grande nouvelle à un ami. Pensez à cinq ou six adjectifs que vous pourriez utiliser pour dire «incredible». Maintenant anticipez le type de commérage (*gossip*) contenu dans la lettre de Madame de Sévigné. Parcourez-la une première fois pour vérifier vos prédictions.

✦ LETTRE À MONSIEUR DE COULANGES[1]

A PARIS, CE LUNDI 15 DECEMBRE 1670

Je m'en vais vous mander° la chose la plus étonnante, la plus suprenante, la plus merveilleuse, la plus miraculeuse, la plus triomphante, la plus étourdissante°, la plus inouïe°, la plus singulière, la plus extraordinaire, la plus incroyable, la plus imprévue, la plus grande, la plus petite, la plus rare, la plus
5   commune, la plus éclatante, la plus secrète jusqu'aujourd'hui, la plus brillante, la plus digne d'envie: enfin une chose dont on ne trouve qu'un exemple dans les siècles passés, encore cet exemple n'est-il pas juste; une chose que l'on ne peut pas croire à Paris (comment la pourrait-on croire à Lyon°?); une chose qui fait crier miséricorde° à tout le monde; une chose
10   qui comble° de joie Mme de Rohan et Mme d'Hauterive[2]; une chose enfin qui se fera dimanche, où ceux qui la verront croiront avoir la berlue°; une chose qui se fera dimanche, et qui ne sera peut-être pas faite lundi. Je ne puis me résoudre° à la dire; devinez°-la: je vous le donne en trois°. Jetez-vous votre langue aux chiens?° Eh bien! il faut donc vous la dire: M. de Lauzun[3]
15   épouse dimanche au Louvre, devinez qui? je vous le donne en quatre, je vous le donne en dix, je vous le donne en cent. Mme de Coulanges dit: «Voilà qui est bien difficile à deviner; c'est Mme de La Vallière[4]. —Point du tout, Madame. —C'est donc Mlle de Retz[5]? —Point du tout, vous êtes bien provinciale. —Vraiment nous sommes bien bêtes, dites-vous, c'est Mlle
20   Colbert[5]. —Encore moins. —C'est assurément Mlle de Créquy[5]. —Vous n'y êtes pas. Il faut donc à la fin vous le dire: il épouse, dimanche, au Louvre, avec la permission du Roi, Mademoiselle, Mademoiselle de…, Mademoiselle…, devinez le nom: il épouse Mademoiselle, ma foi! par ma foi! ma foi jurée!

dire

staggering / extraordinaire

où se trouve M. de Coulanges / *mercy* / remplit / une maladie des yeux

décider / *guess* / trois occasions de deviner / **Jetez…** do you give up?

1. cousin de Mme de Sévigné   2. deux dames qui avaient fait des mariages d'amour et non d'argent   3. personnage important à la cour   4. maîtresse du roi   5. femmes célèbres à la cour

Mademoiselle, la Grande Mademoiselle; Mademoiselle, fille de feu° Mon- *the late…*
25 sieur[6]; Mademoiselle, petite-fille de Henri IV[7], Mlle d'Eu, Mlle de Dombes,
Mlle de Montpensier, Mlle d'Orléans[8], Mademoiselle, cousine germaine° du *first cousin*
Roi; Mademoiselle, destinée au trône; Mademoiselle, le seul parti de France
qui fût digne de Monsieur[9].

Voilà un beau sujet de discourir°. Si vous criez, si vous êtes hors de vous- faire des discours
30 même, si vous dites que nous avons menti, que cela est faux, qu'on se
moque de vous, que voilà une belle raillerie°, que cela est bien fade° à plaisanterie / ridicule
imaginer; si enfin vous nous dites des injures: nous trouverons que vous
avez raison; nous en avons fait autant que° vous. **autant…** comme

Adieu: les lettres qui seront portées par cet ordinaire° vous feront voir si messager de poste
35 nous disons vrai ou non.

— *Lettres de Madame de Sévigné,* 1725
(édition posthume)

COMPREHENSION

Vrai ou faux? Si c'est faux, corrigez.

1. M. de Coulanges est à Paris quand il reçoit cette lettre.

2. La nouvelle dont Mme de Sévigné parle fera enrager Mme de Rohan et
Mme d'Hauterive.

3. M. de Coulanges devinera très vite l'identité de la fiancée.

4. M. de Lauzun va épouser une princesse.

5. Mlle d'Eu, Mlle de Dombes, Mlle de Montpensier et Mlle d'Orléans
sont des amies de la dame que M. de Lauzun va épouser.

6. Mme de Sévigné a été surprise par la nouvelle.

7. La réaction de M. de Coulanges est difficile à imaginer.

PERCEPTIONS

1. On nomme baroque ou précieux le style qui incorpore des exagérations
et une accumulation d'adjectifs. Mme de Sévigné l'utilise dans cette lettre pour créer du suspense pour son lecteur et afin de l'amuser. Que
pensez-vous de cette technique? Est-ce qu'elle vous amuse, vous exas-
père ou vous intrigue? Pourquoi?

2. Pensez à un événement de l'actualité, puis écrivez un paragraphe
pour informer un(e) ami(e) de cet événement. Au lieu d'annoncer

6. Gaston d'Orléans, oncle de Louis XIV, surnommé simplement «Monsieur»   7. roi de
France assassiné en 1610   8. titres de cette princesse qui, à 43 ans, va épouser M. de Lauzun
9. Philippe d'Orléans, frère de Louis XIV, le «Monsieur» actuel

immédiatement la nouvelle, essayez d'augmenter sa curiosité par votre manière d'écrire. Vous pouvez imiter le style de Mme de Sévigné, avec beaucoup de superlatifs, ou vous pouvez utiliser une autre technique. Soyez prêt(e) à lire votre paragraphe à la classe.

3. Dans un siècle où il n'y avait pas de véritables journaux, et où les voyages étaient difficiles et chers, les lettres servaient plusieurs buts. Quels sont les buts les plus communs des lettres ou des courriels que vous écrivez? Quels buts pouvez-vous identifier ou imaginer pour une lettre du 17e siècle?

PREPARATION A LA DEUXIEME LECTURE

La deuxième lettre que vous allez lire est écrite à Madame de Grignan, fille de Madame de Sévigné. Cette lettre décrit la mort d'un homme qui s'appelle Vatel. Ecrivez cinq choses que vous aimeriez savoir au sujet de cette mort. (Où? Quand? Comment? Pourquoi? etc.)

1. _____

2. _____

3. _____

4. _____

5. _____

Maintenant, parcourez le premier paragraphe. Vous allez voir que Vatel «s'était poignardé». Ajoutez deux ou trois autres questions à votre liste.

6. _____

7. _____

8. _____

Avant de lire le reste de la lettre, sachant que Vatel était un chef cuisinier, pensez à trois raisons possibles pour son suicide. Parcourez la lettre et vérifiez si vous avez bien deviné la raison.

1. _____

2. _____

3. _____

✦ Lettre à Madame de Grignan

A PARIS, CE DIMANCHE 26 AVRIL 1671

Il est dimanche 26 avril; cette lettre ne partira que mercredi; mais ceci   *un récit*
n'est pas une lettre, c'est une relation° que vient de me faire Moreuil, à
votre intention°, de ce qui s'est passé à Chantilly[1] touchant Vatel[2]. Je vous   **à votre intention…** *with*
écrivis vendredi qu'il s'était poignardé°: voici l'affaire en détail.   *you in mind / stabbed*
                                                                                   himself
5   Le Roi arriva jeudi au soir; la chasse, les lanternes, le clair de lune, la
promenade, la collation[3] dans un lieu tapissé° de jonquilles°, tout cela fut   *couvert / daffodils*
à souhait. On soupa […].

Il y eut quelques tables où le rôti manqua, à cause de plusieurs dîners où°   *auxquels*
l'on ne s'était point attendu. Cela saisit° Vatel; il dit plusieurs fois: «Je suis   *moved deeply*
10 perdu d'honneur; voici un affront que je ne supporterai pas.» Il dit à
Gourville[4]: «La tête me tourne, il y a douze nuits que je n'ai dormi; aidez-
moi à donner des ordres.» Gourville le soulagea en ce qu'il put. Ce rôti qui
avait manqué, non pas à la table du Roi, mais aux vingt-cinquièmes[5], lui revenait toujours à la tête. Monsieur le Prince alla jusque dans sa chambre, et lui
15 dit: «Vatel, tout va bien, rien n'était si beau que le souper du Roi.» Il lui dit:
«Monseigneur, votre bonté m'achève°; je sais que le rôti a manqué à deux   *overwhelms me*
tables.» «Point du tout», dit Monsieur le Prince, «ne vous fâchez point, tout
va bien.» La nuit vient: le feu d'artifice° ne réussit pas, il fut couvert d'un   *fireworks*
nuage; il coûtait seize mille francs. A quatre heures du matin, Vatel s'en va
20 partout, il trouve tout endormi; il rencontre un petit pourvoyeur° qui lui   *purveyor, supplier*
apportait seulement deux charges de marée°; il lui demande: «Est-ce là   *poissons frais*
tout?» Il lui dit: «Oui, Monsieur.» Il ne savait pas que Vatel avait envoyé à tous
les ports de mer. Il attend quelque temps; les autres pourvoyeurs ne viennent point; sa tête s'échauffait, il croit qu'il n'aura point d'autre marée; il
25 trouve Gourville, et lui dit: «Monsieur, je ne survivrai pas à cet affront-ci; j'ai
de l'honneur et de la réputation à perdre.» Gourville se moqua de lui. Vatel
monte à sa chambre, met son épée contre la porte, et se la passe au travers
du cœur; mais ce ne fut qu'au troisième coup, car il s'en donna deux qui
n'étaient pas mortels: il tombe mort. La marée cependant arrive de tous
30 côtés; on cherche Vatel pour la distribuer; on va à sa chambre; on heurte°,   *knock*
on enfonce° la porte; on le trouve noyé dans son sang°; on court à Monsieur   *break in / drowned in his*
le Prince, qui fut au désespoir. Monsieur le Duc[6] pleura; c'était sur Vatel que   *blood*
roulait° tout son voyage de Bourgogne. Monsieur le Prince le dit au Roi fort   *depended*
tristement: on dit que c'était à force d'avoir de l'honneur en sa manière; on
35 le loua° fort, on loua et blâma son courage. Le Roi dit qu'il y avait cinq ans   *praised*
qu'il retardait de venir à Chantilly, parce qu'il comprenait l'excès de cet

1. château du Prince de Condé où il a donné une réception pour le Roi   2. le chef cuisinier
de Condé   3. un repas léger entre le repas de midi et le souper le soir   4. *Condé's business
manager*   5. *25 tables down from the king's table*   6. le Duc d'Enghien, fils aîné de Condé

embarras. Il dit à Monsieur le Prince qu'il ne devait avoir que deux tables et
ne se point charger du reste. Il jura qu'il ne souffrirait plus que Monsieur le
Prince en usât° ainsi; mais c'était trop tard pour le pauvre Vatel. Cependant   *should behave*
40 Gourville tâche de réparer la perte de Vatel; elle le fut: on dîna très bien, on
fit collation, on soupa, on se promena, on joua, on fut à la chasse; tout était
parfumé de jonquilles, tout était enchanté. Hier, qui était samedi, on fit encore de même; et le soir, le Roi alla à Liancourt°, où il avait commandé un   autre propriété
medianoche°; il y doit demeurer aujourd'hui. Voilà ce que m'a dit Moreuil,   *Spanish for "midnight*
45 pour vous mander°. Je jette mon bonnet par-dessus le moulin°, et je ne sais   *supper"* / envoyer / **Je**
rien du reste. M. D'Hacqueville qui était à tout cela, vous fera des relations   **jette…** *That's all for*
sans doute; mais comme son écriture n'est pas si lisible que la mienne, j'écris   *today, my dears (phrase*
toujours°. Voilà bien des détails, mais parce que je les aimerais en pareille oc-   *that ends fairy tales)*
casion, je vous les mande.   *anyway*

— *Lettres de Madame de Sévigné,* 1726
(édition posthume)

COMPREHENSION

1. Dans quel château est-ce que l'histoire de Vatel se passe?

2. Qui est le propriétaire de ce château?

3. Qui est en visite au château?

4. Quel est le premier problème qui «saisit» Vatel? (Voyez «Il y eut
   quelques tables…») Quel est le résultat de ce problème? Qu'est-ce qui
   a manqué à deux tables?

5. Contrastez la réaction du Prince et celle de Vatel.

6. Quand Vatel parle avec un pourvoyeur à quatre heures du matin, quelle
   autre difficulté se manifeste? Qu'est-ce que Vatel imagine comme
   conséquence?

7. Que fait Vatel?

8. Qu'est-ce qui arrive à «la marée» après la mort de Vatel?

9. A la nouvelle de la mort de Vatel, décrivez la réaction du Prince, du
   Duc et du Roi.

10. Comment se passe le reste de la visite du Roi?

PERCEPTIONS

1. L'arrivée du Roi et de son entourage occasionne beaucoup de préparatifs. Parlez de ce que Vatel et le Prince ont préparé pour le plaisir du Roi
   et de ses amis. Quels préparatifs faites-vous quand vous avez des invités
   d'honneur?

2. Les invités ont parlé de l'honneur et du courage de Vatel. Un chef qui se suicide est bien dévoué à son identité de chef et sa réputation en général. Expliquez la triste ironie de ce suicide. A votre avis, quelles sont les actions qui sont justifiées pour sauver son honneur?

3. On parle souvent de la valeur historique des lettres. Vous avez lu deux lettres de Mme de Sévigné. Qu'est-ce que ces lettres révèlent sur la vie au 17e siècle? De quoi sont-elles une chronique—la vie à la cour? les mœurs? la politique? les événements du jour? les scandales?

4. Pensez un moment à «l'art épistolaire»: la lettre comme littérature. Quels sont les ingrédients d'une lettre bien écrite? Quelles sont les qualités des lettres de Mme de Sévigné? Pensez surtout au style et au ton.

Jean de La Fontaine
(1621–1695)

Jean de La Fontaine, né d'une famille bourgeoise de province, était un dilettante qui aimait rêver et s'amuser. Son travail de «maître des eaux et forêts» dans une petite ville lui a permis d'observer les animaux et la nature. Il avait plus de 30 ans quand il a commencé à écrire. A 37 ans, il est devenu le poète officiel de Fouquet, le ministre des finances de Louis XIV, et quand, en 1668, il publie son premier recueil de *Fables,* il est déjà célèbre.

Ces fables étaient destinées au fils du roi, pour lui donner un enseignement moral illustré de façon vivante. Ce sont des poèmes narratifs qui reflètent de façon satirique non seulement la société du 17e siècle, mais aussi l'humanité en général, avec ses passions et ses faiblesses. Les sujets des fables ne sont guère originaux. La Fontaine les a pris aux fabulistes de l'antiquité grecque et latine, surtout Esope et Phèdre. Mais comme toute l'école classique, La Fontaine pensait que l'originalité est une question de manière et non de matière. Et la manière de La Fontaine est très originale: il écrit en vers libres, une innovation dans un siècle qui pratiquait exclusivement l'alexandrin, c'est-à-dire le vers de 12 pieds (ou 12 syllabes); ses fables sont des chefs-d'œuvre de concision dramatique, de rythme poétique et de richesse linguistique.

PREPARATION A LA PREMIERE LECTURE

Pour bien comprendre un texte, il est essentiel de savoir placer correctement les événements dans le temps. Dans cette fable, qu'est-ce que la fourmi (*ant*) et la cigale (*cicada, cricket*) ont fait pendant l'été? Qu'est-ce qu'elles font pendant l'hiver? Complétez le tableau ci-dessous.

	Fourmi	*Cigale*
Eté		
Hiver		

✦ LA CIGALE ET LA FOURMI

La cigale, ayant chanté
    Tout l'été,
Se trouva fort dépourvue°   **fort...** privée de tout
Quand la bise° fut venue;   le vent d'hiver
5   Pas un seul petit morceau
De mouche° ou de vermisseau°.   *fly / worm*
Elle alla crier famine
Chez la fourmi sa voisine,
La priant de lui prêter°   *lend*
10   Quelque grain pour subsister
Jusqu'à la saison nouvelle.
«Je vous paierai, lui dit-elle,
Avant l'oût°, foi d'animal°,   le mois d'août / **foi...**
Intérêt et principal.»   je vous promets
15   La fourmi n'est pas prêteuse;
C'est là son moindre défaut°.   **son...** sa plus petite
                                        imperfection
«Que faisiez-vous au temps chaud?
Dit-elle à cette emprunteuse°.   emprunter: *to borrow*
—Nuit et jour à tout venant°   **à...** pour chaque
20   Je chantais, ne vous déplaise.   personne qui passait
—Vous chantiez? j'en suis fort aise°.   **fort...** très contente
Eh bien! dansez maintenant.»

             — *Fables, Livre I, i*, 1668

COMPREHENSION

A. Vrai ou faux? Si c'est faux, corrigez.

1. La cigale a beaucoup travaillé pendant l'été.

2. La fourmi a beaucoup travaillé pendant l'été.

3. La fourmi est une voisine de la cigale.

4. La fourmi n'a pas de nourriture pour l'hiver à venir.

5. La cigale a besoin d'emprunter de la nourriture.

6. La fourmi aime prêter des choses.

B. Cette fable ressemble à une pièce en miniature qu'on peut diviser en quatre parties. Identifiez les vers qui constituent chacune des quatre parties.

1. une exposition: introduction à la situation

2. l'action: initiée par la demande de la cigale

3. un court intermède: description du caractère de la fourmi

4. un dénouement: développé dans la conversation des deux animaux

C. D'après la fable, quelle est la personnalité de la cigale? Et celle de la fourmi? Faites leur portrait.

PERCEPTIONS

1. La fable nous présente deux animaux très différents:
   a. Quels sont les défauts de la cigale? Et ses points forts?
   b. Quel est le point fort de la fourmi? Et ses défauts?
   c. Etes-vous davantage comme la cigale ou la fourmi? Expliquez.

2. La Fontaine utilise des animaux pour raconter son histoire et c'est à nous, ses lecteurs, de trouver des êtres humains à leur image. Dans notre société, qui sont les cigales et les fourmis? Et dans votre entourage?

3. Très souvent dans les fables de La Fontaine l'histoire est suivie d'une morale clairement énoncée. Ici vous avez besoin de deviner la morale. Avec un(e) camarade de classe, discutez les morales possibles de la fable. Soyez prêt(e) à présenter vos conclusions à la classe.

4. Qu'est-ce que La Fontaine implique quand il dit, «C'est là son moindre défaut»? Expliquez.

5. Dans notre monde, quelles valeurs (exemplifiées par les deux animaux) sont les plus importantes pour la vie:

la justice, l'industrie, la frugalité

ou

la joie de vivre et l'insouciance?

Expliquez votre jugement. Est-ce que La Fontaine nous dit d'imiter un
des animaux?

PREPARATION A LA DEUXIEME LECTURE

Dans cette fable, nous avons encore deux animaux qui illustrent une
morale. Parcourez la fable une première fois et identifiez cette morale.
Notez deux caractéristiques du loup et de l'agneau. Quelle est la relation
entre la morale et les caractéristiques?

	Loup	*Agneau*
Caractéristique n°1		
Caractéristique n°2		

✦ LE LOUP ET L'AGNEAU

	La raison du plus fort est toujours la meilleure,	
	Nous l'allons montrer tout à l'heure.	
	Un agneau se désaltérait°	buvait
	Dans le courant d'une onde° pure.	eau
5	Un loup survient à jeun° qui cherchait aventure,	à… sans avoir rien mangé
	Et que la faim en ces lieux attirait.	
	«Qui te rend si hardi° de troubler mon breuvage°?	audacieux / ma boisson
	Dit cet animal plein de rage:	
	Tu seras châtié° de ta témérité°.	puni / ton audace
10	—Sire, répond l'agneau, que Votre Majesté	
	Ne se mette pas en colère;	
	Mais plutôt qu'elle considère	
	Que je me vas désaltérant°	me… bois
	Dans le courant°,	ici: la rivière
15	Plus de vingt pas° au-dessous d'elle°,	mesures / réf. à Sa Majesté le loup
	Et que par conséquent en aucune façon	
	Je ne puis troubler sa boisson.	

—Tu la troubles, reprit cette bête cruelle,
Et je sais que de moi tu médis l'an passé°.

20   —Comment l'aurais-je fait, si je n'étais pas né?
          Reprit l'agneau, je tette encor° ma mère.
              —Si ce n'est toi, c'est donc ton frère.
          —Je n'en ai point. —C'est donc quelqu'un des tiens°:
              Car vous ne m'épargnez° guère,
25   Vous, vos bergers° et vos chiens.
On me l'a dit: il faut que je me venge°.»
          Là-dessus au fond des forêts
          Le loup l'emporte, et puis le mange
          Sans autre forme de procès°.

de moi… tu as dit du
mal de moi l'an
dernier / **tette…** bois
encore le lait de

des… de ta famille

spare

gens qui gardent les
moutons / voir
«vengeance»

ici: discussion

— Fables, Livre I, x, 1668

COMPREHENSION

1. Quelle est la morale de cette fable?

2. Où est l'agneau et que fait-il quand le loup arrive?

3. Pourquoi le loup est-il fâché?

4. Quelle justification l'agneau donne-t-il?

5. Quelles autres accusations le loup trouve-t-il?

6. Que fait le loup pour «se venger»?

PERCEPTIONS

1. Le loup:
    a. Quelles tactiques utilise-t-il pour gagner?
    b. Est-ce typique des «forts» dans le monde? Expliquez.
    c. Qui représente-t-il dans la société du 17e siècle, selon vous?
    d. Qui sont les loups d'aujourd'hui?

2. L'agneau:
    a. Pourquoi est-il «faible»?
    b. Qui représente-t-il dans la société du 17e siècle?
    c. Qui sont les agneaux de notre monde?

3. Peut-on «gagner» dans la vie quand on n'a pas de pouvoir, même si on
    a raison? Donnez des exemples.

4. Racontez un incident où vous vous êtes senti(e) inférieur(e) et in-
    timidé(e). Qu'est-ce qui s'est passé? Si vous pouviez revivre cette
    expérience, que feriez-vous de différent?

Molière
(1622–1673)

Molière, de son vrai nom Jean-Baptiste Poquelin, a dédié toute sa vie au théâtre. Après d'excellentes études dans un collège religieux de Paris, il a brisé ses attaches avec sa famille et il a fondé l'Illustre Théâtre, qui a été un désastre financier. Déterminé à continuer sa carrière dans le théâtre, il a emmené sa troupe en province, et pendant treize ans il a parcouru la France. Acteur et metteur en scène, il est aussi devenu auteur dramatique, basant ses farces et ses comédies sur ses observations de la société contemporaine. Revenu à Paris en 1658, il a obtenu un grand succès avec sa pièce *Les Précieuses ridicules,* où il se moque de la préciosité excessive. Dès lors, il a vécu sous la protection du roi. Il est mort à 51 ans sur la scène, alors qu'il jouait, ironiquement, le rôle d'un hypocondriaque, *Le Malade imaginaire.*

Molière a écrit 33 pièces. Dans chacune, il crée le rire en caricaturant des aspects ridicules de la société de son temps ou de la nature humaine. Sa méthode est classique dans le sens où il décrit non pas des individus exceptionnels, mais des types universels. Il nous montre ainsi *L'Avare*[1], l'hypocrite (*Tartuffe*), l'arriviste (*Le Bourgeois Gentil-homme*), *Le Misanthrope*, le libertin (*Dom Juan*)*;* il traite de problèmes éternellement actuels: le snobisme, l'éducation, le féminisme, l'amour et le mariage, la jalousie. Les solutions qu'il propose sont basées sur la raison; pour Molière, la source de la sagesse, c'est le bon sens. Dans *L'Ecole des femmes,* l'arrogant Arnolphe croit au mariage basé sur la soumission aveugle de la femme et l'autorité absolue de l'homme. Mais va-t-il pouvoir imposer sa volonté à la jeune Agnès? Le bon sens ne dit-il pas que l'amour et la tyrannie ne sont pas compatibles? Agnès n'est peut-être pas aussi naïve qu'elle en a l'air…

---

1. *The Miser*

PREPARATION A LA LECTURE

A. Avant de lire l'extrait, préparez, en petits groupes, deux listes des caractéristiques de la femme idéale:

1. selon l'homme traditionnel/conservateur, et

2. selon l'homme libéral ou «libéré»

B. Résumez les différentes listes au tableau, puis parcourez le texte une première fois pour voir à quelle liste correspondent les caractéristiques de la femme idéale selon Arnolphe.

✦ L'ECOLE DES FEMMES

ACTE III, SCENE II

ARNOLPHE, AGNES

ARNOLPHE (*assis*): Agnès, pour m'écouter, laissez là votre ouvrage°:	travail
Levez un peu la tête et tournez le visage:	
Là, regardez-moi là durant cet entretien°,	cette conversation
Et jusqu'au moindre° mot imprimez-le-vous° bien.	plus petit / **imprimez...** écoutez-le
5 Je vous épouse, Agnès; et cent fois la journée	
Vous devez bénir° l'heur de votre destinée°,	*bless* / (mot apparenté)
Contempler la bassesse° où vous avez été,	misère
Et dans le même temps admirer ma bonté,	
Qui de ce vil° état de pauvre villageoise	abject
10 Vous fait monter au rang° d'honorable bourgeoise	**au...** à la condition sociale / **jouir...** bénéficier du lit / fuir = *to flee*
Et jouir de la couche° et des embrassements	
D'un homme qui fuyait° tous ces engagements,	
Et dont à vingt partis°, fort capables de plaire,	personnes à marier
Le cœur a refusé l'honneur qu'il vous veut faire.	
15 Vous devez toujours, dis-je, avoir devant les yeux	
Le peu que vous étiez sans ce nœud° glorieux,	mariage
Afin que cet objet° d'autant mieux vous instruise	ici: cette idée
A mériter l'état où je vous aurai mise,	
A toujours vous connaître, et faire qu'à jamais	
20 Je puisse me louer° de l'acte que je fais.	être satisfait
Le mariage, Agnès, n'est pas un badinage°:	une chose frivole
A d'austères devoirs le rang de femme engage,	
Et vous n'y montez pas, à ce que je prétends°,	**à ce que...** je vous le dis
Pour être libertine° et prendre du bon temps.	immorale
25 Votre sexe n'est là que pour la dépendance:	
Du côté de la barbe° est la toute-puissance.	**de...** de l'homme
Bien qu'on soit deux moitiés de la société,	
Ces deux moitiés pourtant n'ont point d'égalité:	
L'une est moitié suprême et l'autre subalterne;	
30 L'une en tout est soumise° à l'autre qui gouverne;	réduite à l'obéissance
Et ce que le soldat, dans son devoir instruit,	
Montre d'obéissance au chef qui le conduit,	
Le valet à son maître, un enfant à son père,	

A son supérieur le moindre petit Frère°,
35 N'approche point encor de la docilité,
Et de l'obéissance, et de l'humilité,
Et du profond respect où la femme doit être
Pour son mari, son chef, son seigneur et son maître.
Lorsqu'il jette sur elle un regard sérieux,
40 Son devoir aussitôt est de baisser° les yeux,
Et de n'oser jamais le regarder en face
Que quand d'un doux regard il lui veut faire grâce°.
C'est ce qu'entendent° mal les femmes d'aujourd'hui;
Mais ne vous gâtez° pas sur l'exemple d'autrui°.
45 Gardez-vous d'imiter ces coquettes vilaines
Dont par toute la ville on chante les fredaines°,
Et de vous laisser prendre aux assauts du malin°,
C'est-à-dire d'ouïr aucun jeune blondin°.
Songez qu'en vous faisant moitié de ma personne,
50 C'est mon honneur, Agnès, que je vous abandonne;
Que cet honneur est tendre et se blesse de peu°;
Que sur un tel sujet il ne faut point de jeu;
Et qu'il est aux enfers des chaudières bouillantes°
Où l'on plonge° à jamais les femmes mal vivantes.
55 Ce que je vous dis là ne sont pas des chansons;
Et vous devez du cœur dévorer ces leçons.
Si votre âme les suit, et fuit d'être coquette,
Elle sera toujours, comme un lis°, blanche et nette;
Mais s'il faut qu'à l'honneur elle fasse un faux bond°,
60 Elle deviendra lors noire comme un charbon°;
Vous paraîtrez à tous un objet effroyable,
Et vous irez un jour, vrai partage° du diable,
Bouillir dans les enfers à toute éternité:
Dont vous veuille garder la céleste bonté°!
65 Faites la révérence. Ainsi qu'une novice
Par cœur dans le couvent doit savoir son office°,
Entrant au mariage il en faut faire autant°.
Et voici dans ma poche un écrit important

Il se lève.

Qui vous enseignera l'office de la femme.
70 J'en ignore l'auteur, mais c'est quelque bonne âme;
Et je veux que ce soit votre unique entretien°.
Tenez. Voyons un peu si vous le lirez bien.

---

frère servant dans un monastère

lower

lui... accepte de lui donner / comprennent

dépravez / de quelqu'un d'autre

aventures

diable (Satan)

ouïr... écouter un jeune homme

se blesse... s'offense facilement

il est... *there are in hell boiling cauldrons* / met

lily

fasse... manque

coal

partenaire

Dont... Que Dieu vous garde de cela

ses responsabilités

il en... il faut faire la même chose

ici: guide

AGNES *lit.*

Les Maximes du mariage
ou Les Devoirs de la femme mariée,
75   avec son exercice journalier

    I. MAXIME

      Celle qu'un lien° honnête   *tie, bond*
      Fait entrer au lit d'autrui,
      Doit se mettre dans la tête,
80   Malgré le train° d'aujourd'hui,   **Malgré…** en dépit des
Que l'homme qui la prend, ne la prend que pour lui.   coutumes

ARNOLPHE: Je vous expliquerai ce que cela veut dire;
   Mais pour l'heure présente il ne faut rien que lire.

AGNES *poursuit.*

    II. MAXIME
85   Elle ne se doit parer°   s'embellir
      Qu'autant que° peut désirer   **Qu'…** Que comme
      Le mari qui la possède:
   C'est lui que touche seul le soin de sa beauté;
      Et pour rien doit être compté
90   Que° les autres la trouvent laide.   **Et pour…** Et ça n'a au-
                                cune importance si…

    III. MAXIME

      Loin ces études d'œillades,   **Loin…** Pas de
      Ces eaux, ces blancs, ces pommades°,   maquillages ou crèmes
   Et mille ingrédients qui font des teints fleuris°:   **font…** changent la
95   A l'honneur tous les jours ce sont drogues mortelles;   couleur de la peau
      Et les soins° de paraître belles   efforts
      Se prennent peu° pour les maris.   **Se…** Ne sont pas

    IV. MAXIME

Sous sa coiffe°, en sortant, comme l'honneur l'ordonne,   son chapeau
100   Il faut que de ses yeux elle étouffe les coups°,   **de ses…** elle masque
      Car pour bien plaire à son époux,   ses regards
      Elle ne doit plaire à personne.

    V. MAXIME

Hors ceux dont au mari la visite se rend°,   **Hors…** Exceptés ceux
105   La bonne règle défend   qui viennent voir le
      De recevoir aucune âme: mari
      Ceux qui, de galante humeur,
      N'ont affaire° qu'à Madame,   ne s'intéressent
      N'accommodent pas Monsieur.

110

VI. MAXIME

Il faut des présents° des hommes   cadeaux
Qu'elle se défende bien;
Car dans le siècle où nous sommes,
On ne donne rien pour rien.

115

VII. MAXIME

Dans ses meubles, dût-elle en avoir de l'ennui°,   **dût...** si elle s'ennuie
Il ne faut écritoire, encre, papier, ni plumes:
Le mari doit, dans les bonnes coutumes,
Ecrire tout ce qui s'écrit chez lui.

120

VIII. MAXIME

Ces sociétés déréglées°   **sociétés...** clubs
Qu'on nomme belles assemblées   débauchés
Des femmes tous les jours corrompent les esprits:
En bonne politique on les doit interdire;

125
Car c'est là que l'on conspire
Contre les pauvres maris.

IX. MAXIME

Toute femme qui veut à l'honneur se vouer°   consacrer
Doit se défendre de jouer,

130
Comme d'une chose funeste°:   qui apporte la mort
Car le jeu, fort décevant,
Pousse une femme souvent
A jouer de tout son reste°.   ici: argent

X. MAXIME

Des promenades du temps,

135
Ou repas qu'on donne aux champs,
Il ne faut point qu'elle essaye:
Selon les prudents cerveaux°,   **prudents...** gens
Le mari, dans ces cadeaux,   prudents

140
Est toujours celui qui paye.

XI. MAXIME…

ARNOLPHE: Vous achèverez° seule; et, pas à pas, tantôt°   finirez / tout à l'heure
Je vous expliquerai ces choses comme il faut,
Je me suis souvenu d'une petite affaire:

145
Je n'ai qu'un mot à dire, et ne tarderai guère°.   **ne...** ne serai pas
Rentrez, et conservez ce livre chèrement°.   longtemps /
Si le Notaire vient, qu'il m'attende un moment.   précieusement

SCENE III

ARNOLPHE: Je ne puis° faire mieux que d'en faire ma femme.	peux
Ainsi que° je voudrai, je tournerai° cette âme;	comme / formerai
150 Comme un morceau de cire° entre mes mains elle est,	*wax*
Et je lui puis donner la forme qui me plaît.	
Il s'en est peu fallu que, durant mon absence,	
On ne m'ait attrapé par son trop° d'innocence;	Il... J'ai presque été, pendant mon absence, victime de son excès / soit faible
Mais il vaut beaucoup mieux, à dire vérité,	
155 Que la femme qu'on a pèche° de ce côté.	
De ces sortes d'erreurs le remède est facile:	
Toute personne simple aux leçons est docile;	
Et si du bon chemin on l'a fait écarter°,	*deviate*
Deux mots incontinent° l'y peuvent rejeter.	tout de suite
160 Mais une femme habile° est bien une autre bête°;	ici: intelligente / un autre animal / destinée
Notre sort° ne dépend que de sa seule tête;	
De ce qu'elle s'y met rien ne la fait gauchir°,	De... Rien ne la fait changer d'idées / ne... ne servent à rien / se moquer de / A... A transformer ses crimes en vertus / venir... faire ce qu'elle veut / à... tromper les plus intelligents / se protéger
Et nos enseignements ne font là que blanchir°:	
Son bel esprit lui sert à railler° nos maximes,	
165 A se faire souvent des vertus de ses crimes°,	
Et trouver, pour venir à ses coupables fins°,	
Des détours à duper l'adresse des plus fins°.	
Pour se parer° du coup en vain on se fatigue:	
Une femme d'esprit est un diable en intrigue.	

— *L'Ecole des femmes*, 1662

COMPREHENSION

A. Scène II (lignes 1–72)

1. (1–20) Pourquoi, selon Arnolphe, Agnès doit-elle compter ses bénédictions (*blessings*)?

2. (12–14) Est-ce la première fois qu'Arnolphe considère le mariage? Justifiez votre réponse.

3. (21–30) Selon Arnolphe, quelle est la place du sexe «faible» (la femme) dans le couple?

4. (31–34) Quelles sont les quatre comparaisons qu'Arnolphe utilise pour illustrer la relation entre mari et femme?

5. (39–42) Que doit faire la femme quand son mari la regarde?

6. (43–48) Qui ne faut-il pas imiter?

7. (53–63) Qu'est-ce qui arrive aux femmes de mauvaise réputation?

8. (68–72) Quelle est la source des maximes qu'Arnolphe «trouve»?

B. Scène II (jusqu'à la fin): expliquez en langage simple chacune des *Maximes*.

C. Scène III: décrivez la femme idéale qu'Arnolphe définit pour nous dans son monologue final.

PERCEPTIONS

1. Dès les premiers vers de la scène II, nous rencontrons un Arnolphe qui parle à Agnès comme un parent à son enfant ou même comme un maître à son esclave (*slave*). Pourquoi fait-il cela, à votre avis? Quelle serait votre réaction?

2. Arnolphe n'est ni jeune ni beau mais il décrit la vie sociale extraordinaire qu'il abandonne pour Agnès. Pourquoi fait-il cela? Imaginez la réaction d'Agnès.

3. Selon Arnolphe, quelles sont les responsabilités du mari et celles de la femme dans le mariage?

4. Arnolphe a très peur de l'infidélité d'Agnès. Quelles tactiques utilise-t-il pour empêcher sa future femme de succomber aux tentations de la société? Est-ce efficace, à votre avis?

5. Seul dans la scène III, Arnolphe monologue sur la sorte de femme qu'il aime et qu'il déteste (ou dont il a peur). Contrastez les deux. Pourquoi éprouve-t-il ces sentiments? Un homme du 21e siècle aurait-il les mêmes attitudes?

6. La femme est «comme un morceau de cire» qu'Arnolphe voudrait former. Est-ce possible? Croyez-vous qu'un époux ou une épouse puisse réussir à «former» son/sa partenaire? Y a-t-il des époux qui essaient? Donnez des exemples tirés de votre expérience et des œuvres de fiction que vous avez lues.

7. Agnès tombe amoureuse d'un autre homme et refuse d'épouser Arnolphe. Imaginez la réaction des spectateurs de cette pièce quand Arnolphe reste seul à la fin.

8. Vous avez lu une autre pièce comique (*La Farce du cuvier*). Une des différences entre les deux est la façon dont Molière montre les complexités de la nature humaine. Il présente des personnages bien nuancés. Arnolphe, par exemple, est un type: un vieillard ridicule. Mais Arnolphe est aussi amoureux. Le trouvez-vous plus pitoyable qu'odieux? Quel est l'effet d'une telle comédie de caractère? Pourquoi rit-on d'une pièce si sérieuse? Rit-on plus en regardant une farce? Pourquoi?

Synthèse

A DISCUTER

Les écrivains du 17e siècle ont étudié la nature humaine dans son contexte social et dans sa dimension universelle. Imaginez une conversation dans un salon de l'époque entre La Rochefoucauld, La Fontaine, Descartes, Pascal, Mme de Sévigné et Molière. Qu'est-ce que chacun va dire sur la nature humaine? En groupes de six, assumez les rôles de ces écrivains et donnez votre opinion!

A ECRIRE

En imitant le style d'un des auteurs du 17e siècle et en vous rappelant les thèmes et le langage des autres œuvres du 17e siècle que vous avez lues, écrivez (une lettre? une fable? des maximes?) sur vos observations de la vie dans la société moderne et les codes moraux que vous y voyez.

Jean-Honoré Fragonard, Blind Man's Buff, about 1750-52, oil on canvas, The Toledo Museum of Art, Purchased with funds from the Libbey Endowment, Gift of Edward Drummond Libbey 1954.43.

CHAPITRE 4
Le Dix-huitième Siècle

E 17ᵉ SIECLE absolutiste et classique avait été un âge d'ordre et d'autorité; le 18ᵉ siècle, au contraire, est une période de mouvement, d'évolution et de révolution.

Déjà menacée pendant les dernières années du règne de Louis XIV, la monarchie française achève de s'affaiblir sous ses successeurs, Louis XV et Louis XVI, qui règnent respectivement de 1715 à 1774 et de 1774 à 1792. L'aristocratie essaie de maintenir ses privilèges, mais c'est au prix d'impôts[1] de plus en plus lourds que le peuple opprimé supporte de moins en moins bien. Aux difficultés économiques et sociales de l'Etat s'ajoutent les dissidences religieuses et intellectuelles. Depuis la révocation de l'Edit de Nantes (1685), les protestants sont à nouveau persécutés. Les «libres-penseurs» se voient aussi chasser de la cour, qui cesse d'être le centre intellectuel de la France. Les gens d'esprit se retrouvent désormais dans des salons, des clubs et des cafés tels le Café de la Régence et le Café Procope, que fréquentent les «philosophes».

Selon la définition de l'*Encyclopédie* du 18ᵉ siècle, un philosophe est quelqu'un qui «n'admet rien sans preuves» et qui remet tout en question. Plus ambitieux et sceptiques que Descartes et les rationalistes du 17ᵉ siècle, les nouveaux philosophes, comme Montesquieu, Voltaire et Diderot, rejettent tout ce qui ne peut être prouvé par la raison. Ce scepticisme inclut la religion et surtout l'autorité de l'Eglise catholique que les écrivains du 18ᵉ siècle attaquent librement. Si certains de ces écrivains, tels Voltaire et Rousseau, croient en un Créa-

teur divin, ce n'est guère le Dieu traditionnel. La foi religieuse a été remplacée par la foi en la raison humaine.

L'esprit philosophique est donc un nouvel humanisme qui attribue tout progrès et tout bonheur à l'expérience humaine. Les sciences expérimentales, comme la physique et la biologie, deviennent une véritable passion pour les intellectuels, et les principes scientifiques de l'observation, de l'analyse et de la synthèse pénètrent la littérature. C'est une littérature engagée[2], comme en atteste l'*Encyclopédie,* la grande œuvre collective des philosophes de l'époque, une collection d'articles et d'essais destinée à diffuser «les lumières» des connaissances humaines «dans tous les domaines et dans tous les siècles». Interrompu plusieurs fois par la censure mais mené à terme par la persévérance de Diderot, ce projet gigantesque a servi à combattre les préjugés et le despotisme. En 1762, dix ans avant la publication des derniers volumes de l'*Encyclopédie,* Diderot écrivait déjà: «Cet ouvrage produira sûrement avec le temps une révolution dans les esprits et j'espère que les tyrans, les oppresseurs, les fanatiques et les intolérants n'y gagneront pas. Nous aurons servi l'humanité.»[3]

Pendant que cette révolution se prépare, la société française se fait de plus en plus cosmopolite. Au 18ᵉ siècle les voyages, réels ou imaginaires, sont à la mode. Ils permettent de découvrir des mondes nouveaux comme l'Orient, l'Afrique et l'Amérique, qui s'ouvrent au commerce maritime. Ils permettent aussi de comparer diverses cultures et de remettre en question les notions de civilisation et de

---

1. *taxes* 2. militante 3. Lettre à Sophie Volland

barbarie (voir Montesquieu, p. 93). Ils permettent enfin de jeter un regard nouveau sur les aspects à la fois différents et universels de la nature humaine (voir Voltaire, p. 98).

En tant que «citoyens du monde», les philosophes du 18e siècle franchissent souvent les frontières. C'est ainsi que Voltaire connaît l'exil en Angleterre et la vie d'invité d'honneur à la cour de Frédéric II de Prusse. Diderot est l'invité de Catherine II la Grande de Russie. Les ouvrages censurés en France se font publier en Hollande ou en Suisse. Les idées et les influences passent d'un pays à l'autre. Alors que la littérature, l'architecture, la mode et la langue françaises se répandent à l'étranger, les philosophes français se tournent vers l'Angleterre et sa monarchie parlementaire pour trouver leur idéal politique. En 1776, grâce à l'intervention de La Fayette, c'est vers l'Amérique que les regards se tournent, avec un esprit d'ouverture, d'évolution et de révolution qui aura marqué tout le siècle.

Mais quand les idées de liberté et les espoirs de changement se heurtent[4] constamment à un système politique qui refuse de changer, la déception et la désillusion s'installent. Et quand la Raison cesse d'avoir raison, le cœur reprend le dessus[5]. C'est ainsi qu'on assiste dans la deuxième moitié du 18e siècle à une réhabilitation des sentiments. Précurseur de la sensibilité romantique, Jean-Jacques Rousseau prescrit l'alliance de la passion et de la raison pour nous guider «naturellement» vers la vertu. Voyant la «civilisation» comme une source de décadence, Rousseau se réfugie dans la solitude et recherche près de la nature une vie de simplicité, d'égalité et de liberté.

Les idées de Rousseau sur l'abolition de la monarchie et la souveraineté du peuple ne font qu'amplifier le vent de révolte qui soufflait déjà sur le 18e siècle. Une accumulation de difficultés sociales, politiques et économiques conduit à l'explosion de 1789. La prise de la Bastille, symbole du despotisme (14 juillet 1789) est suivie de l'abolition des privilèges (4 août) et de la déclaration des *Droits de l'homme et du citoyen* (26 août). En 1792 c'est l'abolition de la royauté et l'instauration de la République. Ternie[6] de terreur et de tensions, cette première République sera bien fragile mais elle marque aussi l'avènement de la France moderne, préparée par les philosophes du 18e siècle.

4. *come up against*   5. redevient le plus important   6. *tarnished*

Montesquieu
(1689–1755)

Charles-Louis de Secondat, baron de la Brède et de Montesquieu, appartient à une famille de magistrats. Lui-même magistrat et président du parlement de Guyenne, dans le sud-ouest de la France, Montesquieu est doué d'une curiosité universelle. Membre de l'Académie des Sciences de Bordeaux, il fait des recherches d'anatomie et de biologie. En 1721, il publie les *Lettres persanes,* une peinture satirique de la société de son temps qui lui vaut un succès immédiat, l'accès aux salons et clubs littéraires de Paris, et plus tard son élection à l'Académie française. De 1721 à 1728, il passe plusieurs mois par an à Paris, puis, curieux des sociétés étrangères, il part pendant trois ans à la découverte de l'Europe. Il visite l'Allemagne, l'Autriche, l'Italie, la Suisse, la Hollande et surtout l'Angleterre.

A son retour, il se consacre à la rédaction du grand ouvrage de sa vie, *De l'esprit des lois,* qu'il publie à Genève en 1748. Le produit d'immenses recherches, ce livre est une étude comparée des lois civiles, politiques et économiques de divers pays à diverses époques. C'est une œuvre à la fois scientifique et philosophique qui explique les lois par leur contexte (climat, religion, commerce, etc.), condamne l'injustice et l'intolérance, et propose un gouvernement basé sur un équilibre des pouvoirs (législatif, exécutif et judiciaire). *De l'esprit des lois* a inspiré les auteurs de la Constitution des Etats-Unis, ainsi que les premiers législateurs de la Révolution française.

PREPARATION A LA LECTURE

Les *Lettres persanes* sont un roman sous forme de lettres dans lesquelles deux Persans en train de voyager en France, Rica et Usbek, s'écrivent et écrivent à leur famille au sujet de ce qu'ils voient. Ils contrastent la vie en France et dans leur pays. Ils reçoivent aussi des lettres de chez eux donnant la réaction «persane» aux observations qu'ils ont faites.

Quand vous lisez un passage où le point de vue du narrateur peut «colorer» la narration, il est essentiel de considérer la perspective de ce qui est dit, car le point de vue d'une personne peut changer une réalité ordinaire en quelque chose d'extraordinaire ou de bizarre. Ce qui est «normal» pour un Français du 18e siècle est perçu comme étrange par un étranger. Ce processus permet à Montesquieu de jeter un regard neuf et satirique

sur les réalités politiques et sociales de son époque. A travers les yeux de
Rica, quelles sont les caractéristiques et habitudes des Français qui deviennent ainsi bizarres? Parcourez la lettre 24 une première fois pour trouver
cinq de ces caractéristiques. Dans la lettre 30, pourquoi les Français sont-
ils fascinés par le Persan?

✦ LETTRES PERSANES

LETTRE 24. RICA A IBBEN

Nous sommes à Paris depuis un mois, et nous avons toujours été dans un
mouvement continuel. Il faut bien des affaires avant qu'on soit logé, qu'on
ait trouvé les gens à qui on est adressé, et qu'on se soit pourvu des° choses
nécessaires, qui manquent toutes à la fois.

5   Paris est aussi grand qu'Ispahan°: les maisons y sont si hautes qu'on ju-
rerait qu'elles ne sont habitées que par des astrologues. Tu juges bien
qu'une ville bâtie en l'air, qui a six ou sept maisons les unes sur les autres,
est extrêmement peuplée; et que, quand tout le monde est descendu dans
la rue, il s'y fait un bel embarras°.

10   Tu ne le croirais pas peut-être: depuis un mois que je suis ici, je n'y ai encore vu marcher personne. Il n'y a point de gens au monde qui tirent
mieux parti de leur machine° que les Français: ils courent, ils volent; les
voitures lentes d'Asie, le pas réglé de nos chameaux°, les feraient tomber
en syncope°. Pour moi, qui ne suis point fait à ce train°, et qui vais souvent
15 à pied sans changer d'allure°, j'enrage quelquefois comme un chrétien: car
encore passe° qu'on m'éclabousse° depuis les pieds jusqu'à la tête; mais je
ne puis pardonner les coups de coude que je reçois régulièrement et pé-
riodiquement. Un homme qui vient après moi et qui me passe me fait faire
un demi-tour; et un autre qui me croise de l'autre côté me remet soudain
20 où le premier m'avait pris; et je n'ai pas fait cent pas, que je suis plus brisé°
que si j'avais fait dix lieues°.

     Ne crois pas que je puisse, quant à présent, te parler à fond° des mœurs°
et des coutumes européennes: je n'en ai moi-même qu'une légère idée, et
je n'ai eu à peine que le temps de m'étonner.

25   Le roi de France est le plus puissant° prince de l'Europe. Il n'a point de
mines d'or comme le roi d'Espagne son voisin; mais il a plus de richesses
que lui, parce qu'il les tire° de la vanité de ses sujets, plus inépuisable° que
les mines. On lui a vu entreprendre ou soutenir de grandes guerres, n'ayant
d'autres fonds° que des titres d'honneur à vendre; et, par un prodige de
30 l'orgueil humain, ses troupes se trouvaient payées, ses places munies°, et ses
flottes équipées.

     D'ailleurs, ce roi est un grand magicien: il exerce son empire sur l'esprit
même de ses sujets; il les fait penser comme il veut. S'il n'a qu'un million

Gloss" (marginal notes):

se... ait obtenu les

ancienne capitale de la Perse

encombrement

tirent... savent mieux exploiter le corps humain / *camels* / tomber... *faint* / fait... habitué à ce rythme / de façon de marcher / encore... j'accepte / *splash*

fatigué

une lieue = 4 km

à... de façon complète / syn. de coutumes

grand

obtient / *endless*

ressources

armées

d'écus° dans son trésor, et qu'il en ait besoin de deux, il n'a qu'à leur per-   ancienne monnaie
35 suader qu'un écu en vaut deux, et ils le croient. S'il a une guerre difficile à
soutenir, et qu'il n'ait point d'argent, il n'a qu'à leur mettre dans la tête
qu'un morceau de papier est de l'argent, et ils en sont aussitôt convaincus.
Il va même jusqu'à leur faire croire qu'il les guérit de toutes sortes de
maux° en les touchant, tant est grande la force et la puissance qu'il a sur   maladies
40 les esprits!

Ce que je te dis de ce prince ne doit pas t'étonner: il y a un autre magicien plus fort que lui, qui n'est pas moins maître de son esprit qu'il l'est lui-
même de celui des autres. Ce magicien s'appelle le pape: tantôt il lui fait
croire que trois ne sont qu'un°; que le pain qu'on mange n'est pas du pain,   allusion à la Sainte
45 ou que le vin qu'on boit n'est pas du vin°; et mille autres choses de cette   Trinité / allusion à la
espèce.   Sainte Communion

Je continuerai à t'écrire, et je t'apprendrai des choses bien éloignées°   différentes
du caractère et du génie persan. C'est bien la même terre qui nous porte
tous deux; mais les hommes du pays où je vis, et ceux du pays où tu es, sont
50 des hommes bien différents.

— *De Paris, le 4 de la lune de Rébial°*, 1711   avril du calendrier
Lettres persanes, 1721   perse

COMPREHENSION

A. Vrai ou faux? Si c'est faux, corrigez.

1. Rica décrit un immeuble parisien comme des maisons l'une sur l'autre.

2. Les piétons marchent lentement à Paris.

3. Rica pense qu'il comprend bien les mœurs des Français.

4. Rica croit que le roi de France est très riche parce qu'il a des mines
d'or.

5. Le roi paie ses sujets en titres de noblesse.

6. Le roi contrôle la valorisation de l'argent français.

7. Rica voit le roi et le pape comme des magiciens.

B. Répondez.

1. Pourquoi Rica est-il si surpris par les immeubles?

2. Résumez la façon dont les Parisiens marchent, selon Rica.

3. Résumez les pouvoirs magiques du roi, toujours selon Rica.

PERCEPTIONS

1. En disant que les Parisiens sont toujours pressés, quel commentaire Montesquieu fait-il sur la vie dans une grande ville? Selon votre expérience, y a-t-il un lien entre la taille (*size*) d'une ville et le rythme de la vie? Expliquez.

2. Le roi de France observé par Rica contrôlait ses sujets par la dévaluation monétaire et les titres de noblesse ou privilèges sociaux. Dans les sociétés modernes, quels sont les outils de manipulation politique et sociale que les dirigeants utilisent?

3. Rica compare les pouvoirs «magiques» du roi et du pape. Selon vous, qu'est-ce que Montesquieu implique par ces comparaisons?

LETTRE 30. RICA A IBBEN. A SMYRNE

Les habitants de Paris sont d'une curiosité qui va jusqu'à l'extravagance. Lorsque j'arrivai, je fus regardé comme si j'avais été envoyé du ciel: vieillards, hommes, femmes, enfants, tous voulaient me voir. Si je sortais tout le monde se mettait aux fenêtres; si j'étais aux Tuileries°, je voyais aussitôt un *célèbre jardin à Paris*
5 cercle se former autour de moi; les femmes mêmes faisaient un arc-en-ciel° *rainbow* nuancé de mille couleurs, qui m'entourait. Si j'étais aux spectacles, je trouvais d'abord cent lorgnettes° dressées contre ma figure: enfin, jamais *lunettes spéciales pour le théâtre* homme n'a tant été vu que moi. Je souriais quelquefois d'entendre des gens qui n'étaient presque jamais sortis de leur chambre, qui disaient entre eux:
10 il faut avouer qu'il a l'air bien persan. Chose admirable! Je trouvais de mes portraits partout; je me voyais multiplié dans toutes les boutiques, sur toutes les cheminées, tant on craignait de ne m'avoir pas assez vu.

Tant d'honneurs ne laissent pas d'être à charge°: je ne me croyais pas un *à... ennuyeux* homme si curieux et si rare; et, quoique j'aie très bonne opinion de moi, je
15 ne me serais jamais imaginé que je dusse troubler le repos d'une grande ville où je n'étais point connu. Cela me fit résoudre à quitter l'habit° per- *quitter... abandonner le* san, et à en endosser° un à l'européenne, pour voir s'il resterait encore *costume / mettre* dans ma physionomie quelque chose d'admirable. Cet essai me fit connaître ce que je valais réellement. Libre de tous les ornements étrangers, je
20 me vis apprécié au plus juste°. J'eus sujet° de me plaindre de mon tailleur°, *au... selon ma vraie* qui m'avait fait perdre en un instant l'attention et l'estime publiques: car *valeur / cause / tailor* j'entrai tout à coup dans un néant° affreux. Je demeurais quelquefois une *état d'inexistence*

heure dans une compagnie sans qu'on m'eût regardé et qu'on m'eût mis
en° occasion d'ouvrir la bouche: mais si quelqu'un par hasard apprenait à   **eût...** ait donné l'
25 la compagnie que j'étais Persan, j'entendais aussitôt autour de moi un bour-
donnement°; Ah! ah! monsieur est Persan! C'est une chose bien extraordi-   bruit continuel
naire! Comment peut-on être Persan!

— De Paris, le 6 de la lune de Chalval°, 1712   octobre
Lettres persanes, 1721

COMPREHENSION

1. Pourquoi est-ce que tout le monde avait une grande curiosité au sujet
   de Rica pendant les premières semaines de son séjour à Paris?

2. Quand Rica portait des vêtements européens, comment était-il traité?
   Qui a-t-il «blâmé» pour ce changement d'attitude? Comment était-il
   traité quand on apprenait qu'il était Persan?

PERCEPTIONS

1. Pourquoi les Parisiens sont-ils si fascinés par Rica en habit persan, selon
   vous? Quelle est votre réaction quand vous voyez quelqu'un qui porte
   des vêtements que vous trouvez exotiques ou très différents des vôtres?

2. Montesquieu était un observateur perspicace de la nature humaine.
   Qu'implique-t-il sur la curiosité et la sincérité ou le manque de sincérité
   des êtres humains? Quelles sont vos propres observations à ce sujet?

3. Imaginez que vous êtes Rica et que vous arrivez dans votre pays pour la
   première fois. Vous observez avec grande curiosité tout ce qui vous
   entoure. Quels commentaires allez-vous faire sur…
   a. le gouvernement?
   b. votre ville?
   c. votre société en général?

Voltaire
(1694–1778)

Né à Paris dans un milieu bourgeois, François-Marie Arouet fait de brillantes études chez les jésuites. Pendant son adolescence, il fréquente des libertins et commence à écrire des satires contre le roi, ce qui lui vaut d'être enfermé à la Bastille pendant onze mois (1717–1718). A sa sortie de prison, il publie sa première tragédie, *Œdipe,* qui obtient un énorme succès. Arouet prend alors son nom de plume, Voltaire, et pendant huit ans, mène une vie de poète mondain, très recherché par les salons. Une dispute avec un noble l'envoie de nouveau à la Bastille (1726), puis en exil en Angleterre.

Autorisé à rentrer en France en 1729, il compose de nombreuses tragédies inspirées de Shakespeare et publie clandestinement ses *Lettres philosophiques* (1734) qui sont, selon l'expression d'un historien de l'époque, une véritable «bombe contre l'ancien régime», et qui l'obligent encore à s'exiler, cette fois en Lorraine (1734–1744). Encouragé à la prudence par sa protectrice, Mme du Châtelet, Voltaire s'occupe de physique, de chimie et d'astronomie, compose de nouvelles pièces de théâtre et commence la rédaction de sa grande œuvre historique, *Le Siècle de Louis XIV.* Grâce à un ancien camarade d'école devenu ministre, Voltaire rentre ensuite à Paris où il brille pendant six ans dans les salons et à la cour, mais l'audace de ses écrits lui fait perdre ses faveurs, et l'exil recommence: à la cour de Prusse, d'abord, auprès de son admirateur Frédéric II, puis en Suisse, où il publie son célèbre conte philosophique, *Candide* (1759).

A l'âge de 65 ans, il s'installe à Ferney, sur le sol français mais tout près de la Suisse où il peut se réfugier à la moindre alerte. C'est là que, pendant près de vingt ans, Voltaire mène sa plus grande bataille philosophique: à coup de pamphlets, de lettres (il en écrit plus de 6.000 pendant cette période!), de pièces, de romans et de contes philosophiques, il combat l'injustice, l'intolérance, les superstitions et montre la nécessité d'une société basée sur la raison.

A 84 ans, il fait un retour triomphal à Paris où il passe les deux derniers mois de sa vie. Il laisse derrière lui une œuvre monumentale. Bien que le théâtre ait été sa grande passion (il a écrit 18 tragédies, quelques comédies et plusieurs opéras), ce sont ses contes philosophiques qui le mettent au premier plan de la littérature française. Publiée en 1761, au début de la période de Ferney, l'*Histoire d'un bon bramin* est un de ces contes.

PREPARATION A LA LECTURE

Parcourez le texte une première fois pour identifier à qui s'appliquent les adjectifs suivants. Cochez la colonne appropriée.

Adjectif	Le bramin	La voisine
riche		
pauvre		
bigot(e)		
imbécile		
malheureux/se		
heureux/se		

Qu'y a-t-il d'ironique dans ce tableau? Quel va être le message de Voltaire, à votre avis?

✦ HISTOIRE D'UN BON BRAMIN

Je rencontrai dans mes voyages un vieux bramin°, homme fort sage, plein d'esprit, et très savant; de plus, il était riche, et, partant°, il en était plus sage encore: car, ne manquant de rien, il n'avait besoin de tromper° personne. Sa famille était très bien gouvernée par trois belles femmes qui
5 s'étudiaient à° lui plaire; et, quand il ne s'amusait pas avec ses femmes, il s'occupait à philosopher.

    Près de sa maison, qui était belle, ornée et accompagnée de jardins charmants, demeurait une vieille Indienne°, bigote, imbécile, et assez pauvre.

    Le bramin me dit un jour: «Je voudrais n'être jamais né.» Je lui demandai
10 pourquoi. Il me répondit: «J'étudie depuis quarante ans, ce sont quarante années de perdues; j'enseigne les autres, et j'ignore tout: cet état porte dans mon âme tant d'humiliation et de dégoût que la vie m'est insupportable°. Je suis né, je vis dans le temps, et je ne sais pas ce que c'est que le temps; je me trouve dans un point entre deux éternités, comme disent nos sages, et je n'ai
15 nulle idée de l'éternité. Je suis composé de matière; je pense, je n'ai jamais pu m'instruire de ce qui produit la pensée; j'ignore si mon entendement° est en moi une simple faculté, comme celle de marcher, de digérer, et si je pense avec ma tête comme je prends avec mes mains. Non seulement le principe de ma pensée m'est inconnu, mais le principe de mes mouvements

sage hindou

par conséquent

duper

s'étudiaient... faisaient tout pour

habitante de l'Inde

intolérable

intelligence

20 m'est également caché: je ne sais pourquoi j'existe. Cependant, on me fait
chaque jour des questions sur tous ces points: il faut répondre; je n'ai rien
de bon à dire; je parle beaucoup, et je demeure confus et honteux de moi-
même après avoir parlé.

«C'est bien pis° quand on me demande si Brama a été produit par
25 Vitsnou°, ou s'ils sont tous deux éternels. Dieu m'est témoin° que je n'en sais
pas un mot, et il y paraît° bien à mes réponses. «Ah! mon révérend père, me
dit-on, apprenez-nous comment le mal inonde° toute la terre.» Je suis aussi
en peine° que ceux qui me font cette question: je leur dis quelquefois que
tout est le mieux du monde; mais ceux qui ont été ruinés et mutilés à la
30 guerre n'en croient rien, ni moi non plus; je me retire chez moi accablé°
de ma curiosité et de mon ignorance. Je lis nos anciens livres, et ils redoublent mes ténèbres°. Je parle à mes compagnons: les uns me répondent qu'il
faut jouir° de la vie, et se moquer des hommes; les autres croient savoir
quelque chose, et se perdent dans des idées extravagantes; tout augmente le
35 sentiment douloureux que j'éprouve°. Je suis prêt quelquefois de tomber
dans le désespoir, quand je songe qu'après toutes mes recherches je ne sais
ni d'où je viens, ni ce que je suis, ni où j'irai, ni ce que je deviendrai.»

L'état de ce bon homme me fit une vraie peine: personne n'était ni plus
raisonnable ni de meilleure foi° que lui. Je conçus que plus il avait de
40 lumières dans son entendement° et de sensibilité dans son cœur, plus il
était malheureux.

Je vis le même jour la vieille femme qui demeurait dans son voisinage:
je lui demandai si elle avait jamais été affligée° de ne savoir pas comment
son âme était faite. Elle ne comprit seulement pas ma question: elle n'avait
45 jamais réfléchi un seul moment de sa vie sur un seul des points qui tour-
mentaient le bramin; elle croyait aux métamorphoses de Vitsnou de tout
son cœur, et pourvu qu'elle pût avoir quelquefois de l'eau du Gange° pour
se laver, elle se croyait la plus heureuse des femmes.

Frappé du bonheur de cette pauvre créature, je revins à mon philosophe,
50 et je lui dis: «N'êtes-vous pas honteux d'être malheureux, dans le temps qu'à
votre porte il y a un vieil automate° qui ne pense à rien, et qui vit content?—
Vous avez raison, me répondit-il; je me suis dit cent fois que je serais heureux
si j'étais aussi sot° que ma voisine, et cependant je ne voudrais pas d'un tel
bonheur.»

55 Cette réponse de mon bramin me fit une plus grande impression que
tout le reste; je m'examinai moi-même, et je vis qu'en effet je n'aurais pas
voulu être heureux à condition d'être imbécile.

Je proposai la chose à des philosophes, et ils furent de mon avis°. «Il y a
pourtant, disais-je, une furieuse contradiction dans cette façon de penser:
60 car enfin de quoi s'agit-il? D'être heureux. Qu'importe d'avoir de l'esprit°
ou d'être sot? Il y a bien plus: ceux qui sont contents de leur être sont
bien sûrs d'être contents; ceux qui raisonnent ne sont pas si sûrs de bien

---

Marginal glosses:

plus mal

Brama, Vitsnou: dieux de la religion hin- doue / **m'est...** sait / **il...** on le voit / recou- vre / **en...** ignorant

humilié

mes... mon obscurité

profiter

je sens

faith

esprit

été... eu l'affliction

fleuve sacré de l'Inde

robot

stupide

de... d'accord avec moi

intelligence

raisonner. Il est donc clair, disais-je, qu'il faudrait choisir de n'avoir pas le sens commun, pour peu que° ce sens commun contribue à notre mal-
65 être°.» Tout le monde fut de mon avis, et cependant je ne trouvai personne qui voulût accepter le marché° de devenir imbécile pour devenir content. De là je conclus que, si nous faisons cas du° bonheur, nous faisons encore plus de cas de la raison.

Mais, après y avoir réfléchi, il paraît que de préférer la raison à la féli-
70 cité, c'est être très insensé°. Comment donc cette contradiction peut-elle s'expliquer? Comme toutes les autres. Il y a là de quoi° parler beaucoup.

pour... however little / malheur

la condition

faisons... estimons le

fou

de... un prétexte à

— *Seconde suite des Mélanges de littérature,*
d'histoire et de philosophie, 1761

COMPREHENSION

Vrai ou faux? Si c'est faux, corrigez.

1. Selon le narrateur, la richesse aidait le bramin à être plus sage.

2. Il vivait dans une belle maison avec une seule femme.

3. Il avait mis quarante ans à comprendre ce que c'était que le temps et l'éternité.

4. Il avait découvert le principe qui gouverne la pensée.

5. Il enseignait aux autres que tout est pour le mieux dans le meilleur des mondes mais il n'y croyait pas lui-même.

6. Il comprenait les origines de l'homme.

7. Plus il étudiait les grandes questions de la vie, plus il était confus.

8. La vieille Indienne venait souvent le consulter pour discuter les grandes questions de la vie.

9. Elle avait beaucoup de foi.

10. Le bramin enviait le bonheur ignorant de sa voisine.

11. Le narrateur a trouvé plusieurs philosophes qui préféraient être heureux et sots plutôt que d'être savants et malheureux.

12. Comme toutes les contradictions de la vie, le rapport entre le bonheur et la raison est une question qui demande des discussions supplémentaires.

PERCEPTIONS

1. Le bramin constate qu'il est malheureux parce qu'il ne peut pas trouver de réponse aux questions essentielles de l'existence. Quelles questions explore-t-il? Avez-vous essayé de comprendre quelques-unes de ces questions? Quelle est votre conclusion?

2. Voltaire dit que parce que le bramin était riche «il n'avait besoin de tromper personne». Quelle perception de l'humanité montre-t-il ici? Etes-vous d'accord?

3. Le narrateur/voyageur permet à Voltaire de nous présenter des défauts sociaux sans attaquer directement la société française—une action très dangereuse au 18e siècle. Cet exotisme des étrangers sert aussi à fasciner le lecteur du conte. Soulignez les passages qui montrent les aspects étrangers ou exotiques des personnages.

4. Le conte voltairien est plein d'humour et d'ironie. Quels moments du conte possèdent un côté amusant ou ironique? Expliquez.

5. Une idée favorite de Voltaire était que les religions organisées apportent souvent un fanatisme, une superstition et une intolérance qu'il trouve inacceptables. Dans le conte, vous voyez la vieille femme qui croit sincèrement en sa religion et vit une vie très heureuse. Par contre, vous voyez le bramin qui questionne, qui doute et qui est malheureux. Comment pouvez-vous concilier les idées de Voltaire sur la religion et les deux exemples qu'il vous offre dans le conte?

6. Pascal, un écrivain du 17e siècle, a décrit l'homme comme «un roseau[1] pensant», faible mais capable de penser. La grandeur de l'homme vient de sa capacité de raisonner. Pouvez-vous déduire la position de Voltaire sur cette question? Et vous, qu'en pensez-vous?

7. Est-il plus facile d'être heureux quand on est bête ou ignorant? Pourquoi? Est-ce le vrai bonheur?

8. S'il fallait choisir entre l'intelligence et le bonheur, que choisiriez-vous? Est-il possible d'être très intelligent, de tout remettre en question, et de rester tout de même heureux? Parlez de votre expérience.

---

1. *reed*

Jean-Jacques Rousseau
(1712–1778)

Jean-Jacques Rousseau est né à Genève dans une famille protestante d'origine française. Sa mère est morte en le mettant au monde, et son père l'abandonne vers l'âge de 10 ans. Après deux ans de pension, Jean-Jacques commence une vie d'aventures et de misère. Tantôt apprenti-artisan, tantôt domestique, il est souvent humilié par ses maîtres et réfléchit de bonne heure aux inégalités de la société. Recueilli à 16 ans par la pieuse Mme de Warens, il se laisse convertir (temporairement) au catholicisme et s'enthousiasme pour la musique. Entre 1729 et 1742, il oscille entre la vie errante et des séjours heureux chez Mme de Warens. Il donne des leçons de musique, compose des cantates et cultive son esprit, s'intéressant aux sciences naturelles et physiques aussi bien qu'aux sciences humaines. En 1742, il part à Paris avec l'espoir de faire fortune; il ne trouve cependant que des postes de secrétaire et vit dans la misère. Ami de Diderot, il collabore à l'*Encyclopédie* et fréquente quelques salons, mais, timide et peu éloquent, ne s'y trouve pas à l'aise. Il s'attache à une servante d'auberge, Thérèse Levasseur, dont il aura cinq enfants qu'il déposera à l'hospice des Enfants Trouvés, sous prétexte qu'il n'avait pas les moyens de les élever.

Aliéné de la vie mondaine, Rousseau publie en 1750 son *Discours sur les sciences et les arts,* qui le rend célèbre. Sa thèse est que l'homme, naturellement bon, libre et heureux, devient méchant, esclave et malheureux au contact de la société. Contre la civilisation, qui pour lui est synonyme de décadence, il propose un retour à «l'état de nature», c'est-à-dire la simplicité, la vertu et une égalité économique fondée sur la soumission individuelle à l'intérêt commun. Ces idées vont se retrouver dans toutes ses œuvres: des œuvres sur l'inégalité sociale (*Discours sur l'origine de l'inégalité, Le Contrat social*), sur l'amour et le mariage (*La Nouvelle Héloïse*), sur l'éducation (*Emile ou De l'éducation*), et des œuvres autobiographiques (*Confessions, Rêveries du promeneur solitaire*).

Hébergé pendant quelque temps par des protecteurs, à la fois populaire et persécuté par le Parlement et ses anciens amis les philosophes, avec qui il s'est fâché, Jean-Jacques Rousseau continue à mener une vie errante. Il meurt seul à Paris. Son influence sur ses contemporains, cependant, a été considérable: fondateur d'une doctrine politique et sociale qui a inspiré les chefs de la Révolution française, il a aussi préparé, par son insistance sur la nature et les sentiments, le grand mouvement romantique du 19e siècle.

PREPARATION A LA LECTURE

Dans cette œuvre, Rousseau présente son idée d'une éducation idéale. L'exemple qu'il nous offre est celui d'un précepteur qui guide un jeune garçon, Emile, et dont les leçons ont pour but de préparer Emile au côté pratique de la vie. Dans l'extrait que vous allez lire, le précepteur considère l'enseignement de la géographie.

A l'école, comment est-ce qu'on vous a présenté la géographie? Par la mémorisation? Par l'expérience? Etait-ce un de vos sujets favoris? Les détails de ce que vous avez appris dans ce domaine vous sont-ils utiles aujourd'hui? Pourquoi ou pourquoi pas?

Le texte que vous allez lire peut être divisé en deux parties, représentant deux approches différentes à l'éducation. Identifiez ces deux parties et donnez-leur un titre.

EMILE OU DE L'ÉDUCATION [extrait]

Supposons que, tandis que j'étudie avec mon élève le cours du soleil et la manière de s'orienter, tout à coup il m'interrompe pour me demander à quoi sert° tout cela. Quel beau discours je vais lui faire! de combien de choses je saisis l'occasion de l'instruire en répondant à sa question, surtout si nous avons des témoins de notre entretien! Je lui parlerai de l'utilité des voyages, des avantages du commerce, des productions particulières à chaque climat, des mœurs des différents peuples, de l'usage du calendrier, de la supputation° du retour des saisons pour l'agriculture, de l'art de la navigation, de la manière de se conduire sur mer et de suivre exactement la route, sans savoir où l'on est. La politique, l'histoire naturelle, l'astronomie, la morale même et le droit des gens entreront dans mon explication, de manière à donner à mon élève une grande idée de toutes ces sciences et un grand désir de les apprendre. Quand j'aurai tout dit, j'aurai fait l'étalage° d'un vrai pédant, auquel il n'aura pas compris une seule idée. Il aurait grande envie de me demander comme auparavant à quoi sert de s'orienter; mais il n'ose, de peur que je ne me fâche. Il trouve mieux son compte à feindre° d'entendre ce qu'on l'a forcé d'écouter. Ainsi se pratiquent les belles éducations.

Mais notre Emile, plus rustiquement élevé, et à qui nous donnons avec tant de peine une conception dure, n'écoutera rien de tout cela. Du premier mot qu'il n'entendra pas, il va s'enfuir, il va folâtrer° par la chambre, et me laisser pérorer° tout seul. Cherchons une solution plus grossière°; mon appareil scientifique ne vaut rien pour lui.

Nous observions la position de la forêt au nord de Montmorency°, quand il m'a interrompu par son importune question: *A quoi sert cela?* Vous

Marginal glosses:
à... quelle est l'utilité de
de... du calcul
l'exposition
faire semblant
jouer
parler / ici: simple
ville à côté de Paris

Line numbers: 5, 10, 15, 20, 25

avez raison, lui dis-je, il y faut penser à loisir°; et si nous trouvons que ce   **à...** sans se dépêcher
travail n'est bon à rien, nous ne le reprendrons plus, car nous ne man-
quons pas d'amusements utiles. On s'occupe d'autre chose, et il n'est plus
question de géographie du reste de la journée.

30   Le lendemain matin, je lui propose un tour de promenade avant le déjeuner; il ne demande pas mieux; pour courir, les enfants sont toujours prêts,
et celui-ci a de bonnes jambes. Nous montons dans la forêt, nous parcourons
les Champeaux, nous nous égarons°, nous ne savons plus où nous sommes;   perdons
et, quand il s'agit de revenir, nous ne pouvons plus retrouver notre chemin.

35 Le temps se passe, la chaleur vient, nous avons faim; nous nous pressons,
nous errons vainement de côté et d'autre, nous ne trouvons partout que des
bois, des carrières°, des plaines, nul renseignement pour nous reconnaître.   *quarries*
Bien échauffés, bien recrus°, bien affamés, nous ne faisons avec nos courses   fatigués
que nous égarer davantage. Nous nous asseyons enfin pour nous reposer,

40 pour délibérer. Emile, que je suppose élevé comme un autre enfant, ne
délibère point, il pleure; il ne sait pas que nous sommes à la porte de
Montmorency, et qu'un simple taillis° nous le cache; mais ce taillis est une   *hedge*
forêt pour lui, un homme de sa stature est enterré dans des buissons°.   *bushes*

    Après quelques moments de silence, je lui dis d'un air inquiet: Mon
45 cher Emile, comment ferons-nous pour sortir d'ici?

EMILE (*en nage°, et pleurant à chaudes larmes*): Je n'en sais rien. Je suis las°;   **en...** *in a sweat* / fatigué
    j'ai faim; j'ai soif; je n'en puis plus.

JEAN-JACQUES: Me croyez-vous en meilleur état que vous? et pensez-vous que
    je me fisse faute° de pleurer, si je pouvais déjeuner de mes larmes? Il ne   **me...** manquerais
50   s'agit pas de pleurer, il s'agit de se reconnaître. Voyons votre montre;
    quelle heure est-il?

EMILE: Il est midi, et je suis à jeun°.   **suis...** n'ai rien mangé

JEAN-JACQUES: Cela est vrai, il est midi, et je suis à jeun.

EMILE: Oh! que vous devez avoir faim!

55 JEAN-JACQUES: Le malheur est que mon dîner ne viendra pas me chercher
    ici. Il est midi: c'est justement l'heure où nous observions hier de
    Montmorency la position de la forêt. Si nous pouvions de même
    observer de la forêt la position de Montmorency!…

EMILE: Oui; mais hier nous voyions la forêt, et d'ici nous ne voyons pas
60   la ville.

JEAN-JACQUES: Voilà le mal… Si nous pouvions nous passer de° la voir pour   **passer...** débrouiller
sans
    trouver sa position!…

EMILE: O mon bon ami!

JEAN-JACQUES: Ne disions-nous pas que la forêt était…

65 EMILE: Au nord de Montmorency.

JEAN-JACQUES: Par conséquent Montmorency doit être…

EMILE: Au sud de la forêt.

JEAN-JACQUES: Nous avons un moyen de trouver le nord à midi?

EMILE: Oui, par la direction de l'ombre.

70 JEAN-JACQUES: Mais le sud?

EMILE: Comment faire?

JEAN-JACQUES: Le sud est l'opposé du nord.

EMILE: Cela est vrai; il n'y a qu'à chercher l'opposé de l'ombre. Oh! voilà le
    sud! voilà le sud! sûrement Montmorency est de ce côté.

75 JEAN-JACQUES: Vous pouvez avoir raison: prenons ce sentier° à travers le   petit chemin
    bois.

EMILE (*frappant des mains et poussant un cri de joie*): Ah! je vois Montmo-
    rency! le voilà devant nous, tout à découvert. Allons déjeuner, allons
    dîner, courons vite: l'astronomie est bonne à quelque chose.

80 Prenez garde que, s'il ne dit pas cette dernière phrase, il la pensera; peu
    importe, pourvu que ce ne soit pas moi qui la dise. Or soyez sûr qu'il n'ou-
    bliera de sa vie la leçon de cette journée au lieu que, si je n'avais fait que
    lui supposer tout cela dans sa chambre, mon discours eût° été oublié dès   aurait
    le lendemain. Il faut parler tant qu'on peut par les actions, et ne dire que
85 ce qu'on ne saurait faire.

    — *Emile ou De l'éducation, Livre 3, XLVIII*, 1762

COMPREHENSION

A. Vrai ou faux? Si c'est faux, corrigez.

1. Quand l'élève moyen entend une leçon compliquée qu'il ne comprend
   pas, il quitte son tuteur.

2. Quand Emile entend une leçon compliquée qu'il ne comprend pas, il
   fait semblant de la comprendre.

3. Pendant une promenade dans la forêt de Montmorency, Emile pense
   qu'il est perdu et commence à pleurer.

4. Emile a bien compris sa leçon.

B. Répondez.

1. Quelle est la question qu'Emile pose toujours pendant ses leçons?

2. Décrivez comment le tuteur guide Emile à utiliser sa leçon sur le soleil
   et la manière de s'orienter.

3. Comment le tuteur choisit-il la matière qu'Emile étudie?

PERCEPTIONS

1. Rousseau croit que l'éducation idéale de l'enfant se fait loin de la société. L'élève ne doit pas être dans une école mais seul avec un tuteur. Que pensez-vous de cette méthode d'enseignement? Quels sont les avantages et les inconvénients de la pratique du *home schooling*?

2. Pendant votre première lecture du passage vous avez vu les deux méthodes que le tuteur utilise pour enseigner la géographie.
   a. Contrastez le résultat des deux.
   b. Laquelle est la plus proche des classes de géographie de votre expérience?
   c. Laquelle préférez-vous? Pourquoi?

3. Est-ce qu'on peut tout enseigner par «l'action», comme dit le tuteur d'Emile? Quelles sont les limitations de cette méthode? Quels cours seraient difficiles ou impossibles à enseigner de cette manière? Donnez des illustrations personnelles.

4. Est-ce une bonne idée de limiter les sujets qu'on enseigne dans les écoles à ceux qui sont «pratiques» pour la vie? Quels cours est-ce que cette philosophie de l'éducation exclurait du curriculum? Qu'en pensez-vous?

5. Le rôle principal d'un professeur est-il de poser des questions ou de donner les réponses? Expliquez.

6. Rousseau nous enseigne et son sujet est l'enseignement. Il offre sa leçon sous forme d'enseignement. C'est-à-dire que nous apprenons en observant Emile qui apprend. Il existe donc dans le passage une harmonie entre le sujet et la forme. La leçon est présentée par la juxtaposition de deux techniques différentes (comme vous avez déjà noté) qui fait que les qualités et les limitations de chacune deviennent très claires. Dans un petit groupe, imaginez une leçon que vous voulez présenter (choisissez un sujet spécifique) et créez deux mini-leçons: l'une traditionnelle et l'autre rousseauiste. Présentez vos leçons à la classe. Discutez et comparez.

7. Emile a appris la géographie par l'expérience. Pensez à des leçons que vous avez apprises par l'expérience, que ce soit à l'école ou en dehors de l'école. Racontez ce que vous avez appris et comment (en groupes de deux).

Marivaux
(1688–1763)

Pierre Carlet de Chamblain de Marivaux était le fils d'une famille de la petite noblesse de province. Pendant qu'il faisait ses études à la faculté de droit de Paris, il a commencé à fréquenter les salons littéraires de la capitale et s'est découvert une vocation pour la littérature. Il s'est lancé d'abord dans la chronique journalistique (*Lettres sur les habitants de Paris*) et a vite acquis la réputation d'un brillant moraliste. Mais c'est dans le théâtre que Marivaux a trouvé sa passion. De 1720 à 1740, son nom est devenu synonyme des «comédies de l'amour», un genre qui lui a permis d'explorer les surprises, les secrets et les masques du cœur humain. Les plus célèbres de ses pièces sont *La Surprise de l'amour* (1722), *La Double Insconstance* (1723) et *Le Jeu de l'amour et du hasard* (1730). Il a aussi écrit des «comédies philosophiques», comme *La Colonie* (1729), qui revendique la reconnaissance sociale de la femme. Marivaux a enfin publié des romans d'analyse sociale et psychologique, comme *La Vie de Marianne* (1741), et plusieurs journaux, dont *l'Indigent Philosophe,* où il fait parler un homme que sa pauvreté rend sage et où il examine avec humour les «porteurs de visages»[1] de la société du 18e siècle. Mais «l'indigent philosophe», c'était Marivaux lui-même, car malgré ses succès littéraires, sa vie personnelle n'a pas été facile, et il a eu tant de difficultés financières que sa fille unique a dû entrer au couvent en 1745, parce que son père ne pouvait pas la doter[2] honorablement.

Dans *Le Jeu de l'amour et du hasard,* Marivaux met en scène une jeune fille, Silvia, que son père veut donner en mariage à Dorante. Pour mieux découvrir cet homme qu'on lui destine, Silvia se déguise en servante, mais le «jeu» se complique car Dorante a la même idée et se présente à Silvia comme un domestique. Ce double jeu occasionne un ballet subtil de malentendus[3] comiques et de surprises, mais le cœur et la sincérité des sentiments vont finir par triompher des masques.

1. les gens qui portent des masques   2. lui donner une dot (*dowry*)   3. *misunderstandings*

PREPARATION A LA LECTURE

1. Examinez le titre de la pièce. Quelle sorte de pièce peut-on anticiper? Une comédie historique? Une satire du mariage?

2. Parcourez les premières répliques de Lisette et de Silvia. Qu'est-ce qu'elles indiquent sur le sujet de discussion? Devinez comment le sujet va être développé. Puis lisez la scène une première fois et vérifiez si elle se développe comme vous l'aviez anticipé.

✦ LE JEU DE L'AMOUR ET DU HASARD

Personnages

SILVIA; LISETTE, *femme de chambre de Silvia*

La scène est à Paris.

ACTE PREMIER

Scène I: Silvia, Lisette.

SILVIA: Mais, encore une fois, de quoi vous mêlez-vous? pourquoi répondre de mes sentiments?

LISETTE: C'est que j'ai cru que, dans cette occasion-ci, vos sentiments ressembleraient à ceux de tout le monde. Monsieur votre père me
5   demande si vous êtes bien aise qu'il vous marie, si vous en avez quelque joie: moi, je lui réponds que oui; cela va tout de suite°; et il [°cela va sans dire; naturellement]
n'y a peut-être que vous de fille au monde, pour qui ce *oui*-là ne soit pas vrai; le *non* n'est pas naturel.

SILVIA: Le *non* n'est pas naturel, quelle sotte° naïveté! Le mariage aurait [°stupide]
10   donc de grands charmes pour vous?

LISETTE: Eh bien, c'est encore *oui*, par exemple°. [°certainement]

SILVIA: Taisez-vous; allez répondre vos impertinences ailleurs, et sachez que ce n'est pas à vous à juger de mon cœur par le vôtre.

LISETTE: Mon cœur est fait comme celui de tout le monde; de quoi le vôtre [°pourquoi le vôtre a-t-il décidé de ne pas être fait / une excentrique]
15   s'avise-t-il de n'être fait° comme celui de personne?

SILVIA: Je vous dis que, si elle osait, elle m'appellerait une originale°.

LISETTE: Si j'étais votre égale, nous verrions.

SILVIA: Vous travaillez à me fâcher, Lisette.

LISETTE: Ce n'est pas mon dessein. Mais dans le fond, voyons, quel mal ai-
20   je fait de dire à Monsieur Orgon que vous étiez bien aise d'être mariée?

SILVIA: Premièrement, c'est que tu n'as pas dit vrai, je ne m'ennuie pas
d'être fille.

LISETTE: Cela est encore tout neuf.

25　SILVIA: C'est qu'il n'est pas nécessaire que mon père croie me faire tant de
plaisir en me mariant, parce que cela le fait agir avec une confiance
qui ne servira peut-être de rien.

LISETTE: Quoi! vous n'épouserez pas celui qu'il vous destine?

SILVIA: Que sais-je? peut-être ne me conviendra-t-il point, et cela
30　m'inquiète.

LISETTE: On dit que votre futur° est un des plus honnêtes hommes du
monde, qu'il est bien fait, aimable, de bonne mine°, qu'on ne peut pas
avoir plus d'esprit, qu'on ne saurait être d'un meilleur caractère; que
voulez-vous de plus? Peut-on se figurer de mariage plus doux? d'union
35　plus délicieuse?

*celui que vous devez
épouser / looks well*

SILVIA: Délicieuse! que tu es folle avec tes expressions.

LISETTE: Ma foi, Madame, c'est qu'il est heureux qu'un amant de cette
espèce-là veuille se marier dans les formes; il n'y a presque point de
fille, s'il lui faisait la cour, qui ne fût en danger de l'épouser sans
40　cérémonie. Aimable, bien fait, voilà de quoi vivre pour l'amour;
sociable et spirituel°, voilà pour l'entretien de la société; pardi! tout en
sera bon, dans cet homme-là; l'utile et l'agréable, tout s'y trouve.

witty, clever

SILVIA: Oui, dans le portrait que tu en fais, et on dit qu'il y ressemble, mais
c'est un *on dit*, et je pourrais bien n'être pas de ce sentiment-là, moi: il
45　est bel homme, dit-on, et c'est presque tant pis.

LISETTE: Tant pis! tant pis! mais voilà une pensée bien hétéroclite°!

bizarre

SILVIA: C'est une pensée de très bon sens; volontiers un bel homme est
fat°; je l'ai remarqué.

smug, complacent

LISETTE: Oh! il a tort d'être fat; mais il a raison d'être beau.

50　SILVIA: On ajoute qu'il est bien fait; passe!

LISETTE: Oui-da; cela est pardonnable.

SILVIA: De beauté et de bonne mine, je l'en dispense; ce sont là des
agréments superflus.

LISETTE: Vertuchoux°! si je me marie jamais, ce superflu-là sera mon
55　nécessaire.

interjection archaïque

SILVIA: Tu ne sais ce que tu dis. Dans le mariage, on a plus souvent affaire à
l'homme raisonnable qu'à l'aimable homme; en un mot, je ne lui
demande qu'un bon caractère, et cela est plus difficile à trouver qu'on
ne pense. On loue beaucoup le sien, mais qui est-ce qui a vécu avec
60　lui? Les hommes ne se contrefont-ils pas°, surtout quand ils ont de

ne se déguisent-ils pas

l'esprit? N'en ai-je pas vu, moi, qui paraissaient, avec leurs amis, les meilleures gens du monde? C'est la douceur, la raison, l'enjouement même, il n'y a pas jusqu'à leur physionomie qui ne soit° garante de toutes les bonnes qualités qu'on leur trouve. «Monsieur un tel a l'air

65 d'un galant homme, d'un homme bien raisonnable, disait-on tous les jours d'Ergaste. —Aussi l'est-il, répondait-on. (Je l'ai répondu moi-même.) Sa physionomie ne vous ment pas d'un mot.» Oui, fiez-vous-y à cette physionomie si douce, si prévenante, qui disparaît un quart d'heure après pour faire place à un visage sombre, brutal, farouche,

70 qui devient l'effroi de toute une maison! Ergaste s'est marié; sa femme, ses enfants, son domestique ne lui connaissent encore que ce visage-là, pendant qu'il promène partout ailleurs cette physionomie si aimable que nous lui voyons, et qui n'est qu'un masque qu'il prend au sortir de chez lui.

double négation: même leur physionomie est...

75 LISETTE: Quel fantasque° avec ses deux visages!

homme bizarre

SILVIA: N'est-on pas content de Léandre quand on le voit? Eh bien, chez lui, c'est un homme qui ne dit mot, qui ne rit ni qui ne gronde; c'est une âme glacée, solitaire, inaccessible; sa femme ne la connaît point, n'a point de commerce° avec elle; elle n'est mariée qu'avec une figure

80 qui sort d'un cabinet°, qui vient à table et qui fait expirer de langueur, de froid et d'ennui tout ce qui l'environne. N'est-ce pas là un mari bien amusant!

rapport
un lieu où on étudie

LISETTE: Je gèle au récit que vous m'en faites; mais Tersandre, par exemple?

SILVIA: Oui. Tersandre! il venait l'autre jour de s'emporter contre sa

85 femme; j'arrive, on m'annonce, je vois un homme qui vient à moi les bras ouverts, d'un air serein, dégagé; vous auriez dit qu'il sortait de la conversation la plus badine°; sa bouche et ses yeux riaient encore. Le fourbe°! Voilà ce que c'est que les hommes. Qui est-ce qui croit que sa femme est à plaindre avec lui? Je la trouvai toute abattue, le teint

90 plombé, avec des yeux qui venaient de pleurer; je la trouvai comme je serai peut-être; voilà mon portrait à venir; je vais du moins risquer d'en être une copie. Elle me fit pitié, Lisette; si j'allais te faire pitié aussi! Cela est terrible! qu'en dis-tu? Songe à ce que c'est qu'un mari.

playful
deceitful person

LISETTE: Un mari? c'est un mari; vous ne deviez pas finir par ce mot-là; il

95 me raccommode avec tout le reste.

— *Le Jeu de l'amour et du hasard*, 1730

COMPREHENSION

A. Lisette fonctionne comme messagère du père de Silvia, qui espère un «oui» de Silvia, une acceptation du prétendant que son père a choisi comme mari pour elle. En termes généraux, quel est le problème de Silvia?

B. Cette scène est composée d'une progression de quatre portraits:

1. Silvia parle de trois maris que les deux femmes connaissent. Faites un bref portrait de chacun:
   a. Ergaste
   b. Léandre
   c. Tersandre

2. Dessinez le portrait de Dorante que fait Lisette. Qu'est-ce qu'elle dit de lui?

3. Comment est-ce que Lisette, dans sa deuxième réplique, justifie la description qu'elle donne de Dorante? Faites-vous confiance à son analyse? Pourquoi ou pourquoi pas?

PERCEPTIONS

1. Lisette offre à Silvia une série de caractéristiques de Dorante qu'elle considère comme importantes pour un mari. Identifiez-les en termes simples et modernes. Que pensez-vous de cette liste comme base de jugement d'un futur mari?

2. Silvia dit que le fait que Dorante est «bel homme…, c'est presque tant pis». De quoi a-t-elle peur? Etes-vous d'accord avec le stéréotype qu'elle propose? Expliquez.

3. Silvia a des hésitations au sujet du mariage, surtout quand il est question de la relation entre femme et mari. Quelles sont ces hésitations? Est-ce que ses craintes vous semblent raisonnables? Est-ce qu'une femme du 21e siècle aurait les mêmes hésitations? Quelle sorte de mariage recherche-t-elle? Et vous?

4. Silvia décrit Ergaste comme un homme à deux visages, un homme qui met «un masque au sortir de chez lui». Ne sommes-nous pas tous un peu comme ça? Quand portons-nous des masques sociaux? Ces masques sociaux sont-ils justifiés? Expliquez votre point de vue et donnez des exemples précis.

Synthèse

A DISCUTER

«Le bonheur» est un sujet qui a été discuté par plusieurs auteurs du 18ᵉ siècle. Est-ce qu'il faut être vertueux pour être heureux? Est-ce qu'on est nécessairement heureux si on est vertueux? En petits groupes, discutez d'abord votre définition du bonheur. Puis examinez les passages que vous avez lus dans ce chapitre et répondez aux questions ci-dessus. Comparez les réponses avec votre propre définition du bonheur. Donnez des illustrations personnelles.

A ECRIRE

A. En imitant le style de Montesquieu dans ses *Lettres persanes,* imaginez que vous êtes originaire d'une autre planète et que vous venez de faire un voyage sur la Terre. Comme par hasard, vous avez passé quelques jours sur le campus de votre université/école! Racontez (au passé) ce que vous avez fait et ce que vous avez observé. Y avait-il des choses qui pourraient sembler bizarres à des extraterrestres?

B. Voltaire a parlé du bonheur et de l'importance de la connaissance dans le vrai bonheur. Donnez d'abord votre propre définition du bonheur, puis racontez (au passé) une expérience où vous vous êtes senti(e) vraiment heureux(se). Pourquoi était-ce du vrai bonheur?

Auguste Renoir, Le Déjeuner des canotiers. Washington, D.C., The Phillips Collection.

CHAPITRE 5

Le Dix-neuvième Siècle

ien que la première République française, issue de la Révolution de 1789, n'ait pas duré longtemps, les «principes de 1789» n'ont guère disparu dans le tumulte politique du 19e siècle. Certes, les gouvernements ont été variés: il y a eu d'abord le Consulat et l'Empire de Napoléon Bonaparte (1799–1814), puis un retour à la monarchie (1815–1848), une brève deuxième République (1848–1852), un second Empire avec Napoléon III (1852– 1870) et enfin une troisième République (1870–1940). Cette succession de régimes s'est souvent faite à coups de révolutions ou de coups d'Etat, mais chacun des gouvernements était constitutionnel, et la démocratie a fini par gagner.

La société du 19e siècle a connu la chute[1] de l'aristocratie et l'ascension de la bourgeoisie, l'argent remplaçant les titres de noblesse sur l'échelle[2] sociale. Au bas de cette échelle, une nouvelle classe est apparue: le prolétariat ouvrier. Fils de la révolution industrielle, ce prolétariat a grandi dans la misère et n'a pas tardé à chercher le salut[3] dans la doctrine socialiste de Karl Marx.

Le 19e siècle est une époque de grand développement économique, d'expansion coloniale en Asie et en Afrique, et de découvertes scientifiques, notamment celles de Louis Pasteur et de Pierre et Marie Curie. C'est aussi une époque de réformes dans le domaine de l'éducation. Napoléon a institué le système scolaire tel qu'il existe encore aujourd'hui, et en 1882 l'enseignement primaire, gratuit dans les écoles publiques, est devenu obligatoire pour les enfants de 6 à 13 ans[4]. Ces réformes ont créé un nouveau public de lecteurs venant de toutes les classes de la société.

En littérature, le 19e siècle a connu plusieurs grands mouvements, dont les principaux sont le romantisme, le réalisme, le naturalisme et le symbolisme.

Le Romantisme

Au début du 19e siècle, le romantisme exprime la recherche du «moi» dans un monde marqué par le changement et l'incertitude. En conflit avec la société, les romantiques souffrent du «mal du siècle», un vague sentiment de mélancolie et de désillusion. Ils se réfugient dans la solitude et l'introspection, la communion avec la nature, les rêves exotiques, la passion, l'idéalisme et la révolte contre la raison et les règles.

C'est ainsi que les écrivains romantiques abolissent les règles du classicisme, considérées comme un obstacle à l'expression artistique. La forme poétique n'est plus limitée au vers classique alexandrin, les sujets littéraires ne sont plus dictés que par l'imagination et l'inspiration, et le langage n'a plus peur de mêler[5] le noble et le populaire. Comme le dit Victor Hugo (voir p. 118), le romantisme a «mis un bonnet rouge[6] au vieux dictionnaire».

Dans le domaine du théâtre, il n'est plus question de l'unité de lieu, de temps et d'action; les tons et les genres se mélangent, et l'alliance de la tragédie et de la comédie donne naissance au drame. Le premier grand drame

1. *fall* 2. *ladder* 3. voir «sauver» 4. Aujourd'hui l'école est obligatoire jusqu'à 16 ans. 5. mettre ensemble
6. révolutionnaire

romantique, *Hernani* de Victor Hugo, cause en 1830 une véritable révolution. Les «anciens» (ou les classiques) étaient venus au théâtre armés de tomates, les «modernes» (les romantiques) étaient armés de fleurs; les deux camps se sont livrés[7] dans la salle de spectacle à une célèbre bataille qui a marqué le triomphe du romantisme.

Pour ce qui est de la poésie, comme le dit Lamartine (voir p. 121), elle se veut «intime, l'écho profond, réel, sincère des plus mystérieuses impressions de l'âme». Les images et les thèmes qui sont chers aux poètes romantiques incluent les couchers de soleil (marquant la fin d'une époque), la nuit (une lumière difficile à trouver), les orages et les tempêtes (tourments d'une humanité désorientée), les voyages (soif d'une réalité autre) et l'exaltation des sentiments et d'un monde idéalisé.

Le Réalisme

L'idéalisme romantique, cependant, est remis en cause par les troubles politiques et sociaux des années 30 et 40 et par l'influence croissante de la science. Le réalisme veut représenter la réalité sans l'embellir, s'appuyant non pas sur des rêves mais sur des faits, surtout l'observation de la réalité sociale de l'époque. Stendhal, qui montre dans son roman *Le Rouge et le Noir* (1830) la confrontation d'un homme du peuple avec une société complexe et cruelle, est un des pionniers du réalisme français. Balzac, auteur de *La Comédie humaine,* fait un vaste tableau des différentes classes de la société parisienne et provinciale, montrant le rôle de l'argent et du milieu social dans la vie de l'individu (voir p. 126). Flaubert, auteur de *Madame Bovary* (p. 132), essaie d'appliquer une objectivité scientifique à l'observation et à la peinture du comportement humain dans sa réalité

ordinaire. Mais comment décrire la médiocrité et l'ennui de la vie quotidienne sans ennuyer le lecteur? Maupassant, disciple de Flaubert, nous donne la réponse dans la préface de son roman *Pierre et Jean* (1888): «Le réaliste, s'il est un artiste, cherchera, non pas à nous montrer la photographie banale de la vie, mais à nous en donner la vision plus complète, plus saisissante, plus probante que la réalité même». Comment? En choisissant dans le réel ce qui peut émouvoir[8] plus que ne le ferait le vrai en donnant l'illusion du vrai.

Le Naturalisme

Dans la deuxième moitié du 19e siècle, le réalisme se radicalise dans le naturalisme. Il ne s'agit plus de choisir, mais de tout montrer, avec un «regard médical». L'exploration scientifique n'est plus seulement une technique esthétique mais une philosophie. Marqués par les thèses de Darwin sur la sélection naturelle, les écrivains naturalistes comme Emile Zola (voir p. 138) essaient de démontrer dans leurs romans que l'être humain ne peut pas échapper au déterminisme biologique et que la psychologie des personnages s'explique par la physiologie. Sous le microscope littéraire des naturalistes, le sujet principal n'est plus la petite bourgeoisie chère aux réalistes, mais le «petit peuple» (les ouvriers, les mineurs, les paysans) qui apparaît dans toute sa misère et sa vulnérabilité aux lois de l'hérédité.

Le Symbolisme

Le symbolisme est né d'une réaction contre les excès du réalisme et du naturalisme, contre le monde logique et rationnel qu'impose la science. Les auteurs symbolistes invitent le lecteur à quitter la laideur du matérialisme pour

---

7. se sont engagés   8. toucher le lecteur

un monde qui privilégie les idées et l'essence des choses. Contrairement au poète romantique qui se livrait à des confidences personnelles, le symboliste refuse le sentimentalisme; il fait appel à son intelligence intuitive plus qu'émotionnelle pour trouver, dans les territoires de l'inconscient, des «correspondances» entre le monde visible et la réalité intérieure. Le symbole devient la représentation analogique de cette réalité. Il s'agit d'évoquer, d'insinuer, de suggérer, de faire sentir plutôt que d'affirmer. Sous la plume[9] symboliste, la phrase devient musique et les mots s'associent en fonction de leur sonorité aussi bien que de leur sens. Comme Debussy en musique ou Gauguin en peinture, les poètes symbolistes Verlaine (p. 146), Rimbaud (p. 150) et Baudelaire (p. 153) se font les interprètes des mystères du moi et du monde.

9. le stylo, l'écriture

Victor Hugo
(1802–1885)

Fils d'un officier de l'armée napoléonienne, élevé surtout par sa mère, Victor Hugo connaît une enfance assez vagabonde. Très jeune, il s'intéresse à la poésie et, après avoir gagné plusieurs concours littéraires, à 17 ans il décide d'arrêter ses études pour fonder, avec ses deux frères, un journal littéraire. Déjà ses contemporains l'acclament comme un prodige.

A 20 ans, il épouse Adèle Foucher, qui sera la mère de ses quatre enfants. Cette même année, il publie son premier recueil de poèmes, les *Odes,* et s'essaie au roman. Il se lance ensuite dans le théâtre, avec l'intention de le libérer des règles classiques. En moins de dix ans, il donne huit drames, dont *Hernani* en 1830, qui assure le succès de l'école romantique dont Victor Hugo est devenu le chef. De 1830 à 1840, il publie quatre recueils de poésie lyrique et un grand roman historique, *Notre-Dame de Paris.*

En 1843, cependant, la fortune cesse de lui sourire. C'est l'échec de son dernier drame, *Les Burgraves;* c'est surtout, sur le plan personnel, la perte de sa fille adorée, Léopoldine, morte à 19 ans dans un accident de bateau. Sous le coup de la douleur, pendant presque dix ans Victor Hugo ne publie rien. Mais c'est pendant cette période qu'il prépare les *Contemplations,* un recueil de poèmes consacrés à la mémoire de Léopoldine. C'est aussi pendant ces années qu'il s'engage très activement dans la politique. Elu député à l'Assemblée Constituante pendant la deuxième République, il se fait le représentant de la gauche. Opposé à Napoléon III, il doit s'exiler quand celui-ci prend le pouvoir. Il se réfugie d'abord en Belgique, puis pendant près de vingt ans dans les îles anglaises de Jersey et Guernesey. C'est de là qu'il publie *La Légende des siècles,* une épopée[1] en vers sur l'histoire de l'humanité, et *Les Misérables,* un immense roman qui dénonce les misères sociales de son temps. De son exil, il reste la voix officielle des républicains, et à la chute du second Empire, en 1870, Victor Hugo rentre à Paris en héros. Lorsqu'il meurt, le 22 mai 1885, le peuple parisien lui fait des funérailles nationales à la mesure de son génie.

Par sa longévité et sa popularité, par l'abondance et la diversité de son œuvre, Victor Hugo est considéré comme le géant de la littérature du 19e siècle.

Le poème ci-dessous, tendre et intime, est extrait des *Contemplations.* Quatre ans après la disparition de Léopoldine, le poète retourne sur sa tombe. Par la force du souvenir et des émotions, l'absence devient présence…

---

1. une œuvre épique

PREPARATION A LA LECTURE

La forme d'un poème peut être un obstacle à la compréhension pendant une première lecture. Une connaissance des caractéristiques de la forme et du style poétique peut faciliter votre lecture. Considérez les cas suivants.

1. Pour préserver la rime, un sujet peut suivre le verbe au lieu de le précéder. Trouvez un exemple de ce genre d'inversion dans le premier vers et changez le vers en plaçant les mots dans leur ordre naturel. Maintenant relisez la première strophe. Quelles différences remarquez-vous?

2. L'enjambement, ou la continuation d'une idée d'un vers à l'autre, est très commun en poésie. L'exemple «Je partirai» complète dans le deuxième vers l'idée du premier. En regardant la ponctuation, pouvez-vous trouver un autre exemple d'enjambement dans ce poème?

✦ DEMAIN, DÈS L'AUBE...

Demain, dès l'aube°, à l'heure où blanchit la campagne,   — la première lumière du jour
Je partirai. Vois-tu, je sais que tu m'attends.
J'irai par la forêt, j'irai par la montagne.
Je ne puis demeurer° loin de toi plus longtemps.   — puis... peux rester

5 Je marcherai les yeux fixés sur mes pensées,
Sans rien voir au dehors°, sans entendre aucun bruit,   — au... à l'extérieur
Seul, inconnu, le dos courbé°, les mains croisées,   — bent
Triste, et le jour pour moi sera comme la nuit.

Je ne regarderai ni l'or du soir qui tombe,
10 Ni les voiles° au loin descendant vers Harfleur°,   — bateaux à voiles / port en Normandie
Et quand j'arriverai, je mettrai sur ta tombe
Un bouquet de houx° vert et de bruyère° en fleur.   — holly / heather

— *Contemplations*, 1856

COMPREHENSION

1. Quelles sont les indications de la longueur du voyage
   a. dans l'espace? (Que traversera le poète?)
   b. dans le temps? (Quand partira-t-il? Quand arrivera-t-il?)

2. «Je partirai». Comment le placement de ce verbe au début du deuxième vers accentue-t-il le sentiment de séparation? De quoi le poète doit-il se séparer pour retrouver sa fille?

3. Le monde extérieur. Notez les expressions qui qualifient la perception du monde extérieur.

    a. Qu'est-ce que le poète va voir au dehors?

    b. Quels bruits va-t-il entendre?

    c. Comment sera le jour?

    d. Qu'est-ce qu'il regardera (ou ne regardera pas)?

    Pourquoi toutes ces négations?

4. La réalité intérieure. Sur quoi le poète aura-t-il «les yeux fixés»? Pourquoi?

PERCEPTIONS

1. «Seul, inconnu, le dos courbé, les mains croisées, triste». Qu'est-ce que le rythme de cette liste ajoute à la description du poète?

2. La bruyère et le houx ne sont pas les fleurs traditionnelles qu'on met sur les tombes. Pourquoi le poète choisit-il ces plantes qui abondent dans les campagnes normandes?

3. L'enjambement entre les deux derniers vers donne à la dernière phrase une longueur exceptionnelle. Y voyez-vous de l'impatience? de la fatigue? une impression de victoire? Comment interprétez-vous cet effet de style à la fin du poème?

4. Comment Victor Hugo établit-il le ton personnel et familier de ce poème? Pourquoi, à votre avis, a-t-il choisi ce ton?

5. Pour se rapprocher de sa fille, Victor Hugo se sépare du monde extérieur. Le souvenir, en tant que réalité intérieure, est-il toujours incompatible avec le monde extérieur? Donnez des illustrations personnelles. Dans quelles circonstances vous arrive-t-il de ne pas faire attention au monde extérieur? Donnez plusieurs exemples.

6. Le poète pense exclusivement à sa fille mais ne nous dit rien d'elle. Pourquoi, à votre avis?

7. Cette visite à la tombe de sa fille semble être un rite nécessaire au bien-être du poète. Pensez-vous que les rites funéraires après la mort d'un être cher aident vraiment ceux qui souffrent, ou augmentent leur douleur? Justifiez votre opinion.

Alphonse de Lamartine
(1790–1869)

Alphonse de Lamartine est un aristocrate qui reçoit une éducation catholique et qui partage la première partie de sa vie entre la propriété familiale de Milly, en Bourgogne, et Paris où il fait au jeu de lourdes dettes. Pour combler son ennui[1], il se met à écrire. Admirateur des philosophes du 18ᵉ siècle, il imite d'abord leur style, puis la douleur d'un amour brisé[2] lui fait prendre des accents romantiques. En 1816, souffrant de troubles nerveux, Lamartine était allé à Aix-les-Bains, dans les Alpes, pour se soigner. Julie Charles, une belle créole, était là pour des raisons de santé également. Sur les bords du lac du Bourget, leur rencontre a été un coup de foudre[3]. Mais l'aventure a été brève. L'été suivant, la maladie de Julie s'aggrave et Lamartine se retrouve seul au rendez-vous, près du lac. Dans son poème «Le Lac», il exprime l'angoisse de son amour menacé et déplore la fuite du temps. En décembre 1817, Julie meurt. Inspirés de cette expérience douloureuse, les vingt-quatre poèmes que Lamartine publie en 1820 sous le titre de *Méditations,* représentent le premier recueil lyrique du romantisme et remportent un succès immédiat. Du jour au lendemain, Lamartine est célèbre. On lui offre un poste d'attaché d'ambassade en Italie. Il épouse une jeune Anglaise, Mary-Ann Birch, et publie plusieurs recueils de poèmes, dont les *Harmonies poétiques et religieuses* (1830). En 1832 il fait avec sa femme et sa fille un voyage en Terre sainte (Grèce, Liban, Jérusalem), pour renforcer sa foi. Mais la mort tragique de sa fille à Beyrouth lui fait perdre cette foi et lui inspire un long poème de désespoir et de révolte, *Gethsémani* (1834).

De retour en France, il est élu député (1833–1851) et devient un des plus grands orateurs politiques de son temps. En 1848, il présente même sa candidature à la présidence de la République, mais se fait battre par Louis-Napoléon Bonaparte, le futur Napoléon III.

Lamartine appellera les vingt dernières années de sa vie ses «travaux forcés littéraires»[4]. Il n'écrit plus pour le plaisir mais pour payer les énormes dettes qu'il a accumulées. Il écrit des romans sociaux, des compilations historiques et des biographies qui ne comptent pas parmi ses meilleures œuvres. Il meurt en 1869 d'une attaque d'apoplexie.

1. **combler…** passer le temps 2. interrompu 3. **un coup…** l'amour immédiat 4. *literary hard labor*

PREPARATION A LA LECTURE

A. Dans le cas d'un poème assez long, une analyse de la première strophe et l'identification de son ton peuvent indiquer la nature du poème et ses thèmes. Parcourez la première strophe et identifiez le ton. Est-ce la joie? le regret? l'ennui? Quels verbes, adjectifs ou adverbes dans ces vers créent le ton que vous avez senti? Après avoir deviné, lisez tout le poème et vérifiez votre idée. En lisant d'autres poèmes, rappelez-vous cette technique de parcourir la première strophe pour identifier les thèmes probables du poème.

B. Identifiez les strophes qui introduisent les sujets suivants; donnez les premiers mots de ces strophes.

1. Le poète s'assied seul près du lac.

2. La femme veut que le bonheur dure.

3. L'homme et le temps changent continuellement.

4. Le lac ne change pas.

5. L'homme veut que le lac garde le souvenir de son amour.

✦ LE LAC

Ainsi, toujours poussés vers de nouveaux rivages°,　　　　　　　　**nouveaux...** nouvelles
Dans la nuit éternelle emportés sans retour,　　　　　　　　　　　　terres
Ne pourrons-nous jamais sur l'océan des âges
　　　Jeter l'ancre° un seul jour?　　　　　　　　　　　　　　　　*anchor*

5　O lac! l'année à peine a fini sa carrière,
Et près des flots° chéris qu'elle devait revoir,　　　　　　　　　　eaux
Regarde! je viens seul m'asseoir sur cette pierre
　　　Où tu la vis s'asseoir!

Tu mugissais° ainsi sous ces roches° profondes;　　　　　　　　　*roared* / rocs
10　Ainsi tu te brisais° sur leurs flancs déchirés;　　　　　　　　　cassais
Ainsi le vent jetait l'écume° de tes ondes°　　　　　　　　　　　*foam* / eaux
　　　Sur ses pieds adorés.

Un soir, t'en souvient-il? nous voguions° en silence;　　　　　　allions sur l'eau
On n'entendait au loin, sur l'onde et sous les cieux,
15　Que le bruit des rameurs° qui frappaient en cadence　　　　　*rowers*
　　　Tes flots harmonieux.

Tout à coup des accents inconnus à la terre
Du rivage charmé frappèrent les échos;

Le flot fut attentif, et la voix qui m'est chère
20   Laissa tomber ces mots;

«O Temps, suspends ton vol! et vous, heures propices,
        Suspendez votre cours!
Laissez-nous savourer les rapides délices
        Des plus beaux de nos jours!

25   Assez de malheureux ici-bas vous implorent:
        Coulez, coulez pour eux;
Prenez avec leurs jours les soins° qui les dévorent;   ici: problèmes
        Oubliez les heureux.

Mais je demande en vain quelques moments encore,
30   Le temps m'échappe et fuit°;   s'en va
Je dis à cette nuit: «Sois plus lente»; et l'aurore°   le matin
        Va dissiper la nuit.

Aimons donc, aimons donc! de l'heure fugitive°,   qui fuit
        Hâtons-nous, jouissons°!   prenons plaisir
35   L'homme n'a point de port, le temps n'a point de rive°;   *shore*
        Il coule, et nous passons!»

Temps jaloux, se peut-il que ces moments d'ivresse°,   quand on a trop bu
Où l'amour à longs flots nous verse le bonheur,
S'envolent loin de nous de la même vitesse
40   Que les jours de malheur?

Hé quoi! n'en pourrons-nous fixer au moins la trace?
Quoi! passés pour jamais? quoi! tout entiers perdus?
Ce temps qui les donna, ce temps qui les efface,
        Ne nous les rendra plus?

45   Éternité, néant°, passé, sombres abîmes°,   ce qui n'existe pas /
Que faites-vous des jours que vous engloutissez°?   trous profonds / faites
Parlez: nous rendrez-vous ces extases sublimes   disparaître
        Que vous nous ravissez°?   prenez

O lac! rochers muets! grottes! forêt obscure!
50   Vous que le temps épargne° ou qu'il peut rajeunir,   *spares*
Gardez de cette nuit, gardez, belle nature,
        Au moins le souvenir!

Qu'il soit dans ton repos, qu'il soit dans tes orages,
Beau lac, et dans l'aspect de tes riants coteaux°,   collines
55   Et dans ces noirs sapins, et dans ces rocs sauvages
       Qui pendent sur° tes eaux!   **pendent...** sont près de

Qu'il soit dans le zéphyr° qui frémit et qui passe,   petit vent
Dans les bruits de tes bords par tes bords répétés,
Dans l'astre au front d'argent° qui blanchit ta surface   **l'astre...** la lune
60   De ses molles clartés°!   **molles...** faibles
                                                                            lumières

Que le vent qui gémit°, le roseau° qui soupire°,   *moans / reed / sighs*
Que les parfums légers de ton air embaumé,
Que tout ce qu'on entend, l'on voit ou l'on respire,
       Tout dise: «Ils ont aimé!»

                                   — *Méditations poétiques*, 1820

COMPREHENSION

A. Répondez.

1. A qui le poète s'adresse-t-il?

2. Pourquoi est-il triste?

3. Avec qui était-il près du lac auparavant?

4. Qu'est-ce que le poète veut que la nature garde éternellement?

5. Dans les strophes 6 à 9, l'amante s'adresse au «Temps». Pour qui passe-t-il trop vite? Pour qui passe-t-il trop lentement? Que demande-t-elle?

B. Métaphores et personnifications: Sachant qu'**une métaphore** est une comparaison sous-entendue, et qu'**une personnification** est l'attribution de caractéristiques humaines à des animaux ou à des choses, indiquez la nature des figures de style suivantes et donnez une explication selon le modèle.

MODELE: a. «l'océan des âges» est une métaphore parce que le temps («les âges») est comparé à un océan.

        b. «l'année a fini sa carrière» est une personnification de l'année qui «finit sa carrière» (ou arrête de travailler).

1. «Tu mugissais ainsi» (3ᵉ strophe)

2. «Le flot fut attentif» (5ᵉ strophe)

3. «O Temps, suspends ton vol!» (6ᵉ strophe)

4. «les soins qui les dévorent» (7ᵉ strophe)

5. «Je dis à cette nuit: "Sois plus lente"» (8ᵉ strophe)

6. «L'homme n'a point de port» (9ᵉ strophe)

7. «le temps n'a point de rive» (idem)

8. «Temps jaloux» (10ᵉ strophe)

9. «Vous (lac, rochers, grottes, forêt) que le temps épargne ou qu'il peut rajeunir» (13ᵉ strophe)

10. «le vent qui gémit, le roseau qui soupire» (16ᵉ strophe)

Est-ce que vous pouvez identifier d'autres métaphores et personnifications dans ce poème?

PERCEPTIONS

1. «L'homme n'a point de port, le temps n'a point de rive/Il coule, et nous passons.»

   Définissez et expliquez le sentiment que ces vers expriment. Avez-vous jamais ressenti un tel sentiment? Dans quelles circonstances?

2. Lamartine cherche une solution à ses souffrances dans le souvenir. Qu'espère-t-il? Est-ce une bonne solution?

3. La dernière strophe accentue la beauté de la nature, et les sons de cette strophe créent comme une musique. Ecoutez la strophe pour l'apprécier. A quels sens Lamartine fait-il appel pour créer cette ambiance de beauté?

4. L'amour prend différentes formes. Quelle sorte d'amour voyons-nous ici? (l'amour passionnel? idéal? intellectuel?) Sur quels vers basez-vous votre conclusion?

5. L'eau joue un rôle central dans le poème. Relisez le poème en soulignant chaque référence à l'eau. Quelle image de l'eau voyez-vous? Quelles sont les caractéristiques de l'eau? Quels souvenirs ou quelles émotions l'eau suscite-t-elle en vous?

Honoré de Balzac
(1799–1850)

Balzac est né le 20 mai 1799 à Tours, dans un milieu bourgeois. En 1822, sa famille déménage à Paris où Honoré commence des études de droit, qu'il ne termine pas. Fasciné par la science, la philosophie et l'observation de la nature humaine et de la société, il décide de devenir écrivain. Sa première tentative, une tragédie en vers, est un échec. Le théâtre ne semble pas être sa vocation! Pour gagner sa vie, il écrit alors, sous divers pseudonymes, des romans d'aventures qu'on ne pourrait guère qualifier de littérature mais qui lui permettent de développer ses techniques d'écrivain. Il se lance ensuite dans les affaires: il achète une imprimerie[1] qui fera faillite[2] et lui laissera de lourdes dettes. C'est pour payer ces dettes que Balzac recommence à écrire, cette fois avec succès. En vingt ans, il va écrire 90 romans, créer 2.200 personnages et devenir le maître du roman de mœurs réaliste. Animé par son génie et une prodigieuse vitalité, il travaille jusqu'à vingt heures par jour, soutenu par des litres de café et les menaces de ses créanciers[3]. *La Peau de chagrin* (1831) et *Eugénie Grandet* (1833) sont deux de ses premiers chefs-d'œuvre.

Avec *Le Père Goriot* (1835), Balzac conçoit l'idée de faire réapparaître certains de ses personnages dans différents romans, créant ainsi «une histoire complète et continue» de la société de son temps, une *Comédie humaine* qui couvre la période de 1789 à 1847 et que Balzac lui-même définit comme «l'histoire et la critique de la société»[4]. On y trouve Paris et la province, l'aristocratie et la bourgeoisie, des êtres forts et des êtres faibles, tous marqués par leur milieu et le pouvoir de l'argent. On y trouve aussi le génie d'un écrivain qui a su allier l'observation et l'imagination, et s'incarner dans ses personnages avec une telle intensité que sa santé finira par en souffrir. Finalement assez riche pour épouser une comtesse russe qu'il aimait depuis près de vingt ans, Balzac mourra à l'âge de 51 ans, quelques mois après leur mariage.

Le Père Goriot est l'histoire d'un riche marchand qui aime tant ses deux filles ingrates et dépensières[5] qu'il va se retrouver dans la misère—littérale et figurée.

---

1. *printing press* 2. **fera…** *go bankrupt* 3. **menaces…** *threats of his creditors* 4. préface de *La Comédie humaine* 5. **ingrates…** sans gratitude et qui aiment dépenser de l'argent

PREPARATION A LA LECTURE

La première partie de ce que vous allez lire raconte l'histoire du père Goriot, un négociant devenu riche dans le commerce des pâtes alimentaires dans la France du commencement du 19ᵉ siècle. Il a arrangé les mariages de ses deux filles, qu'il aime beaucoup. Quelle sera sa relation avec ses filles et leurs époux pendant les années à venir? Imaginez et faites une liste de quelques possibilités.

La deuxième partie du passage nous montre Goriot aux derniers moments de sa vie, sur son lit de mort. Ses filles ne sont pas avec lui. Pendant qu'il souffre de cette ultime torture morale, imaginez ses pensées. Est-ce qu'il blâme ses filles? Que peut-il faire pour encourager leur visite? Faites une liste de vos idées. Puis parcourez le texte pour vérifier si vous avez bien deviné.

✦ LE PÈRE GORIOT

(Eugène de Rastignac est pensionnaire° chez Mme Vauquer, comme le père Goriot. Il   boarder
est intrigué parce que le vieil homme paraît seul et vit pauvrement mais a été vu sor-
tant de chez la comtesse de Restaud… Plus tard, Rastignac entend raconter l'histoire
du père Goriot par la duchesse de Langeais.)

5   «[…] Je me rends parfaitement compte de ce qui est arrivé à ce vieux
vermicellier°. Je crois me rappeler que ce Foriot…   noodle seller
  —Goriot, madame.
  —Oui, ce Moriot a été président de sa section° pendant la Révolution; il   ici: district
[…] a commencé sa fortune par vendre dans ce temps-là des farines dix fois
10   plus qu'elles ne lui coûtaient. Il en a eu tant qu'il en a voulu. L'intendant
de ma grand-mère lui en a vendu pour des sommes immenses. Ce Goriot
partageait sans doute, comme tous ces gens-là, avec le Comité de Salut public. Je me souviens que l'intendant disait à ma grand-mère qu'elle pouvait
rester en toute sûreté à Grandvilliers, parce que ses blés étaient une excel-
15   lente carte civique. Eh bien, ce Loriot, qui vendait du blé aux coupeurs de
têtes°, n'a eu qu'une passion. Il adore, dit-on, ses filles. Il a juché° l'aînée   révolutionnaires /
dans la maison de Restaud, et greffé° l'autre sur le baron de Nucingen, un   placé / introduit
riche banquier qui fait le royaliste. Vous comprenez bien que, sous l'Empire, les deux gendres° ne se sont pas trop formalisés° d'avoir ce vieux   beaux-fils / choqués
20   Quatre-vingt-treize° chez eux; ça pouvait encore aller avec Buonaparte.   républicain
Mais quand les Bourbons sont revenus°, le bonhomme a gêné M. de   après l'abdication de
Restaud, et plus encore le banquier. Les filles, qui aimaient peut-être tou-   Napoléon, retour de la
jours leur père, ont voulu ménager la chèvre et le chou°, le père et le mari;   famille royale / **la…** les
elles ont reçu le Goriot quand elles n'avaient personne; elles ont imaginé   deux côtés
25   des prétextes de tendresse. «Papa, venez, nous serons mieux, parce que nous

serons seuls!» etc. Moi, ma chère, je crois que les sentiments vrais ont des
yeux et une intelligence: le cœur de ce pauvre Quatre-vingt-treize a donc
saigné°. Il a vu que ses filles avaient honte de lui; que, si elles aimaient leurs   *souffert*
maris, il nuisait° à ses gendres. Il fallait donc se sacrifier. Il s'est sacrifié,   *was harming*
30 parce qu'il était père; il s'est banni de lui-même. En voyant ses filles con-
tentes, il comprit qu'il avait bien fait. Le père et les enfants ont été complices de ce petit crime. Nous voyons cela partout. Ce père Doriot n'aurait-
il pas été une tache de cambouis° dans le salon de ses filles? il y aurait été   *dirty grease spot*
gêné, il se serait ennuyé. Ce qui arrive à ce père peut arriver à la plus jolie
35 femme avec l'homme qu'elle aimera le mieux: si elle l'ennuie de son
amour, il s'en va, il fait des lâchetés pour la fuir. Tous les sentiments en sont
là. Notre cœur est un trésor, videz-le d'un coup, vous êtes ruinés. Nous ne
pardonnons pas plus à un sentiment de s'être montré tout entier qu'à un
homme de ne pas avoir un sou à lui. Ce père avait tout donné. Il avait
40 donné, pendant vingt ans, ses entrailles, son amour; il avait donné sa fortune en un jour. Le citron bien pressé, ses filles ont laissé le zeste au coin
des rues.»

(«Un brave homme... s'étant dépouillé° pour ses filles... [meurt] comme un chien».   *skinned, fleeced*
C'est comme cela que Balzac décrit les derniers moments de la vie de Goriot, qui vit
45 *très simplement dans sa pension bourgeoise et attend la visite de ses filles avant de*
mourir.)

«Je les entends, elles viennent°. Oh! oui, elles viendront. La loi veut qu'on   Goriot parle à
vienne voir mourir son père, la loi est pour moi. Puis ça ne coûtera qu'une   Rastignac.
course. Je la payerai. Ecrivez-leur que j'ai des millions à leur laisser! Parole
50 d'honneur. J'irai faire des pâtes d'Italie à Odessa°. Je connais la manière.   Il rêve de rétablir sa
Il y a, dans mon projet, des millions à gagner. Personne n'y a pensé. Ça ne   fortune.
se gâtera point dans le transport, comme le blé ou comme la farine. Eh!
eh! l'amidon°, il y aura là des millions! Vous ne mentirez pas, dites-leur des   *starch*
millions, et, quand même elles viendraient par avarice, j'aime mieux être
55 trompé, je les verrai. Je veux mes filles! je les ai faites, elles sont à moi! dit-
il en se dressant sur son séant°, en montrant à Eugène une tête dont les   *sitting up*
cheveux blancs étaient épars et qui menaçait par tout ce qui pouvait exprimer la menace.

—Allons, lui dit Eugène, recouchez-vous, mon bon père Goriot, je vais
60 leur écrire. Aussitôt que Bianchon° sera de retour, j'irai, si elles ne vien-   étudiant de médecine,
nent pas.   logé à la pension, qui
  —Si elles ne viennent pas? répéta le vieillard en sanglotant. Mais je serai   soigne le père Goriot
mort, mort dans un accès de rage, de rage! La rage me gagne! En ce mo-
ment, je vois ma vie entière. Je suis dupe! elles ne m'aiment pas, elles ne
65 m'ont jamais aimé! cela est clair. Si elles ne sont pas venues, elles ne viendront pas. Plus elles auront tardé, moins elles se décideront à me faire cette
joie. Je les connais. Elles n'ont jamais su rien deviner de mes chagrins, de

mes douleurs, de mes besoins, elles ne devineront pas plus ma mort; elles ne sont seulement pas dans le secret de ma tendresse. Oui, je le vois, pour
70 elles, l'habitude de m'ouvrir les entrailles° a ôté du prix à tout ce que je faisais. Elles auraient demandé à me crever les yeux, je leur aurais dit: «Crevez-les!» Je suis trop bête. Elles croient que tous les pères sont comme le leur. Il faut toujours se faire valoir. Leurs enfants me vengeront°. Mais c'est dans leur intérêt de venir ici. Prévenez-les donc qu'elles compromettent leur
75 agonie. Elles commettent tous les crimes en un seul… Mais allez donc, dites-leur donc que ne pas venir c'est un parricide! Elles en ont assez commis sans ajouter celui-là. Criez donc comme moi: «Hé, Nasie°! hé, Delphine! venez à votre père, qui a été si bon pour vous et qui souffre!» Rien, personne! Mourrai-je donc comme un chien! Voilà ma récompense, l'aban-
80 don. Ce sont des infâmes, des scélérates; je les abomine, je les maudis°; je me relèverai, la nuit, de mon cercueil° pour les remaudire, car, enfin, mes amis, ai-je tort? elles se conduisent bien mal, hein!… Qu'est-ce que je dis? Ne m'avez-vous pas averti que Delphine est là? C'est la meilleure des deux… Vous êtes mon fils, Eugène, vous! aimez-la, soyez un père pour elle.
85 L'autre est bien malheureuse. Et leurs fortunes! Ah! mon Dieu! J'expire, je souffre un peu trop! Coupez-moi la tête, laissez-moi seulement le cœur.

—Christophe°, allez chercher Bianchon, s'écria Eugène, épouvanté du caractère que prenaient les plaintes et les cris du vieillard, et ramenez-moi un cabriolet. —Je vais aller chercher vos filles, mon bon père Goriot, je
90 vous les ramènerai.

—De force! de force! Demandez la garde, la ligne°, tout! tout! dit-il en jetant à Eugène un dernier regard où brilla la raison. Dites au gouvernement, au procureur du roi, qu'on me les amène, je le veux!

—Mais vous les avez maudites.

95 —Qui est-ce qui a dit cela? répondit le vieillard stupéfait. Vous savez bien que je les aime, je les adore! Je suis guéri si je les vois… Allez, mon bon voisin, mon cher enfant, allez! vous êtes bon, vous; je voudrais vous remercier, mais je n'ai rien à vous donner que les bénédictions d'un mourant!… A boire! les entrailles me brûlent! Mettez-moi quelque chose sur la tête. La main de mes
100 filles, ça me sauverait, je le sens… Mon Dieu! qui refera leurs fortunes, si je m'en vais? Je veux aller à Odessa pour elles, à Odessa, y faire des pâtes.

—Buvez ceci, dit Eugène en soulevant le moribond et le prenant dans son bras gauche, tandis que de la main droite il tenait une tasse pleine de tisane°.

—Vous devez aimer votre père et votre mère, vous! dit le vieillard en serrant
105 de ses mains défaillantes la main d'Eugène. Comprenez-vous que je vais mourir sans les voir, mes filles? Avoir soif toujours, et ne jamais boire, voilà comment j'ai vécu depuis dix ans… Mes deux gendres ont tué mes filles. Oui, je n'ai plus eu de filles après qu'elles ont été mariées. Pères, dites aux Chambres de faire une loi sur le mariage! Enfin, ne mariez pas vos filles, si
110 vous les aimez… C'est épouvantable, ceci! Vengeance! Ce sont mes gendres

la légende du pélican qui donne son sang pour nourrir ses petits

en se montrant ingrats, eux aussi

Anastasie

curse

grave

le domestique de la pension

l'infanterie

sorte de thé

qui les empêchent de venir... Tuez-les!... A mort le Restaud°, à mort
l'Alsacien°, ils sont mes assassins!... La mort ou mes filles!... Ah! c'est fini, je
meurs sans elles!... Elles!... Nasie! Fifine°, allons, venez donc! Votre papa sort...

— Mon bon père Goriot, calmez-vous, voyons, restez tranquille, ne vous
115 agitez pas, ne pensez pas.

— Ne pas les voir, voilà l'agonie!

— Vous allez les voir.

— Vrai! cria le vieillard égaré. Oh! les voir! je vais les voir, entendre leur
voix. Je mourrai heureux. Eh bien, oui, je ne demande plus à vivre, je n'y
120 tenais plus, mes peines allaient croissant. Mais les voir, toucher leurs robes,
ah! rien que leurs robes, c'est bien peu; mais que je sente quelque chose
d'elles! Faites-moi prendre les cheveux°... veux...»

Il tomba la tête sur l'oreiller comme s'il recevait un coup de massue°.
Ses mains s'agitèrent sur la couverture comme pour prendre les cheveux
125 de ses filles.

«Je les bénis, dit-il en faisant un effort... bénis...»

— *Le Père Goriot*, 1835

Notes marginales :
- un de ses beaux-fils
- l'autre beau-fils
- Delphine
- un médaillon contenant les cheveux de ses filles / *club, bludgeon*

COMPREHENSION

A. Chez la duchesse: l'histoire du père Goriot. Répondez.

1. Quels sont les noms que la duchesse utilise pour désigner Goriot?

2. Comment Goriot a-t-il commencé sa fortune?

3. Quelle était la grande passion de Goriot?

4. Comment ses filles se comportaient-elles envers lui?

5. A quoi Goriot est-il comparé? Pourquoi?

B. A la pension Vauquer: la mort du père Goriot. Répondez.

1. Goriot demande à Rastignac de dire à ses filles qu'il va gagner des millions en vendant des pâtes. Pourquoi?

2. Quand Goriot voit sa vie et celle de ses deux filles clairement, que comprend-il? De quoi les accuse-t-il?

3. D'après Goriot, dans quel sens est-il comme le pélican de la légende?

4. Dans son délire, à qui Goriot fait-il appel afin de forcer ses filles à venir le voir?

5. Qui Goriot blâme-t-il aussi?

6. Comment Goriot définit-il l'agonie suprême?

7. Que fait-il tout de même, juste avant de mourir?

PERCEPTIONS

1. Parlez de l'attitude de la duchesse envers les pauvres comme Goriot. Comment pouvons-nous voir dans son récit une société ouverte aux ambitions mais sans pitié pour les erreurs, pour les pauvres? une société de forts et de faibles où les faibles sont traités comme des êtres inférieurs? Trouvez des exemples dans son discours.

2. Analysez comment la composition du deuxième texte montre l'évolution du père Goriot d'une relative lucidité vers le délire.

3. «Coupez-moi la tête, laissez-moi seulement le cœur.» Comment interprétez-vous cette phrase pathétique?

4. Analysez la grandeur du père Goriot, sa naïveté et ses illusions. Quelle est donc cette passion qui finit par le tuer?

5. Balzac montre la passion comme une force destructrice de l'être, surtout dans une société gouvernée par l'argent et le pouvoir. Etes-vous d'accord? Est-il vrai que n'importe quel sentiment, poussé à l'extrême, peut détruire l'individu?

6. Le roman *Le Père Goriot* est-il réaliste, ou les traits de caractère des personnages sont-ils exagérés? Expliquez votre point de vue.

7. En pensant au roman *Le Père Goriot,* discutez l'importance de l'argent dans les relations familiales. Les choses ont-elles changé dans la société d'aujourd'hui?

8. *Le Père Goriot* est avant tout un drame concernant le martyre de la paternité et l'ingratitude monstrueuse de deux filles. Le portrait pathéthique du vieillard nous montre les effets physiques et mentaux d'une passion malheureuse. Dans quelle mesure, à votre avis, les relations familiales influencent-elles le bonheur ou le désespoir de l'individu?

Gustave Flaubert

(1821–1880)

Fils d'un chirurgien célèbre, le jeune Gustave Flaubert a souvent l'occasion de suivre son père à l'hôpital de Rouen, en Normandie. Il y développe un sens de l'observation scientifique, un certain pessimisme aussi.

Exalté par ses lectures romantiques, pendant son adolescence il écrit des contes fantastiques. A 17 ans, il tombe secrètement amoureux d'une femme mariée pour qui il gardera toute sa vie un amour platonique qui fera le sujet de *L'Education sentimentale* (1867). A 23 ans, alors qu'il fait sans trop d'intérêt des études de droit à Paris, il est traumatisé par sa première crise épileptique. Il rentre alors en Normandie où il se consacre à l'écriture. Méticuleusement, de 1851 à 1856 il prépare son grand roman, *Madame Bovary,* qui remporte en 1857 un énorme succès. Après d'autres romans moins spectaculaires (*La Tentation de saint Antoine; Salammbô*), il retrouve la gloire avec son recueil de *Trois Contes* (1877). Mais les crises d'épilepsie se font de plus en plus nombreuses et Flaubert s'abandonne à son caractère dépressif. Son amitié et sa correspondance avec George Sand apportent un peu de joie à ses dernières années. Il meurt subitement à l'âge de 59 ans.

Inspiré d'une histoire vraie, *Madame Bovary* est le récit d'une jeune femme sentimentale qui vit dans ses rêves. Désillusionnée par un mari médiocre et la vie ennuyeuse d'une petite ville normande, la vulnérable Emma Bovary se laisse séduire par Rodolphe Boulanger, un don Juan sans scrupules qui l'abandonne quelques mois plus tard. Emma poursuivra ses rêves de passion exaltée dans une deuxième liaison, mais elle ne trouvera que des soucis d'argent, le désespoir, et finira par se suicider.

Avec une exactitude presque scientifique, Flaubert décrit la monotonie et la médiocrité de la vie provinciale. Déterminés par leurs circonstances, les personnages sont à la fois ridicules et pathétiques. L'ironie est présente partout. Perfectionniste, l'auteur a soigneusement choisi chaque mot, passant parfois plus d'une heure à écrire une seule phrase. L'héroïne est romantique. Le roman est un chef-d'œuvre du réalisme.

PREPARATION A LA LECTURE

Pour comprendre un passage de fiction, il faut identifier la personne qui parle. Dans une pièce, le nom du personnage qui parle est souvent indiqué à côté de la réplique. Dans les romans et les contes, ce n'est pas le cas. Quand vous lisez un dialogue dans un roman, il est très utile d'identifier qui parle.

Dans le passage suivant, Rodolphe essaie de séduire Emma Bovary en lui parlant romantiquement pendant que les officiers d'une foire s'adressent à la foule campagnarde (*country*). En parcourant le passage une première fois, identifiez les paroles et les pensées de Rodolphe (R), d'Emma (E) et des officiers de la foire, M. Lieuvain et M. Derozerays (O); écrivez leurs initiales dans la marge.

✦ MADAME BOVARY [extrait]

Rodolphe s'était rapproché d'Emma, et il disait d'une voix basse, en parlant vite:

«Est-ce que cette conjuration du monde ne vous révolte pas? Est-il un seul sentiment qu'il ne condamne? Les instincts les plus nobles, les sympathies les plus pures sont persécutés, calomniés, et, s'il se rencontre enfin deux pauvres âmes, tout est organisé pour qu'elles ne puissent se joindre°. Elles essaieront cependant, elles battront des ailes°, elles s'appelleront. Oh! n'importe, tôt ou tard, dans six mois, dix ans, elles se réuniront, s'aimeront, parce que la fatalité l'exige et qu'elles sont nées l'une pour l'autre.»

Il se tenait les bras croisés sur ses genoux, et, ainsi levant la figure vers Emma, il la regardait de près, fixement. Elle distinguait dans ses yeux des petits rayons d'or, s'irradiant° tout autour de ses pupilles noires, et même elle sentait le parfum de la pommade qui lustrait° sa chevelure. Alors une mollesse° la saisit, elle se rappela ce vicomte qui l'avait fait valser à la Vaubyessard°, et dont la barbe exhalait, comme ces cheveux-là, cette odeur de vanille et de citron; et, machinalement, elle entreferma les paupières pour la mieux respirer. [...] La douceur de cette sensation pénétrait ainsi ses désirs d'autrefois, et comme des grains de sable sous un coup de vent, ils tourbillonnaient° dans la bouffée° subtile du parfum qui se répandait sur° son âme. Elle ouvrit les narines° à plusieurs reprises°, fortement, pour aspirer la fraîcheur des lierres° autour des chapiteaux°. Elle retira ses gants, elle s'essuya les mains; puis, avec son mouchoir, elle s'éventait° la figure, tandis qu'à travers le battement de ses tempes° elle entendait la rumeur de la foule et la voix du conseiller qui psalmodiait° ses phrases.

Il disait:

«Continuez! persévérez! n'écoutez ni les suggestions de la routine, ni les conseils trop hâtifs° d'un empirisme téméraire°! Appliquez-vous surtout à

marginal glosses:
° s'unir
battront... *will beat their wings*
° brillant
° faisait briller
° faiblesse
° château où Emma était allée danser
° tournaient / l'odeur
se... entrait dans / **les...** le nez / **à...** plusieurs fois / *ivy* / colonnes / *fanned* / côtés de sa figure
° récitait
° (voir «hâte») / audacieux

l'amélioration° du sol°, aux bons engrais°, au développement des races
chevalines, bovines, ovines et porcines°. Que ces comices° soient pour vous
30 comme des arènes pacifiques où le vainqueur, en sortant, tendra la main au
vaincu et fraternisera avec lui, dans l'espoir d'un succès meilleur! Et vous,
vénérables serviteurs! humbles domestiques, dont aucun gouvernement
jusqu'à ce jour n'avait pris en considération les pénibles° labeurs, venez recevoir la récompense de vos vertus silencieuses, et soyez convaincus que
35 l'Etat, désormais, a les yeux fixés sur vous, qu'il vous encourage, qu'il vous
protège, qu'il fera droit à° vos justes réclamations et allègera° […] le
fardeau° de vos pénibles sacrifices!»

  M. Lieuvain° se rassit alors; M. Derozerays° se leva, commençant un autre
discours. Le sien, peut-être, ne fut point aussi fleuri que celui du conseiller;
40 mais il se recommandait par un caractère de style plus positif, c'est-à-dire
par des connaissances plus spéciales et des considérations plus relevées°.
Ainsi, l'éloge du° gouvernement y tenait moins de place; la religion et
l'agriculture en occupaient davantage. On y voyait le rapport de l'une et de
l'autre, et comment elles avaient concouru° toujours à la civilisation.
45 Rodolphe, avec Mme Bovary, causait rêves, pressentiments°, magnétisme.
Remontant au berceau° des sociétés, l'orateur nous dépeignait ces temps
farouches° où les hommes vivaient de glands° au fond des bois. Puis ils
avaient quitté la dépouille° des bêtes, endossé le drap°, creusé des sillons°,
planté la vigne. Etait-ce un bien, et n'y avait-il pas dans cette découverte
50 plus d'inconvénients que d'avantages? M. Derozerays se posait ce problème.
Du magnétisme, peu à peu, Rodolphe en était venu aux affinités, et […] le
jeune homme expliquait à la jeune femme que ces attractions irrésistibles
tiraient leur cause de quelque existence antérieure.

  «Ainsi, nous, disait-il, pourquoi nous sommes-nous connus? Quel hasard
55 l'a voulu? C'est qu'à travers l'éloignement°, sans doute, comme deux
fleuves qui coulent pour se rejoindre, nos pentes° particulières nous
avaient poussés l'un vers l'autre.»

  Et il saisit sa main; elle ne la retira pas.

  «Ensemble de bonnes cultures!» cria le président.
60 «Tantôt°, par exemple, quand je suis venu chez vous…»

  «A M. Binet, de Quincampoix.»[1]

  «Savais-je que je vous accompagnerais?»

  «Soixante et dix francs!»

  «Cent fois même j'ai voulu partir, et je vous ai suivie, je suis resté.»
65 «Fumiers°.»

  «Comme je resterais ce soir, demain, les autres jours toute ma vie!»

  «A M. Caron, d'Argueil, une médaille d'or°!»

---

1. Ici commence une série d'annonces nommant les paysans qui reçoivent des prix, et leur village d'origine (en Normandie).

Marginal glosses:

action de rendre meilleur / **du…** de la terre / *fertilizers* / **chevalines…** des chevaux, des vaches, des moutons et des porcs / foires agricoles / durs

fera… honorera / rendra léger / la charge / personnages officiels de la foire

sophistiquées

l'… les compliments sur le

aidé

préfixe «**pré**» = avant

aux origines

sauvages / *acorns*

peau / **endossé…** mis des vêtements / **creusé…** *dug furrows*

la distance

inclinaisons

cet après-midi

manure

médaille… *gold medal*

«Car jamais je n'ai trouvé dans la société de personne un charme aussi complet.»

70 «A M. Bain, de Givry-Saint-Martin!»

«Aussi, moi, j'emporterai votre souvenir.»

«Pour un bélier mérinos°...» — type d'animal de la famille du mouton / *shadow*

«Mais vous m'oublierez, j'aurai passé comme une ombre°.»

«A M. Belot, de Notre-Dame...»

75 «Oh! non, n'est-ce pas, je serai quelque chose dans votre pensée, dans votre vie?»

«Race porcine, prix *ex aequo*° à MM. Lehérissé et Cullembourg; soixante — égaux
francs!»

Rodolphe lui serrait la main, et il la sentait toute chaude et frémissante° — tremblante
80 comme une tourterelle° captive qui veut reprendre sa volée; mais, soit — type d'oiseau
qu'elle essayât de la dégager ou bien qu'°elle répondît à cette pression, — **soit que... ou bien que** *whether... or whether*
elle fit un mouvement des doigts; il s'écria:

«Oh! merci! Vous ne me repoussez° pas! Vous êtes bonne! Vous com- — rejetez
prenez que je suis à vous! Laissez que je vous voie, que je vous contemple!»

85 Un coup de vent qui arriva par les fenêtres frança° le tapis de la table, et, — fit bouger
sur la place, en bas, tous les grands bonnets de paysannes se soulevèrent,
comme des ailes° de papillons blancs qui s'agitent. — *wings*

«Emploi de tourteaux° de graines oléagineuses°», continua le président. — résidus / qui produisent de l'huile
Il se hâtait:

90 «Services de domestiques...»

Rodolphe ne parlait plus. Ils se regardaient. Un désir suprême faisait
frissonner leurs lèvres sèches: et mollement, sans efforts, leurs doigts se
confondirent°. — s'unirent

«Catherine-Nicaise-Elisabeth Leroux, de Sassetot-la-Guerrière, pour
95 cinquante-quatre ans de service dans la même ferme, une médaille
d'argent—du prix de vingt-cinq francs!»

«Où est-elle, Catherine Leroux?» répéta le conseiller.

Elle ne se présentait pas, et l'on entendait des voix qui chuchotaient:

«Vas-y!

100 —Non.

—A gauche!

—N'aie pas peur!

—Ah! qu'elle est bête!

—Enfin y est-elle? s'écria Tuvache.

105 —Oui!... la voilà!

—Qu'elle approche donc!»

Alors on vit s'avancer sur l'estrade° une petite vieille femme de maintien° — *stage* / attitude
craintif, et qui paraissait se ratatiner° dans ses pauvres vêtements. Elle avait — devenir plus petite
aux pieds de grosses galoches° de bois, et, le long des hanches, un grand — type de chaussures
110 tablier bleu. Son visage maigre, entouré d'un béguin° sans bordure, était — bonnet

plus plissé de rides° qu'une pomme de reinette flétrie°, et des manches de sa camisole° rouge dépassaient deux longues mains, à articulations noueuses°. La poussière des granges, la potasse des lessives et le suint des laines les avaient si bien encroûtées, éraillées, durcies°, qu'elles semblaient
115 sales quoiqu'elles fussent rincées d'eau claire; et, à force d'avoir servi, elles restaient entrouvertes, comme pour présenter d'elles-mêmes l'humble témoignage° de tant de souffrances subies. Quelque chose d'une rigidité monacale° relevait l'expression de sa figure. Rien de triste ou d'attendri n'amollissait ce regard pâle. Dans la fréquentation des animaux, elle avait
120 pris leur mutisme et leur placidité. C'était la première fois qu'elle se voyait au milieu d'une compagnie si nombreuse; et, intérieurement effarouchée° par les drapeaux°, par les tambours°, par les messieurs en habit noir et par la croix d'honneur° du conseiller, elle demeurait tout immobile, ne sachant s'il fallait s'avancer ou s'enfuir°, ni pourquoi la foule la poussait et pourquoi
125 les examinateurs lui souriaient. Ainsi se tenait, devant ces bourgeois épanouis°, un demi-siècle de servitude.

«Approchez, vénérable Catherine-Nicaise-Elisabeth Leroux!» dit M. le conseiller, qui avait pris des mains du président la liste des lauréats.

Et tour à tour examinant la feuille de papier, puis la vieille femme, il
130 répétait d'un ton paternel:

«Approchez, approchez!

—Etes-vous sourde°?» dit Tuvache, en bondissant° sur son fauteuil.

Et il se mit à lui crier dans l'oreille:

«Cinquante-quatre ans de service! Une médaille d'argent! Vingt-cinq
135 francs! C'est pour vous.»

Puis, quand elle eut sa médaille, elle la considéra. Alors un sourire de béatitude se répandit sur sa figure et on l'entendait qui marmottait° en s'en allant:

«Je la donnerai au curé° de chez nous, pour qu'il me dise des messes.
140 —Quel fanatisme!» exclama le pharmacien, en se penchant vers le° notaire.

La séance° était finie; la foule se dispersa; et, maintenant que les discours étaient lus, chacun reprenait son rang° et tout rentrait dans la coutume: les maîtres rudoyaient° les domestiques, et ceux-ci frappaient les
145 animaux, triomphateurs indolents qui retournaient à l'étable°, une couronne° verte entre les cornes°.

— *Madame Bovary*, 1857

---

plissé... *wrinkled* / **pomme...** vieille pomme jaune / chemise / arthritiques / **La poussière...** *Dust and harmful products had caused such damage to her hands* / preuve comme dans un monastère

frightened

flags / drums

croix... décoration

s'échapper

heureux

qui ne peut pas entendre / sautant

murmurait

prêtre catholique

se... s'adressant au

la cérémonie

son... sa place

brutalisaient

stable

crown / horns

COMPREHENSION

A. Vrai ou faux? Si c'est faux, corrigez.

1. Rodolphe critique la foule autour de lui.

2. Emma compare les yeux de Rodolphe à ceux d'un vicomte avec qui elle avait dansé.

3. M. Lieuvain dit que les animaux sont de vénérables serviteurs.

4. M. Lieuvain dit aux domestiques que l'Etat n'a aucune responsabilité envers eux.

5. M. Derozerays décrit les liens entre la religion et l'agriculture.

6. En même temps, Rodolphe explique qu'Emma et lui étaient prédestinés à s'aimer.

7. Catherine Leroux n'a pas peur d'aller chercher sa médaille.

B. Répondez.

1. Comment M. Lieuvain essaie-t-il d'inspirer les paysans et les domestiques?

2. Quelles tactiques Rodolphe utilise-t-il pour séduire Mme Bovary? Réussit-il? Comment le savez-vous?

3. Expliquez l'image que Flaubert crée pour décrire le vent qui fait bouger les bonnets des paysannes.

4. Qu'est-ce que Catherine va faire de sa médaille? Pourquoi? Quelle est la réaction du pharmacien à ce qu'elle a dit? Pourquoi?

PERCEPTIONS

1. Certains auteurs glorifient les paysans en montrant la vie dure qu'ils mènent et leurs victoires silencieuses. Flaubert fait-il la même chose ou, au contraire, jette-t-il un regard critique sur ces pauvres gens? Justifiez votre réponse.

2. Emma Bovary est une fille de campagne qui a lu beaucoup de romans et qui rêve d'une vie plus romantique que la sienne. Indiquez les phrases où Flaubert montre l'imagination d'Emma et les techniques qu'elle utilise pour échapper au monde ennuyeux qui l'entoure. Est-ce Rodolphe lui-même ou ce qu'il représente qui la séduit? Dans ce passage, trouvez-vous que Flaubert présente Emma d'une manière favorable? critique? Expliquez.

3. Ce passage est comme une collection d'images; parfois l'auteur survole la scène, parfois il s'arrête.

    a. La séduction d'Emma est juxtaposée à la foire campagnarde. Quel est l'effet de cette juxtaposition? Le désir d'Emma d'échapper à son milieu en devient-il plus clair? Identifiez les phrases qui exposent la banalité de la vie à la ferme.

    b. La présentation de Rodolphe: d'après la description de Flaubert, comment le voyez-vous?

    c. Le portrait de Catherine est bien détaillé. Flaubert est connu pour ses descriptions exactes et réalistes. Discutez ce qu'il a choisi de décrire et comment ces détails résument la personnalité et la vie de Catherine. Identifiez les métaphores qui résument pour nous son aspect physique, son comportement et son rôle dans la société.

    d. A la fin du passage nous voyons la foule en train de se disperser. Flaubert suggère une certaine hiérarchie. Expliquez-la. Quelle est l'image de la bourgeoisie qui résulte de cette comparaison? Qu'est-ce que Flaubert critique?

Emile Zola
(1840–1902)

Fils d'un ingénieur d'origine italienne qui dirigeait la construction d'un canal près d'Aix-en-Provence, Emile Zola n'avait que 7 ans quand son père est mort. Il a alors connu une enfance très pauvre, et quand Mme Zola et son fils sont venus s'installer à Paris en 1858, Emile était un jeune rebelle qui voulait se venger[1] d'une société injuste. Après quatre ans de misère dans «le ventre de Paris», sa vie va finalement commencer à changer en 1862, date à laquelle il est engagé comme employé dans la maison d'édition Hachette. Très vite, ses supérieurs remarquent son intelligence et le nomment chef de publicité, un poste qui va lui permettre de connaître les grands écrivains de son temps et de se lancer, lui aussi, dans la littérature. Avec Balzac et Flaubert comme modèles, il publie en 1867 un roman réaliste, *Thérèse Raquin*.

Cependant, Zola recherche l'originalité. Après avoir lu des traités médicaux sur l'hérédité et le déterminisme, des théories très populaires à l'époque, Zola a soudain l'idée simple et géniale

1. *take his revenge*

de bâtir son œuvre sur la thèse que les comportements humains sont déterminés par l'hérédité et le milieu. Il va donc prendre une approche
scientifique à la littérature et devenir l'inventeur du naturalisme, pro-
duisant des romans où, pour la première fois dans la littérature française,
les personnages principaux sont souvent des ouvriers qui parlent un
français populaire et argotique[2]. De 1869 à 1893, Zola publie vingt romans
qui constituent l'histoire des *Rougon-Macquart,* une famille marquée par
l'hérédité. L'ancêtre commune de cette famille s'appelle Adélaïde
Fouque, une femme bizarre et névrosée qui deviendra folle. Adélaïde s'est
mariée avec Rougon, un paysan équilibré[3] et ambitieux, puis, après la mort
de Rougon, elle a pris pour amant un alcoolique au caractère instable et
impulsif, Macquart. La famille se divise donc en deux branches, les
Rougon et les Macquart, mais tous les descendants sont plus ou moins marqués par la «névrose originelle» d'Adélaïde, ce qui permet à Zola d'illustrer, à travers les générations, les diverses formes de transmission des traits
héréditaires. Dans *L'Assommoir* (1877), par exemple, Zola explore la fatalité de l'alcoolisme chez Gervaise Macquart et son mari; *Au Bonheur des
dames* (1883), dont le texte que vous allez lire est extrait, est l'histoire
d'Octave Mouret, un descendant des Rougon qui devient un des inven-
teurs du commerce moderne; dans *Germinal* (1885), nous suivons la vie
d'Etienne Lantier, fils de Gervaise Macquart, un mineur[4] qui va diriger
une grande grève[5] dans les mines du Nord de la France.

A force d'explorer pour ses romans le monde ouvrier de la fin du 19[e]
siècle, Emile Zola va se rapprocher des idées socialistes, s'engager dans la
politique et devenir un défenseur des droits de l'homme. C'est ainsi que
dans une lettre intitulée *J'accuse!,* adressée au Président de la République, à
la première page d'un grand journal parisien en 1898, Zola se fait le
défenseur du capitaine Dreyfus, un juif faussement accusé par le gouvernement français. Devenu un héros national, Zola meurt de mort accidentelle
le 29 septembre 1902 et lors de ses funérailles, une foule de plusieurs
dizaines de milliers de personnes va défiler jusqu'au cimetière Montmartre
et déposer sur sa tombe des milliers de fleurs rouges.

2. *slang*   3. *well balanced*   4. ouvrier qui travaille dans les mines   5. *strike*

PREPARATION A LA LECTURE

Parcourez le texte une première fois pour identifier les paragraphes qui contiennent les idées générales suivantes.

Paragraphes	Idées générales
1. ___ Un lundi…	a. architecture et organisation de l'intérieur du magasin
2. ___ Au-dehors, une aigre bise…	b. ouverture des nouvelles parties du magasin
3. ___ Dès six heures, cependant…	c. Mouret veut contrôler les femmes
4. ___ Mouret avait l'unique passion…	d. l'extérieur du magasin
5. ___ La grande puissance…	e. Bourdoncle a des hésitations
6. ___ Mais où Mouret…	f. le pouvoir de la publicité
7. ___ Justement, Mouret…	g. la psychologie de l'organisation du magasin
8. ___ Mais, fit remarquer Bourdoncle…	h. les derniers changements
9. ___ Tenez! Bourdoncle, écoutez…	i. Mouret explique ses changements

✦ AU BONHEUR DES DAMES

Un lundi, quatorze mars, le *Bonheur des dames* inaugurait ses magasins neufs par la grande exposition des nouveautés d'été, qui devait durer trois jours. Au-dehors, une aigre bise° soufflait, les passants, surpris de ce retour d'hiver, filaient° vite, en boutonnant leurs paletots°. Cependant, toute une
5 émotion fermentait dans les boutiques du voisinage; et l'on voyait, contre les vitres, les faces pâles des petits commerçants, occupés à compter les premières voitures, qui s'arrêtaient devant la nouvelle porte d'honneur, rue Neuve-Saint-Augustin. Cette porte, haute et profonde comme un porche d'église, […] était abritée sous une vaste marquise, dont les dorures
10 fraîches° semblaient éclairer les trottoirs d'un coup de soleil. A droite, à gauche, les façades, d'une blancheur crue° encore, s'allongeaient, […] occupaient toute l'île°, sauf le côté de la rue du Dix-Décembre, où le Crédit Immobilier° allait bâtir. Le long de ce développement de caserne°, lorsque les petits commerçants levaient la tête, ils apercevaient l'amoncellement°
15 des marchandises, par les glaces sans tain°, qui, du rez-de-chaussée au

aigre… *bitter wind*
marchaient / manteaux

dorures… *fresh gilding*
nouvelle
toute… *the whole block*
une banque / *barracks-like* / accumulation
plate glass windows

second étage, ouvraient la maison au plein jour. Et ce cube énorme, ce colossal bazar leur bouchait° le ciel, leur paraissait être pour quelque chose dans le froid dont ils grelottaient°, au fond de leurs comptoirs glacés.

    Dès° six heures, cependant, Mouret était là, donnant ses derniers ordres.
20 Au centre, dans l'axe de la porte d'honneur°, une large galerie allait de bout en bout, flanquée à droite et à gauche de deux galeries plus étroites, la galerie Monsigny et la galerie Michodière. On avait vitré° les cours, transformées en halls; et des escaliers de fer s'élevaient du rez-de-chaussée, des ponts de fer étaient jetés d'un bout à l'autre, aux deux étages. […] Partout
25 on avait gagné de l'espace, l'air et la lumière entraient librement, le public circulait à l'aise, sous le jet hardi° des fermes à longue portée°. C'était la cathédrale du commerce moderne, solide et légère, faite pour un peuple de clientes. En bas, dans la galerie centrale, après les soldes° de la porte, il y avait les cravates, la ganterie°, la soie; la galerie Monsigny était occupée par
30 le blanc et la rouennerie°, la galerie Michodière par la mercerie°, la bonneterie, la draperie et les lainages. Puis, au premier, se trouvaient les confections°, la lingerie, les châles, les dentelles, d'autres rayons nouveaux, tandis qu'on avait relégué au second étage la literie, les tapis, les étoffes d'ameublement, tous les articles encombrants et d'un maniement difficile.
35 A cette heure, le nombre des rayons était de trente-neuf, et l'on comptait dix-huit cents employés, dont deux cents femmes. Un monde poussait° là, dans la vie sonore des hautes nefs° métalliques.

    Mouret avait l'unique passion de vaincre la femme. Il la voulait reine dans sa maison, il lui avait bâti ce temple, pour l'y tenir à sa merci. C'était
40 toute sa tactique, la griser° d'attentions galantes et trafiquer de ses désirs, exploiter sa fièvre. Aussi, nuit et jour, se creusait-il la tête°, à la recherche de trouvailles° nouvelles. Déjà, voulant éviter la fatigue des étages aux dames délicates, il avait fait installer deux ascenseurs, capitonnés de velours°. Puis, il venait d'ouvrir un buffet, où l'on donnait gratuitement
45 des sirops et des biscuits, et un salon de lecture, une galerie monumentale, décorée avec un luxe trop riche, dans laquelle il risquait même des expositions de tableaux. Mais son idée la plus profonde était, chez la femme sans coquetterie, de conquérir la mère par l'enfant; il ne perdait aucune force, spéculait sur tous les sentiments, créait des rayons pour petits garçons et
50 fillettes, arrêtait les mamans au passage, en offrant aux bébés des images et des ballons. Un trait de génie que cette prime° des ballons, distribuée à chaque acheteuse, des ballons rouges, à la fine peau de caoutchouc, portant en grosses lettres le nom du magasin, et qui, tenus au bout d'un fil, voyagcant en l'air, promenaient par les rues une réclame° vivante!
55   La grande puissance était surtout la publicité. Mouret en arrivait à dépenser par an trois cent mille francs de catalogues, d'annonces et d'affiches. Pour sa mise en vente des nouveautés d'été, il avait lancé deux cent mille catalogues, dont cinquante mille à l'étranger, traduits dans toutes les

---

bloquait

shivered

Déjà à

porte... l'entrée principale

glassed in

jet... *bold vaults /* **des...** *widely spaced trusses*

sales

des gants

printed cottons / sewing supplies

ladies' wear

was growing, developing

réf. à l'architecture des cathédrales

seduce

se... *racked his brain*

idées

capitonnés... *padded with velvet*

bonus, free gift

publicité

langues. Maintenant, il les faisait illustrer de gravures, il les accompagnait

60 même d'échantillons°, collés° sur les feuilles. C'était un débordement d'é-   *samples / stuck*

talages°, le *Bonheur des dames* sautait aux yeux du monde entier, envahissait   **débordement...** *burst of publicity*

les muralles, les journaux, jusqu'aux rideaux des théâtres. Il professait que

la femme est sans force contre la réclame, qu'elle finit fatalement par aller

au bruit. Du reste, il lui tendait des pièges° plus savants, il l'analysait en   *traps*

65 grand moraliste. Ainsi, il avait découvert qu'elle ne résistait pas au bon

marché°, qu'elle achetait sans besoin, quand elle croyait conclure une   *prix*

affaire avantageuse; et, sur cette observation, il basait son système des

diminutions de prix, il baissait progressivement les articles non vendus,

préférant les vendre à perte°, fidèle au principe du renouvellement rapide   *at a loss*

70 des marchandises. Puis, il avait pénétré plus avant encore dans le cœur de

la femme, il venait d'imaginer «les rendus»°, un chef-d'œuvre de séduction   *returns*

[…]. «Prenez toujours, madame: vous nous rendrez l'article, s'il cesse de

vous plaire.» Et la femme, qui résistait, trouvait là une dernière excuse, la

possibilité de revenir sur une folie: elle prenait, la conscience en règle.

75 Maintenant, les rendus et la baisse des prix entraient dans le fonction-

nement classique du nouveau commerce.

Mais où Mouret se révélait comme un maître sans rival, c'était dans

l'aménagement° intérieur des magasins. Il posait en loi que pas un coin du   *layout*

Bonheur des dames ne devait rester désert; partout, il exigeait du bruit, de la

80 foule, de la vie; car la vie, disait-il, attire la vie, enfante et pullule°. De cette   **enfante...** *breeds and multiplies*

loi, il tirait toutes sortes d'applications. D'abord, on devait s'écraser pour

entrer°, il fallait que, de la rue, on crût à une émeute°; et il obtenait cet   **on...** *people had to push and shove to get in / riot*

écrasement, en mettant sous la porte les soldes, des caisers et des corbeilles°   */ boxes and baskets /*

débordant° d'articles à vil° prix; si bien que le menu peuple s'amassait, bar-   *overflowing /* bas */*

85 rait le seuil°, faisait penser que les magasins craquaient de monde, lorsque   *entrance*

souvent ils n'étaient qu'à demi pleins. Ensuite, le long des galeries, il avait

l'art de dissimuler les rayons qui chômaient°, par exemple les châles en été   *étaient inactifs*

et les indiennes° en hiver; il les entourait de rayons vivants, les noyait dans   *light cotton prints*

du vacarme°. Lui seul avait encore imaginé de placer au deuxième étage les   *bruit*

90 comptoirs des tapis et des meubles, des comptoirs où les clientes étaient

plus rares, et dont la présence au rez-de-chaussée aurait creusé des trous°   *espaces*

vides et froids. S'il en avait découvert le moyen, il aurait fait passer la rue au

travers de sa maison.

Justement, Mouret se trouvait en proie à une crise d'inspiration. Le

95 samedi soir, comme il donnait un dernier coup d'œil aux préparatifs de la

grande vente du lundi, dont on s'occupait depuis un mois, il avait eu la con-

science soudaine que le classement des rayons adopté par lui était inepte.

C'était pourtant un classement d'une logique absolue, les tissus d'un côté,

les objets confectionnés de l'autre, un ordre intelligent qui devait permet-

100 tre aux clientes de se diriger elles-mêmes. Il avait rêvé cet ordre autrefois

[…]; et voilà qu'il se sentait ébranlé°, le jour où il le réalisait. Brusquement,   *incertain* il s'était écrié qu'il fallait «lui casser tout ça». On avait quarante-huit heures, il s'agissait de déménager une partie des magasins. Le personnel, effaré°, *startled* bousculé°, avait dû passer les deux nuits et la journée entière du dimanche, *hurrying around* 105 au milieu d'un gâchis épouvantable°. Même le lundi matin, une heure **un...** un chaos horrible avant l'ouverture, des marchandises ne se trouvaient pas encore en place. Certainement, le patron devenait fou, personne ne comprenait, c'était une consternation générale.

—Allons, dépêchons! criait Mouret, avec la tranquille assurance de son 110 génie. Voici encore des costumes qu'il faut me porter là-haut… […] Un *(vendre)* dernier effort, mes enfants, vous verrez la vente° tout à l'heure!

Bourdoncle°, lui aussi, était là depuis le petit jour. […] [Il] demanda *conseiller et ami de* doucement: *Mouret, responsable de la surveillance* —Est-ce qu'il était bien nécessaire de tout bouleverser ainsi, à la veille *générale du magasin* 115 de notre exposition?

D'abord, Mouret haussa les épaules, sans répondre. Puis, comme l'autre se permit d'insister, il éclata.

—Pour que les clientes se tassent toutes dans le même coin, n'est-ce pas? Une jolie idée de géomètre que j'avais eue là! Je ne m'en serais jamais 120 consolé… Comprenez donc que je localisais la foule. Une femme entrait, allait droit où elle voulait aller, passait du jupon° à la robe, de la robe au *slip* manteau, puis se retirait, sans même s'être un peu perdue!… Pas une n'aurait seulement vu nos magasins!

—Mais, fit remarquer Bourdoncle, maintenant que vous avez tout 125 brouillé° et tout jeté aux quatres coins, les employés useront° leurs jambes, *mixed up / wear out* à conduire les acheteuses de rayon en rayon.

Mouret eut un geste superbe.

—Ce que je m'en fiche!° Ils sont jeunes, ça les fera grandir… Et tant *What do I care!* mieux, s'ils se promènent! Ils auront l'air plus nombreux, ils aug-130 menteront la foule. Qu'on s'écrase, tout ira bien!

Il riait, il daigna expliquer son idée, en baissant la voix:

—Tenez! Bourdoncle, écoutez les résultats… Premièrement, ce va-et-vient continuel de clientes les disperse un peu partout, les multiplie et leur fait perdre la tête; secondement, comme il faut qu'on les conduise d'un 135 bout des magasins à l'autre, si elles désirent par exemple la doublure° *lining* après avoir acheté la robe, ces voyages en tous sens triplent pour elles la grandeur de la maison; troisièmement, elles sont forcées de traverser des rayons où elles n'auraient pas mis les pieds, des tentations les y accrochent° au passage, et elles succombent; quatrièmement… *catch them* 140 Bourdoncle riait avec lui. Alors, Mouret, enchanté, s'arrêta, pour crier aux garçons:

—Très bien, mes enfants! Maintenant, un coup de balai°, et voilà qui est *broom* beau!

— *Au Bonheur des dames*, 1883

COMPREHENSION

1. Que faisaient les petits commerçants près du *Bonheur des dames* le jour de l'ouverture des magasins neufs? Que pensaient-ils de leur nouveau voisin?

2. Quel temps faisait-il ce jour-là?

3. Décrivez l'extérieur du magasin en identifiant cinq adjectifs qui qualifient le bâtiment.

4. Comment a-t-on donné à l'intérieur du magasin une impression d'ouverture avec beaucoup d'espace et de lumière?

5. Comment savez-vous que c'était un grand magasin? (Combien de rayons? Combien d'employés?)

6. Nommez seize rayons du magasin.

7. Pourquoi les tapis étaient-ils au second étage?

8. Que trouvait-on au buffet?

9. Expliquez en détail les tactiques de Mouret pour «vaincre» la femme.

10. Qu'est-ce qu'on offrait aux enfants des acheteuses? Pourquoi?

11. Quels types de publicité Mouret employait-il?

12. Mouret acceptait-il «les rendus»? Pourquoi ou pourquoi pas?

13. L'organisation des rayons du magasin était guidée par certaines théories de Mouret. Expliquez ce qui en résultait.

14. Pourquoi a-t-il tout changé au dernier moment?

15. Selon Bourdoncle, pourquoi ces changements étaient-ils problématiques? Quelle a été la réponse de Mouret?

PERCEPTIONS

1. Zola emploie une métaphore qui transforme le magasin en lieu sacré: «C'était la cathédrale du commerce moderne» avec une porte qui était comme «un porche d'église». Mouret a bâti «ce temple» pour les femmes. Quel effet cette image de lieu sacré a-t-elle sur le lecteur? Est-ce que ceci nous aide à mieux comprendre Mouret et son temps? Connaissez-vous des gens pour qui le commerce et l'argent sont quelque chose de sacré?

2. Le livre décrit une période du 19e siècle en France où les grands magasins commencent à remplacer les boutiques artisanales comme base du commerce moderne. Imaginez l'effet sur les propriétaires des boutiques dans

le même quartier que le grand magasin. Qu'en déduisez-vous sur leur situation d'après le passage? Quels sont les avantages pour les clients de continuer à acheter dans les petites boutiques? Et les inconvénients? Quand vous avez le choix de fréquenter un grand magasin ou un petit magasin, lequel choisissez-vous? Pourquoi?

3. Les écrivains dits naturalistes ont essayé d'observer dans leurs œuvres les effets d'un milieu donné sur la psychologie et le comportement d'un groupe d'individus. Décrivez comment Mouret, dans le milieu que représente son magasin, essaie de contrôler les clientes. Comment séduit-il sa clientèle? Comment crée-t-il un lieu de tentation? Quelles sortes de choses font les propriétaires modernes dans leurs magasins afin de contrôler nos achats?

4. Actuellement, la publicité joue un rôle important dans notre vie. Jusqu'à quel point êtes-vous influencé(e) par cette publicité quand vous vous préparez à faire un grand achat, comme une voiture? Est-ce que les entreprises et les magasins d'aujourd'hui continuent à employer les mêmes sortes de publicité que Mouret pour augmenter leurs ventes?

5. Mouret consacre beaucoup d'énergie et d'intuition commerciale à son désir de contrôler les femmes. Il veut les vaincre, les manipuler et les pousser à acheter.
   a. Que pensez-vous de cette exploitation de la femme par Mouret?
   b. Imaginez maintenant que Mouret veuille vendre exclusivement aux hommes. Que ferait-il de différent? Aurait-il autant de succès?
   c. Trouvez-vous que les magasins ciblent (*target*) un groupe spécifique avec leur publicité et leur manière d'organiser leur marchandise? Expliquez.

Paul Verlaine
(1844–1896)

Enfant gâté, élève intelligent, Paul Verlaine aime lire et rêver. Après son baccalauréat, il prend un poste d'employé de bureau à l'Hôtel de Ville de Paris. C'est un travail ennuyeux, mais qui lui laisse beaucoup de temps libre pour fréquenter les milieux littéraires et les cafés. Dès l'âge de 21 ans, il écrit des articles pour une revue de critique littéraire. A 22 ans, il publie son premier recueil, *Poèmes saturniens*. En 1867, secoué par la mort de son père, puis celle d'une femme qu'il aimait beaucoup, Verlaine commence à boire. Sous l'effet de l'absinthe, il devient violent. Deux ans plus tard, il tombe amoureux d'une jeune fille de 16 ans, Mathilde, qui représente pour Verlaine l'espoir de l'innocence retrouvée. Mais peu après son mariage, en 1870, il recommence à boire. En 1871 il fait la connaissance de Rimbaud, jeune poète délinquant qui entraîne Verlaine dans une aventure de deux ans à travers la Belgique et l'Angleterre. Il écrit ses impressions de cette période dans *Romances sans paroles*. En juillet 1873, l'aventure tourne au drame: Verlaine, qui a bu, tire deux coups de révolver sur Rimbaud pour l'empêcher de partir. Rimbaud n'est que blessé, mais Verlaine est condamné à deux ans de prison pour tentative d'homicide.

En prison, Verlaine regrette sa vie passée et se tourne vers Dieu. Sa conversion lui inspire les poèmes de *Sagesse,* qui seront publiés en 1881. Pendant quatre ans après sa sortie de prison, il essaie de mener une vie exemplaire, mais la lutte contre les tentations est trop forte et Verlaine retombe dans l'alcoolisme et les crises de violence. Il passe ses dernières années dans la misère et meurt d'une congestion pulmonaire à l'âge de 51 ans. Ironiquement, c'est à la fin de sa vie, alors qu'il n'écrit pratiquement plus, qu'il devient connu comme le «Prince des Poètes».

PREPARATION A LA LECTURE

Les notes qui accompagnent ce poème disent «Paris, octobre 1875, sur le bord d'une rechute» (*relapse*). Verlaine avait renoncé à sa vie de débauche et il s'était tourné vers la religion et un idéal de vie plus pure.

En poésie, la forme peut renforcer le message du poète. La séquence des rimes de ce poème, par exemple, a un certain impact sur la signification du poème. Parcourez le poème pour identifier les sons des syllabes finales de chaque vers. Nommez «A» le premier son final, «B» le deuxième, «C» le troisième, etc. La séquence que vous avez trouvée est-elle ABBA (**rimes embrassées**), ABAB (**rimes croisées**), ou AABB (**rimes plates**)? Notez ces séquences dans la marge pendant votre lecture. Remarquez que les vers 9 et 10 constituent un couplet.

Une autre **figure de style** (*rhetorical device*) que vous avez déjà considérée est **la personnification.** Trouvez dans le poème cinq exemples de personnifications, en faisant attention surtout aux adjectifs qui modifient les noms et aux verbes qui décrivent les actions de ces mêmes noms. En relisant le poème, considérez la force de ces personnifications.

✦ LES FAUX BEAUX JOURS

Les faux beaux jours ont lui° tout le jour, ma pauvre âme, — brillé
Et les voici briller aux cuivres° du couchant°. — *copper rays* / soleil couchant / **sur...** immédiatement / Satan
Ferme les yeux, pauvre âme, et rentre sur-le-champ°;
Une tentation des pires. Fuis l'Infâme°.

5   Ils ont lui tout le jour en longs grêlons° de flamme, — *hailstones*
Battant toute vendange° aux collines°, couchant — **toute...** tous les raisins / **aux...** contre les montagnes / **toute...** toutes les céréales
Toute moisson° de la vallée, et ravageant
Le ciel tout bleu, le ciel chanteur qui te réclame.

O pâlis°, et va-t-en, lente et joignant les mains. — deviens pâle
10 Si ces hiers allaient manger nos beaux demains?
Si la vieille folie était encore en route?

Ces souvenirs, va-t-il falloir les retuer°? — tuer encore
Un assaut furieux, le suprême sans doute!
O, va prier° contre l'orage°, va prier. — *pray* / la tempête

— *Sagesse, 1, 7,* 1881

COMPREHENSION

A. Complétez selon le sens du poème.

1. Le poète s'adresse à _____.

2. Verlaine est tenté par _____.

3. Quand le soleil se couche, le moment de la journée dont il s'agit est _____. Si «les cuivres du couchant» sont aussi une référence à une période de la vie du poète, c'est _____.

4. Les victimes, dans l'assaut de la deuxième strophe, sont _____, _____ et _____.

5. Dans les trois questions que Verlaine se pose, quels sont les dangers qui le menacent? _____, _____, et _____.

6. Pour lutter contre l'orage, le poète suggère de _____.

B. Métaphores, symboles et antithèses: Sachant qu'**une métaphore** est une comparaison sous-entendue, qu'**un symbole** est la représentation généralement concrète de quelque chose d'abstrait, et qu'**une antithèse** est une opposition frappante (comme entre le noir et le blanc), indiquez la nature des figures de style suivantes.

1. Les «jours», qui représentent les tentations, sont un(e) _____.

2. Parce que «les faux beaux jours» brillent (comme le soleil), cette expression est aussi un(e) _____.

3. A cause de l'association de «faux» et «beaux», l'expression «les faux beaux jours» est enfin un(e) _____.

4. Parce qu'ils font allusion au chaud et au froid en même temps, les «longs grêlons de flamme» sont un(e) _____.

5. La vendange et la moisson, qui sont les fruits de la terre, représentent aussi les fruits du bien dans la vie du poète. Ce sont donc des _____.

6. Le ciel est un(e) _____ qui peut représenter la religion ou l'avenir du poète.

7. L'orage est un(e) _____ qui représente l'attaque violente des tentations.

C. Les personnifications: Vous avez déjà identifié plusieurs personnifications dans le poème. L'âme du poète est personnifiée parce qu'il lui parle comme à une personne, elle «ferme les yeux», elle pâlit et elle marche («rentre», «va-t-en»). Pouvez-vous trouver d'autres termes qui personnifient l'âme? (voir vers 9 et 14.) Ensuite, indiquez les termes qui personnifient les éléments suivants.

Eléments personnifiés	Termes qui personnifient
le ciel	
les hiers	
la vieille folie	
les souvenirs	

PERCEPTIONS

1. Pourquoi Verlaine utilise-t-il des antithèses pour décrire les tentations de son ancienne vie? Que veut-il suggérer sur l'apparence du mal? Etes-vous d'accord?

2. Quel est l'effet des personnifications sur la lutte qui est décrite dans ce poème?

3. Dans les deux premières strophes, où vous avez noté les rimes embrassées, le poète semble entouré de tentations. Puis la troisième strophe commence par un couplet qui change la direction du poème. Si le poète prend une décision ici, quelle est cette décision? Comment va-t-il **croiser** le mal?

4. Quand le changement est-il facile et quand est-il difficile? Pourquoi? Donnez des exemples personnels ou tirés du cinéma ou de la littérature.

Arthur Rimbaud
(1854–1891)

Elevé sévèrement par sa mère, Arthur Rimbaud se révolte ouvertement à 16 ans. Il se révolte contre sa mère, le conformisme bourgeois, l'école, l'Eglise, la guerre (c'est l'époque de la guerre de 1870 contre la Prusse de Bismarck), la condition humaine, l'absurdité de la vie. Il veut changer le monde—par la poésie. Comme un «voyant»[1], il «cherche du nouveau» dans le «dérèglement[2] des sens»; audacieusement, il superpose images et sensations, il recherche les hallucinations. «Fils du soleil» mais aussi «Satan adolescent», à 17 ans il arrive à Paris avec ses poèmes dans les poches. Les milieux littéraires de la capitale le trouvent trop arrogant, trop agressif, mais Verlaine est charmé et les deux poètes partent à l'aventure (voir introduction sur Verlaine, p. 146). Après leur violente séparation, Rimbaud publie *Illuminations* et *Une saison en enfer,* où il dit adieu à la révolte, aux hallucinations et à la poésie. A 20 ans, Arthur Rimbaud cesse d'écrire.

De 1875 à 1891, il voyage à travers le monde, cherchant fortune dans diverses entreprises qui finissent dans l'échec. Atteint d'une tumeur au genou puis amputé de sa jambe droite, il meurt de la gangrène quelques mois après son retour en France. Rimbaud le génie précoce, Rimbaud l'énigme n'a vécu que 37 ans, mais ses poèmes continuent à hanter le monde moderne.

«Le dormeur du val», écrit en 1870, exprime les impressions de Rimbaud (qui n'a que 16 ans à l'époque) sur la guerre de 70. Déjà il superpose les couleurs, les sensations et les images.

1. *seer* 2. désordre

PREPARATION A LA LECTURE

Quelquefois un auteur présente une scène ou une personne d'une manière qui mène les lecteurs à une certaine conclusion. Ensuite, vers la fin du poème ou du passage, un nouveau fait les force à reconsidérer leur conclusion et leurs impressions initiales. «Le dormeur du val» est un tel poème.

Le poème décrit une scène d'une beauté et d'une paix presque parfaites: un jeune homme qui dort dans une vallée tranquille. En lisant, notez comment le poète crée cette atmosphère de tranquillité et quelles caractéristiques il donne au jeune homme. Parcourez le poème pour

comprendre complètement son image centrale. Puis, lisez-le une deuxième fois et expliquez votre nouvelle interprétation des descriptions.

✦ LE DORMEUR DU VAL

C'est un trou° de verdure° où chante une rivière   *hole* / herbe verte
Accrochant° follement aux herbes des haillons   *hanging*
D'argent[1]; où le soleil, de la montagne fière,
Luit°; c'est un petit val qui mousse de rayons°.   brille / **mousse...**
                                                       bubbles with sun rays

5   Un soldat jeune, bouche ouverte, tête nue°,   **tête...** sans chapeau
Et la nuque° baignant dans le frais cresson° bleu,   partie postérieure de la
                                                       tête / *watercress* / le ciel
Dort; il est étendu dans l'herbe, sous la nue°,
Pâle dans son lit vert où la lumière pleut.

Les pieds dans les glaïeuls°, il dort. Souriant comme   *gladiolas*
10 Sourirait un enfant malade, il fait un somme°:   **fait...** dort
Nature, berce°-le chaudement: il a froid.   *rock*

Les parfums ne font pas frissonner sa narine°;   **font...** troublent pas
Il dort dans le soleil, la main sur sa poitrine   son nez
Tranquille. Il a deux trous rouges au côté droit.

                                              — *Poésies*, 1870

COMPREHENSION

A. La Nature

Le poète utilise plusieurs techniques pour décrire la nature.

1. Les verbes. Complétez la liste des verbes: la nature «chante», «ac-
croche», «luit», «mousse», «pleut» et _____ .

2. Les adverbes. Identifiez les deux adverbes qui s'appliquent à la nature.

3. La lumière et les couleurs. Complétez la liste des termes qui se rapportent à la lumière et aux couleurs de la nature: «verdure», «d'argent»,
«soleil», «luit», «rayons», «bleu», _____ (vers 8), _____ (vers 8).

---

1. Image d'une rivière rapide qui éclabousse (*splashes*) les herbes et, par des effets de
lumière sur l'eau, semble y jeter des «haillons d'argent» (*silver rags*).

4. Plusieurs personnifications complètent le tableau. La rivière est ainsi personnifiée parce qu'elle _____ et «accroch[e] follement… ». La montagne est personnifiée par le terme _____.

5. Enfin, dans le premier tercet, la nature est personnifiée par le terme _____.

B. Le Soldat

Pour la description du soldat, le ton change.

1. Remarquez les verbes qui décrivent le soldat. Complétez la liste de ces verbes: «il dort», «il est étendu», _____ (vers 9), _____ (vers 10), _____ (vers 13).

2. Notez maintenant les adjectifs qui le décrivent: «jeune», «pâle», comme «malade», _____.

3. Une antithèse, dans le onzième vers, accentue le contraste entre la nature et le soldat. Identifiez cette antithèse.

4. Enfin le mot «trou», que la nature et l'homme ont en commun, est modifié par deux couleurs différentes. Quelles sont ces couleurs? Quel est l'effet de ce contraste?

PERCEPTIONS

1. En vous servant des observations que vous venez de faire, caractérisez la nature et le soldat. Puis analysez la relation entre les deux.

2. Pensez-vous que ce poème soit antimilitariste? Si non, pourquoi pas? Si oui, comment Arthur Rimbaud nous mène-t-il à cette conclusion? Quel autre ton, quel genre de vocabulaire auriez-vous imaginé plus facilement? Le poème de Rimbaud est-il plus convaincant?

3. Identifiez la séquence des rimes (ABAB, etc.) dans les deux quatrains et les deux tercets de ce sonnet. Voyez-vous un parallélisme entre les rimes des tercets et la relation de la nature et de l'homme?

4. Dans ce poème où la nature pleine de vie «berce» l'homme mort, voyez-vous une intégration non-tragique de l'homme dans la nature ou bien, au contraire, une antithèse tragique entre la vie et la mort? Expliquez votre perception.

Charles Baudelaire

(1821–1867)

Né à Paris dans une famille riche, Baudelaire passe une enfance heureuse et développe très tôt une passion pour les objets d'art, la peinture et les livres. Après la mort de son père, Baudelaire se révolte contre le remariage de sa mère. Il devient cynique et solitaire. Après son baccalauréat, il se laisse aller à la débauche. Pour l'arracher à sa mauvaise vie, sa famille lui offre un long voyage en bateau. Pris de crises de nostalgie, il n'ira pas jusqu'aux Indes, qui étaient son ultime destination, mais ce voyage de dix mois lui fait découvrir l'enchantement de la mer, du soleil et de l'exotisme que l'on retrouvera dans son œuvre.

A son retour, il se consacre d'abord à la critique d'art; il écrit de longs articles sur les principes de l'esthétique et sur les artistes de son temps. Il fait découvrir au public français l'écrivain américain Edgar Allan Poe, qu'il admire beaucoup et dont il traduit les œuvres. En 1857, il publie enfin la première édition des *Fleurs du mal,* un recueil de poèmes qu'il préparait depuis longtemps. Certains de ces poèmes font scandale et il doit les retirer. La deuxième édition paraît en 1861.

Les dernières années de Baudelaire sont marquées par la souffrance. Pour payer ses dettes, il continue à écrire des articles de critique d'art. Il écrit aussi quelques *Poèmes en prose,* mais miné par les drogues et la maladie, il sombre dans la misère. Il meurt à l'âge de 46 ans après une longue agonie.

Les Fleurs du mal, un ensemble de 127 poèmes, sont le chef-d'œuvre de Baudelaire. C'est un «voyage organisé» à travers le triste jardin de la vie où les fleurs du mal (la souffrance, la misère, la corruption, l'ennui) poussent en abondance. Baudelaire les décrit en détail. Les fleurs du bien (la beauté, la pureté, l'idéal) sont plus rares et plus fragiles. Elles poussent seulement dans l'esprit. L'homme essaie de les trouver par une élévation mystique, un voyage au pays des «correspondances».

PREPARATION A LA LECTURE

Certaines philosophies symbolistes et mystiques postulent que tous les objets et tous les phénomènes de la nature contiennent des vérités cachées et éternelles. Ainsi le rôle du poète est d'interpréter ces **correspondances** qui l'entourent. Parcourez la première strophe en identifiant quelques correspondances.

EXEMPLES: La nature est comme _____
                 Les arbres sont comme _____

Certaines de ces correspondances, **des synesthésies,** démontrent comment les sens se confondent pour créer une perception multisensorielle (*multisensory*). Un exemple de synesthésie est «une couleur chaude», c'est-à-dire quelque chose de visuel perçu comme quelque chose de tactile. Les deux dernières strophes contiennent des exemples de synesthésies. Identifiez-les.

EXEMPLE: Les parfums sont comme _____ et comme

_____ .

✦ CORRESPONDANCES

La Nature est un temple où de vivants piliers°	*pillars*
Laissent parfois sortir de confuses paroles:	
L'homme y passe à travers des forêts de symboles	
Qui l'observent avec des regards familiers.	
5 Comme de longs échos qui de loin se confondent°	mélangent
Dans une ténébreuse° et profonde unité	sombre
Vaste comme la nuit et comme la clarté,	
Les parfums, les couleurs et les sons se répondent.	
Il est° des parfums frais comme des chairs° d'enfants,	Il y a / *flesh*
10 Doux comme les hautbois°, verts comme les prairies,	instrument de musique
—Et d'autres, corrompus°, riches et triomphants,	dépravés
Ayant l'expansion des choses infinies,	
Comme l'ambre, le musc, le benjoin et l'encens°,	**l'ambre…** substances aromatiques
Qui chantent les transports de l'esprit et des sens.	

— *Les Fleurs du mal,* 1857

COMPREHENSION

A. Les Synesthésies. Vous avez vu dans votre préparation pour la lecture comment les synesthésies sont des correspondances de sens. (Les sens: la vue—les yeux, l'ouïe—les oreilles, le goût—la bouche, le toucher—les mains, l'odorat—le nez). Analysez ces images du poème, et identifiez les synesthésies ou correspondances de sens.

MODELE: Des *parfums... frais* comme   odorat / toucher / toucher
des *chairs d'enfants*

Des parfums...

1. doux comme des hautbois   odorat / toucher / _____

2. verts comme les prairies   odorat / vue / _____

3. qui chantent   odorat / _____

B. Les Personnifications

1. Les arbres sont comparés à «de vivants piliers». Quelles sont les deux autres personnifications des arbres dans la première strophe?

2. Identifiez le verbe dans le vers 8 qui personnifie les parfums, les couleurs et les sons.

3. Dans le vers 11 identifiez les adjectifs qui personnifient «les parfums», et dans le vers 14 identifiez le verbe qui les personnifie.

PERCEPTIONS

1. En comparant la nature à un temple, quels sont les deux domaines que Baudelaire semble lier? Quelles sont les implications pour le monde et pour l'homme?

2. La nature transmet à l'homme de «confuses paroles». Pour interpréter les symboles de la nature, à quels sens est-ce que l'homme doit faire appel? Sur quels termes de la deuxième strophe basez-vous votre réponse?

3. Prenez un objet dans votre cartable ou votre sac et préparez-vous à le décrire, en utilisant autant de sens que possible. Présentez votre description à la classe.

4. Dans ce poème de correspondances et de synesthésies, l'harmonie inhérente à la nature reste parfois un mystère pour l'homme. Est-il possible de communier avec la nature? Quand recherchez-vous la communion avec la nature, et qu'est-ce que cette communion vous apporte?

Synthèse

A DISCUTER

A. La nature: elle nous entoure, mais nous la percevons avec des niveaux d'intensité qui varient beaucoup. Plusieurs auteurs du 19ᵉ siècle ont choisi de nous décrire leur image de la nature, et le rôle de la nature dans leur vie. Résumez quelques-unes de ces interprétations. Laquelle est la plus proche de votre perspective? Expliquez.

B. En groupes de trois, imaginez que vous êtes Flaubert, Balzac et Zola. Comparez vos perceptions de la société du 19ᵉ siècle. Basez vos commentaires sur les introductions aux auteurs et les textes de ces trois grands romanciers que vous avez lus.

A ECRIRE

A. Imaginez l'événement suivant: Sur votre campus, on vient de découvrir la mort mystérieuse d'un jeune homme très intelligent et très sociable. Ecrivez deux paragraphes sur cet incident. Le premier sera dans le style des romantiques et le deuxième dans le style des réalistes. Essayez d'imiter le style des écrivains du 19ᵉ siècle dont vous avez lu des extraits.

B. Dans une lettre à un(e) ami(e) qui ne connaît pas bien la littérature du 19ᵉ siècle, résumez votre texte favori de ce siècle. Montrez ce qui est universel dans ce texte et ce qui se rapporte uniquement au 19ᵉ siècle.

René Magritte, La Clef des Champs, 1936. Madrid, Fundación Colección, Thyssen-Bornemisza.

CHAPITRE 6
Le Vingtième et le Début du Vingt et unième Siècles

L'Europe du 20e siècle a été profondément marquée par les guerres, des guerres mondiales et coloniales qui ont fait des millions de morts et dont les répercussions économiques, politiques et psychologiques ont pris des proportions gigantesques. Quel est le sens de la vie au milieu de tant de destruction? Qu'est-ce qu'une civilisation qui porte dans ses découvertes atomiques les graines de son propre anéantissement[1]? Dans un âge où la science et la technologie remettent constamment en question les valeurs humaines, les artistes et les écrivains explorent sans cesse de nouvelles dimensions.

Malgré leur nom de «belle époque», les premières années du 20e siècle sont des années d'agitation politique et sociale. La gauche devient de plus en plus influente[2] et obtient en 1905 la séparation officielle de l'Eglise et de l'Etat. En 1914, c'est la Première Guerre mondiale qui éclate; en quatre ans, elle fait plus de 18 millions de morts. Pendant que les hommes sont au front, les femmes doivent prendre la relève[3] dans les usines et les bureaux. C'est le début de l'émancipation des femmes et d'une société de plus en plus urbaine.

Après la Première Guerre mondiale viennent «les années folles»; c'est une période de reconstruction et de transformation, l'âge du travail à la chaîne[4] et de l'automobile, du jazz et du cinéma parlant. L'euphorie dure jusqu'en 1929, date de la crise économique mondiale. Sous le joug[5] du chômage, les démocraties d'Europe s'affaiblissent tandis qu'avec des promesses d'emplois et une ferveur nationaliste, le fascisme se répand en Allemagne avec Hitler, en Italie avec Mussolini et en Espagne avec Franco. L'ascension d'Hitler s'accélère dans les années 30 jusqu'à la déclaration de guerre de 1939.

La Seconde Guerre mondiale va durer six ans, de 1939 à 1945. Le nombre de victimes s'élève à plus de cinquante millions, dont six millions de Juifs gazés et brûlés par l'industrie nazie de la mort. L'horreur des déportations massives, des tortures et du génocide des camps de concentration va hanter les esprits comme un cauchemar[6]. Les bombes nucléaires lâchées sur Hiroshima et Nagasaki ajoutent au trouble des consciences, et pour la première fois dans l'histoire de l'humanité, l'horreur a été captée par la photographie: on ne peut plus oublier. Devant une réalité aussi monstrueuse, que reste-t-il des valeurs humaines?

Après l'armistice et la division de l'Europe en deux blocs, le bloc communiste et le bloc occidental, la France se relève difficilement, d'autant plus que, pendant les années 50, elle voit s'écrouler[7] son empire colonial. Si la plupart des colonies, surtout en Afrique noire, obtiennent paisiblement leur indépendance, la décolonisation de l'Indochine (1946–1954) et de l'Algérie (1954–1962) se fait au prix de conflits sanglants. Elu président en 1958, le général Charles de Gaulle institue la cinquième République et une nouvelle Constitution pour rétablir la stabilité en France, mais, accusé

1. *annihilation* 2. voir «influence» 3. **prendre...** remplacer les hommes 4. *assembly line* 5. oppression
6. un mauvais rêve 7. tomber

d'abuser de son pouvoir, de Gaulle perd peu à peu sa popularité, comme l'atteste la crise de mai 1968 qui va l'obliger à démissionner[8]. «Mai 68», c'est une révolte généralisée qui remet en cause les valeurs d'une société «trop tradition-nelle», provoque de grandes réformes dans l'éducation et la structure économique du pays, et exprime le malaise d'une civilisation en pleine crise.

Depuis l'après-guerre, la culture américaine déferlait[9] sur l'Europe. En donnant cinq milliards de dollars pour la reconstruction de l'Europe, les Américains exportaient aussi leur nouvelle idéologie de consommation, depuis le chewing-gum et le fast food jusqu'au jean (Levis) et aux bombardements publicitaires. Ceux qui refusent de pactiser avec la société de consommation se tournent vers un militan-tisme pour l'amour et la paix: les années 60 sont l'époque des beatniks et des hippies, une «contre-culture» qui va mener à l'explosion de la famille traditionnelle et des dogmes re-ligieux et politiques.

Depuis les années 70, les grands titres de l'histoire incluent la crise du pétrole (1973–74), la révolution islamique en Iran (1979), la chute du mur de Berlin (1989) menant à l'effondrement[10] de l'URSS et des régimes socialistes en Europe de l'Est, les génocides en Bosnie (1992) et au Rwanda (1994), la tragédie du 11 septembre 2001 et les guerres qui ont suivi en Afghanistan et en Irak, l'introduction (le 1er janvier 2002) de l'euro, monnaie de la Communauté économique européenne, le réchauffement de la planète et l'effet de serre[11]. La mondialisation[12] est à l'or-dre du jour. C'est d'abord une mondialisation économique où priment[13] l'efficacité et la rentabilité[14], parfois au prix de l'humanité. Le déséquilibre entre les pays riches et les pays du Tiers-Monde se fait de plus en plus grand. C'est aussi une mondialisation technologique avec une myriade d'outils d'information et de communication qui abolissent la distance en-tre les hommes et les pays. Le «cheval de Troie» nommé Internet est entré dans la com-munauté globale, pour le meilleur et pour le pire. Les Médecins Sans Frontières[15] font des miracles, et les progrès de la science sont phénoménaux. Sur le plan culturel, la mondia-lisation répand le culte du moi et la recherche du plaisir immédiat. A l'aube de ce 21e siècle, certains parlent «d'ère du vide»[16], d'autres voient dans la mondialisation un nouvel hu-manisme. A l'image d'un monde en pleine évolution, la littérature des cent dernières an-nées nous offre une variété de courants[17] et de perspectives.

La littérature d'avant 1914 connaît deux grands innovateurs: le romancier Marcel Proust part *A la recherche du temps perdu* et trouve que le passé peut en effet être recon-quis[18] par l'introspection, le souvenir et la créa-tion artistique. En affirmant que la réalité est toujours subjective puisque notre perception est toujours soumise à notre imagination, notre mémoire et notre expérience, Proust rompt avec le réalisme et annonce le roman moderne. En poésie, Guillaume Apollinaire (voir p. 163) fait preuve[19] d'une grande audace stylistique; il abolit systématiquement toute forme de ponctuation et, par la superposition parfois insolite[20] d'images et d'idées, transpose dans le vers les procédés de la peinture cubiste.

L'entre-deux-guerres (1918–1939) est mar-quée par la révolution surréaliste. Influencés par les travaux de Sigmund Freud sur l'incon-scient et engagés dans la politique de leur temps, les surréalistes essaient de «transformer le monde, changer la vie». En libérant les

---

8. *resign* 9. arrivait en masse 10. la chute 11. **réchauffement...** *global warming and the greenhouse effect*
12. globalisation 13. viennent en premier lieu 14. **efficacité...** *efficiency and profit* 15. *Doctors Without Borders*
16. *era of inner emptiness* 17. mouvements 18. retrouvé 19. **fait...** manifeste 20. bizarre

«automatismes psychiques» qui sont «le fonctionnement réel de la pensée, en l'absence de tout contrôle exercé par la raison»[21], ils explorent la surréalité du rêve et de l'inconscient pour révéler «une vie plus vraie». Cette révolution vise à libérer l'humanité de siècles «d'esclavage[22] moral et social» et à libérer les arts de leurs formes traditionnelles. Le surréalisme se manifeste dans le domaine de la poésie (avec André Breton, Louis Aragon, Paul Eluard) mais aussi en peinture (avec René Magritte, p. 158) et dans le cinéma (avec Luis Buñuel). L'influence surréaliste oriente les arts du 20e siècle vers de nouvelles voies; elle se retrouve dans la poésie de Jacques Prévert (p. 166), qui recherche la liberté et le merveilleux dans la vie quotidienne.

Dans les années 40, face à l'horreur de la Seconde Guerre mondiale, l'existentialisme s'engage dans le présent et propose de lutter contre l'absurdité de la vie en confrontant la réalité, sans espoirs, sans absolu. Albert Camus (p. 169) et Jean-Paul Sartre (p. 174) se concentrent sur l'existence, ou la réalité du présent, pour trouver une identité («l'être») au milieu du «néant»[23]. Ce même néant se retrouve dans le «théâtre de l'absurde» des années 50: Samuel Beckett et Eugène Ionesco (p. 182) transposent sur la scène «l'angoisse existentielle»; ici, l'absurde ne se discute pas, il se montre tout simplement, tragiquement, par le mécanisme impuissant de la parole, l'échec[24] de la communication, le vide[25] de l'existence. Sur d'autres scènes, comme celles du théâtre de Jean Anouilh (p. 189), le langage et la structure dramatique sont plus traditionnels, mais c'est la même angoisse de vivre qui apparaît.

Dans les années 60, l'angoisse se transforme en une crise morale qui affecte les croyances, les idéologies et les formes mêmes de la représentation esthétique ou littéraire. On parle de «Nouvelle Critique» et de «Nouveau Roman». Bousculant[26] toutes les conventions, des écrivains comme Alain Robbe-Grillet, Nathalie Sarraute et Marguerite Duras voient dans le roman non pas un moyen de transmettre un message mais un véritable laboratoire de l'écriture, un lieu d'expérimentation narrative et linguistique où le lecteur devient interprète et créateur.

La période de 1970 à aujourd'hui est connue comme «la postmodernité». Les sociologues parlent «d'individualisme triomphant», de «libération sexuelle» avec disparition de tous les tabous, de «désacralisation[27] de la famille», de «transformation de la conscience religieuse» (l'homme n'est plus pensé comme une création divine, mais c'est plutôt Dieu qui apparaît comme une créature de l'homme), de «politique discréditée» et «d'enseignement désorienté». Le «Je pense, donc je suis» de Descartes a été remplacé par «Je consomme, donc je suis». Dans ce contexte de dissolution des valeurs absolues et de désillusion générale, et dans un âge où la lecture doit faire concurrence[28] à la télé, au cinéma et à Internet, «la littérature, en fin de compte, ça doit être quelque chose comme la dernière chance de fuite[29]». (Le Clézio).

Après les expériences du Nouveau Roman, les écrivains postmodernes abandonnent la question des théories littéraires pour se faire les témoins attentifs et tourmentés de la réalité sociale. Le langage parlé s'introduit de plus en plus souvent dans l'écriture, et comme il n'y a plus de vérité unique dans le monde, la voix narratrice éclate[30]: le «je» est souvent pluriel, contradictoire, ce qui produit une narration fragmentée. L'homogénéité littéraire a fait place à l'hétérogénéité des genres, des styles,

---

21. citations d'André Breton, *Manifeste du Surréalisme* (1924) 22. servitude 23. *nothingness* 24. voir «échouer»
25. *emptiness* 26. Refusant et changeant 27. qui n'est plus sacré 28. **faire...** entrer en compétition avec 29. *escape*
30. devient multiple

des cultures. L'éclectisme est roi. Les marques traditionnelles qui séparaient la narration et les dialogues ou indiquaient l'insertion de références externes et citations sont souvent abandonnées. «L'intertextualité [semble être] l'outil idéal pour intégrer dans le récit des idéaux et des codes moraux différents, comme si la mondialisation de l'économie avait des répercussions jusque dans la littérature.»[31] A la manière de journalistes de la banalité, avec une écriture qui se veut souvent minimaliste et directe, les écrivains actuels comme Annie Ernaux (p. 195), Amélie Nothomb (p. 201), Yann Apperry (p. 208), Jean-Marie Gustave Le Clézio (p. 215) et Jean-Christophe Rufin (p. 222) cherchent à dire sur nous, tout simplement, ce que nous ne savons peut-être pas verbaliser nous-mêmes. Comme le dit Le Clézio, l'écrivain d'aujourd'hui cherche à exprimer «avant toute spéculation formelle, l'aventure d'être vivant».

---

31. Michel Laurin, *Anthologie littéraire de 1850 à aujourd'hui*, p. 207

Guillaume Apollinaire
(1880–1918)

Enfant naturel d'un officier italien et d'une jeune fille de la noblesse de Rome, Guillelmus-Apollinaris-Albertus de Kostrowitzky a connu une jeunesse aventureuse auprès de sa mère qui fréquentait beaucoup les casinos. Après des études inégales à Monaco, à Cannes et à Nice, «Kostro», comme l'appelaient ses amis, s'est finalement installé à Paris où il a essayé diverses occupations pour gagner sa vie.

Devenu l'ami de Picasso et d'autres peintres de l'époque, il a participé dès 1904 à la naissance du cubisme, écrivant plusieurs articles de critique sur ce mouvement de la peinture «moderne». Il a aussi dirigé des revues littéraires, publiant lui-même des contes, des nouvelles et des poèmes sous le pseudonyme de Guillaume Apollinaire. Le plus célèbre de ses recueils, *Alcools* (1913), montre l'évolution de sa poésie entre 1898 et 1912. Une grande innovation de ce recueil est l'absence totale de ponctuation. Selon Apollinaire, «le rythme même et la coupe des vers, voilà la véritable ponctuation».

Engagé volontaire en 1914 à la Première Guerre mondiale, il a été blessé à la tête en 1916. Il mourra deux ans plus tard des suites de cette blessure. Son dernier recueil, *Calligrammes* (1918), reflète l'originalité visuelle et rythmique de sa poésie.

Ecrit en 1912 pendant la rupture progressive et douloureuse d'une liaison amoureuse, «Le Pont Mirabeau» est le poème le plus célèbre d'Apollinaire, souvent comparé au «Lac» de Lamartine (voir p. 122).

PREPARATION A LA LECTURE

Vous avez déjà remarqué dans plusieurs poèmes que certaines phrases continuent dans deux vers ou plus et que l'ordre des mots en poésie n'est pas le même que dans la prose (par exemple, le sujet placé après le verbe). Apollinaire est connu pour l'absence de ponctuation dans ses poèmes. En parcourant «Le Pont Mirabeau», décidez où chaque phrase se termine et où on pourrait placer un point. Puis identifiez des exemples où le sujet suit son verbe. Encerclez ces exemples.

✦ LE PONT MIRABEAU

Sous le pont Mirabeau° coule° la Seine   pont à Paris / passe
       Et nos amours
     Faut-il qu'il m'en souvienne
La joie venait toujours après la peine

5   Vienne° la nuit sonne l'heure   Que vienne (impératif)
      Les jours s'en vont je demeure°   reste

Les mains dans les mains restons face à face
       Tandis° que sous   Pendant
     Le pont de nos bras passe
10   Des éternels regards l'onde° si lasse°   l'eau / fatiguée

      Vienne la nuit sonne l'heure
      Les jours s'en vont je demeure

L'amour s'en va comme cette eau courante
       L'amour s'en va
15   Comme la vie est lente
Et comme l'Espérance° est violente   (voir «espérer»)

      Vienne la nuit sonne l'heure
      Les jours s'en vont je demeure

Passent les jours et passent les semaines
20   Ni temps passé
     Ni les amours reviennent
Sous le pont Mirabeau coule la Seine

      Vienne la nuit sonne l'heure
      Les jours s'en vont je demeure

— Alcools, 1913

COMPREHENSION

1. Dans la première strophe, qu'est-ce qui est comparé à un fleuve?

2. Dans la deuxième strophe, qu'est-ce qui forme un pont, et quelle est cette onde qui passe sous ce pont?

3. Quelle est la métaphore qui continue dans la troisième strophe? Comment le poète crée-t-il un contraste entre la vie et l'espérance?

4. Qu'est-ce qui ne revient jamais, selon la quatrième strophe?

5. Comptez le nombre de pieds (ou syllabes) de chaque vers de la première strophe. Ce format se retrouve-t-il dans les autres strophes? Quel est l'effet produit? Qu'est-ce que l'absence de ponctuation ajoute au poème?

6. Identifiez la séquence des rimes (ABAB, etc.) et le genre (masculin ou féminin) des rimes du poème. (Une rime féminine se termine par un **e**, **es** ou **ent** muet. Toutes les autres rimes sont masculines.) Faites une liste des sons qui terminent chaque vers. Qu'est-ce que le cycle des sons ajoute au poème?

PERCEPTIONS

1. Apollinaire nous présente ici un contraste entre le mouvement et l'absence de mouvement. Le pont et le poète «demeurent». Qu'est-ce qui est en mouvement? Quel est l'effet du contraste?

2. Le refrain apparaît quatre fois dans le poème. Mais chaque fois qu'il apparaît, le sentiment qu'il communique change un peu. Indiquez le sentiment que vous ressentez chaque fois.

3. Apollinaire dit que la vie est «lente». Pourquoi choisit-il cet adjectif, à votre avis? Quels adjectifs choisiriez-vous pour décrire la vie?

4. Quelquefois un endroit prend une grande signification dans notre vie à cause de quelque chose qui s'y est passé.
   a. A votre avis, que représente le pont Mirabeau pour le poète?
   b. Parlez d'un endroit qui a une signification spéciale pour vous, et expliquez pourquoi.

5. Comparez la perception du passage du temps (et de l'amour) dans le poème «Le Lac» de Lamartine et dans «Le Pont Mirabeau». Analysez particulièrement le message symbolique de l'eau dans chacun des poèmes.

Jacques Prévert
(1900–1977)

Né avec le siècle dans la banlieue parisienne, Jacques Prévert est le poète populaire par excellence. Refusant toute spéculation intellectuelle, il a promené sur les rues de Paris et sur la vie le regard curieux et ami d'un artiste qui voulait chanter le monde moderne, le monde réel, le monde ordinaire. Il a dit non aux abstractions, il a dit oui à la simplicité.

Pendant de longues années, au lieu de publier ses poèmes, il les donnait. Son ami Joseph Kosma en a mis plusieurs en musique, notamment «Les Feuilles mortes», qui est devenu un grand succès de la chanson. En 1945, un autre ami s'est occupé de recueillir les textes de Prévert et les a publiés sous le titre *Paroles*. Le succès a été immédiat. C'était un écho de son succès dans le monde du cinéma où il était déjà connu pour sa participation à la réalisation de films de Jean Renoir et de Marcel Carné.

Les titres de ses autres recueils reflètent son désir de «rester sur terre»: *Histoires* (1946), *La Pluie et le Beau Temps* (1953), *Choses et Autres* (1972). On pourrait dire que son dernier titre, *Soleil de nuit* (recueil posthume publié en 1980), est représentatif de la lumière que Prévert a trouvée dans l'obscurité des choses simples.

PREPARATION A LA LECTURE

Dans ce poème Prévert décrit une scène. Parcourez le poème une première fois pour identifier les personnages de cette scène, où elle se situe, et ce qui se passe. En lisant le poème une deuxième fois, vérifiez votre impression initiale.

✦ LE DÉSESPOIR EST ASSIS SUR UN BANC

Dans un square sur un banc
Il y a un homme qui vous appelle quand on passe
Il a des binocles° un vieux costume gris   vieilles lunettes
Il fume un petit ninas° il est assis   cigare
5   Et il vous appelle quand on passe

Ou simplement il vous fait signe
Il ne faut pas le regarder
Il ne faut pas l'écouter
Il faut passer
10   Faire comme si on ne le voyait pas
Comme si on ne l'entendait pas
Il faut passer presser le pas
Si vous le regardez
Si vous l'écoutez
15   Il vous fait signe et rien personne
Ne peut vous empêcher d'aller vous asseoir près de lui
Alors il vous regarde et sourit
Et vous souffrez atrocement
Et l'homme continue de sourire
20   Et vous souriez du même sourire
Exactement
Plus vous souriez plus vous souffrez
Atrocement
Plus vous souffrez plus vous souriez
25   Irrémédiablement
Et vous restez là
Assis figé°   sans bouger
Souriant sur le banc
Des enfants jouent tout près de vous
30   Des passants passent
Tranquillement
Des oiseaux s'envolent°   *fly away*
Quittant un arbre
Pour un autre
35   Et vous restez là
Sur le banc
Et vous savez vous savez
Que jamais plus vous ne jouerez
Comme ces enfants
40   Vous savez que jamais plus vous ne passerez
Tranquillement
Comme ces passants
Que jamais plus vous ne vous envolerez
Quittant un arbre pour un autre
45   Comme ces oiseaux.

— *Paroles,* 1945

COMPREHENSION

1. Qui est assis sur le banc? Décrivez-le physiquement. Que fait-il?

2. Quelle suggestion est offerte au lecteur? Pourquoi?

3. Si vous vous asseyez sur le banc, que se passe-t-il?

4. Qui est près du banc? Identifiez trois groupes. Que fait chacun d'eux?

5. Une fois assis(e), que ferez-vous, d'après le narrateur?

PERCEPTIONS

1. Si vous regardez l'homme sur le banc et si vous vous asseyez à côté de lui, votre vie va changer. Pourquoi et comment? Etes-vous d'accord?

2. Le poème n'a aucune ponctuation. Ajoutez d'abord des points et des virgules, puis analysez l'effet produit par la lecture d'un poème sans ponctuation. Pourquoi Prévert omet-il la ponctuation, d'après vous?

3. Le poème est construit sur des répétitions. Identifiez ces répétitions et analysez leur effet.

4. Le poème est construit aussi sur des contrastes:
   a. Expliquez comment Prévert contraste les verbes «souffrir» et «sourire». Quel est l'effet de ce contraste?
   b. Analysez le contraste entre le mouvement des oiseaux, des enfants et des passants, et l'absence de mouvement de l'homme sur le banc. Qu'est-ce qui est suggéré par cette immobilité?

5. Jeu de rôles (en groupes de deux):
   a. Vous êtes avec votre ami(e) et vous passez devant un homme sur un banc dans le parc. Exprimez votre mépris pour les hommes comme lui qui appellent ceux qui passent et qui sont si sales et misérables. Votre ami(e) va exprimer sa pitié pour l'homme et sa rage contre une société qui fait si peu pour les hommes comme lui.
   b. Après le jeu de rôles, discutez quelle réaction est plus naturelle pour vous.
   c. Est-ce une contradiction d'éprouver tous ces sentiments à la fois?
   d. Qu'est-ce qui cause la réaction des passants, selon vous?

6. Ce poème de Prévert raconte sur un ton léger une histoire pleine de tristesse. En groupes de deux, inventez des détails qui ne sont pas dans le poème (le nom de l'homme sur le banc, son histoire, sa condition mentale et physique, le nom du [de la] passant[e] et ce qu'il/elle décide de faire, ce qui arrive aux deux personnes le jour suivant, etc.).

7. Dans la vie moderne, qui est souvent une course contre la montre, le découragement est comme cet homme assis sur un banc. Quand le découragement vous appelle, que faites-vous? Ecoutez-vous d'abord cet appel ou passez-vous tout de suite à l'action pour surmonter la dépression? Quelles sont ces actions?

Albert Camus
(1913–1960)

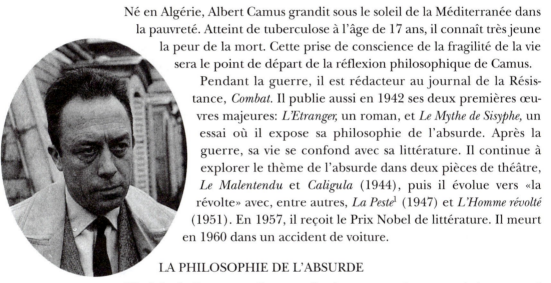

Né en Algérie, Albert Camus grandit sous le soleil de la Méditerranée dans la pauvreté. Atteint de tuberculose à l'âge de 17 ans, il connaît très jeune la peur de la mort. Cette prise de conscience de la fragilité de la vie sera le point de départ de la réflexion philosophique de Camus.

Pendant la guerre, il est rédacteur au journal de la Résistance, *Combat*. Il publie aussi en 1942 ses deux premières œuvres majeures: *L'Etranger*, un roman, et *Le Mythe de Sisyphe*, un essai où il expose sa philosophie de l'absurde. Après la guerre, sa vie se confond avec sa littérature. Il continue à explorer le thème de l'absurde dans deux pièces de théâtre, *Le Malentendu* et *Caligula* (1944), puis il évolue vers «la révolte» avec, entre autres, *La Peste*[1] (1947) et *L'Homme révolté* (1951). En 1957, il reçoit le Prix Nobel de littérature. Il meurt en 1960 dans un accident de voiture.

LA PHILOSOPHIE DE L'ABSURDE

Disciple de Descartes, Camus refusait tout ce qui ne pouvait être prouvé par la raison. Mais quel sens donner à la vie quand la mort est présente partout? L'absurde naît de l'opposition entre la passion de vivre et notre destin de mort, entre les questions de l'homme et «le silence déraisonnable du monde».

Que faire devant l'absurde? Camus rejette la résignation sous toutes ses formes. Tout d'abord, il faut être lucide et accepter le tragique de la condition humaine. Il faut aussi vivre dans le présent, car le présent est la seule certitude. Pour cela, il faut refuser l'espoir en une vie meilleure car l'espoir substitue l'illusion à la réalité. «L'espoir, au contraire de ce qu'on croit, équivaut à la résignation. Et vivre, c'est ne pas se résigner» (*Noces*, 1939).

1. *The Plague*

Sisyphe, héros mythologique condamné par les dieux à pousser sans fin un rocher en haut d'une montagne, représente l'homme «absurde» par excellence. Il n'est pas très différent de l'homme en général condamné à une routine répétitive. Si Sisyphe espère une autre vie, un demain différent, il ne peut pas être heureux aujourd'hui. Mais si, au lieu de chercher une victoire impossible, il accepte «la lutte vers les sommets», alors il peut apprécier les joies du présent, il peut «sentir sa vie» et par sa lucidité il devient libre. Par conséquent, «il faut imaginer Sisyphe heureux».

Cette prise de conscience de l'absurde et le refus de la résignation sont ce que Camus appelle «la révolte». Individuelle d'abord, cette révolte devient vite collective, car la condition humaine et la mort sont universelles. Sur le modèle du «Je pense, donc je suis» de Descartes, Camus adopte la devise «Je me révolte, donc nous sommes» pour montrer l'évolution du personnel au collectif dans sa philosophie de l'action.

A partir du roman allégorique *La Peste*, les héros de Camus cessent d'être des étrangers pour entrer dans une lutte commune contre les pestes physiques et morales du monde, contre le mal, contre la mort. Ici encore, l'espoir et la victoire sont exclus; la lutte de chaque jour suffit et c'est dans cette lutte qu'on découvre «la tendresse humaine».

PREPARATION A LA LECTURE

Camus choisit Sisyphe comme un héros du vingtième siècle. Avant de lire ce passage, considérez ce qui constitue un héros. Quand vous parlez d'un «héros» en fiction ou dans la «vie réelle», que voulez-vous dire? Quelles sont les caractéristiques et les actions d'un héros? En petits groupes, faites une liste et discutez vos réponses. Puis, parcourez le texte en comparant ce que vous avez écrit avec ce que vous trouvez dans le texte.

◆ LE MYTHE DE SISYPHE [extrait]

Les dieux avaient condamné Sisyphe à rouler sans cesse un rocher jusqu'au sommet d'une montagne d'où la pierre retombait par son propre poids. Ils avaient pensé avec quelque raison qu'il n'est pas de punition plus terrible que le travail inutile et sans espoir…

5   On dit que Sisyphe étant près de mourir voulut imprudemment éprouver° l'amour de sa femme. Il lui ordonna de jeter son corps sans sépulture au milieu de la place publique. Sisyphe se retrouva dans les   ici: *test*

enfers°. Et là, irrité d'une obéissance si contraire à l'amour humain, il obtint de Pluton° la permission de retourner sur la terre pour châtier° sa

10 femme. Mais quand il eut de nouveau revu le visage de ce monde, goûté l'eau et le soleil, les pierres chaudes et la mer, il ne voulut plus retourner dans l'ombre infernale. Les rappels, les colères et les avertissements° n'y firent rien. Bien des années encore, il vécut devant la courbe du golfe, la mer éclatante et les sourires de la terre. Il fallut un arrêt° des dieux. Mer-

15 cure vint saisir l'audacieux au collet° et l'ôtant° à ses joies, le ramena de force aux enfers où son rocher était tout prêt.

On a compris déjà que Sisyphe est le héros absurde. Il l'est autant par ses passions que par son tourment. Son mépris° des dieux, sa haine° de la mort et sa passion pour la vie, lui ont valu ce supplice indicible° où tout

20 l'être s'emploie à ne rien achever. C'est le prix qu'il faut payer pour les passions de cette terre. On ne nous dit rien sur Sisyphe aux enfers. Les mythes sont faits pour que l'imagination les anime. Pour celui-ci on voit seulement tout l'effort d'un corps tendu pour soulever l'énorme pierre, la rouler et l'aider à gravir° une pente° cent fois recommencée; on voit le

25 visage crispé°, la joue collée° contre la pierre, le secours° d'une épaule qui reçoit la masse couverte de glaise°, d'un pied qui la cale°, la reprise à bout de bras, la sûreté tout humaine de deux mains pleines de terre. Tout au bout de ce long effort mesuré par l'espace sans ciel et le temps sans profondeur, le but est atteint. Sisyphe regarde alors la pierre dévaler° en

30 quelques instants vers ce monde inférieur d'où il faudra la remonter vers les sommets. Il redescend dans la plaine.

C'est pendant ce retour, cette pause que Sisyphe m'intéresse. Un visage qui peine° si près des pierres est déjà pierre lui-même! Je vois cet homme redescendre d'un pas lourd mais égal vers le tourment dont il ne connaî-

35 tra pas la fin. Cette heure qui est comme une respiration et qui revient aussi sûrement que son malheur, cette heure est celle de la conscience. A chacun de ces instants, où il quitte les sommets et s'enfonce° peu à peu vers les tanières° des dieux, il est supérieur à son destin. Il est plus fort que son rocher.

40 Si ce mythe est tragique, c'est que son héros est conscient. Où serait en effet sa peine, si à chaque pas l'espoir de réussir le soutenait? L'ouvrier d'aujourd'hui travaille, tous les jours de sa vie, aux mêmes tâches et ce destin n'est pas moins absurde. Mais il n'est tragique qu'aux rares moments où il devient conscient. Sisyphe prolétaire° des dieux, impuissant et

45 révolté, connaît toute l'étendue° de sa misérable condition: c'est à elle qu'il pense pendant sa descente. La clairvoyance qui devait faire son tourment consomme du même coup sa victoire. Il n'est pas de destin qui ne se surmonte par le mépris.

Margin glosses:

séjour des morts

dieu des enfers / punir

warnings

une action

au... par le cou / enlevant

contempt / contraire de l'amour / **ce...** cette torture horrible

monter / *slope*

contracté / pressée / l'aide / terre / l'arrête

descendre

souffre

descend

habitations souterraines

serviteur

l'importance, la dimension

Si la descente ainsi se fait certains jours dans la douleur, elle peut se
50 faire aussi dans la joie. Ce mot n'est pas de trop. J'imagine encore Sisyphe
revenant vers son rocher, et la douleur était au début. Quand les images de
la terre tiennent trop fort au souvenir, quand l'appel du bonheur se fait
trop pressant, il arrive que la tristesse se lève au cœur de l'homme: c'est la
victoire du rocher, c'est le rocher lui-même. L'immense détresse est trop
55 lourde à porter. Ce sont nos nuits de Gethsémani°. Mais les vérités écra-
santes périssent d'être° reconnues. Ainsi, Œdipe° obéit d'abord au destin
sans le savoir. A partir du moment où il sait, sa tragédie commence. Mais
dans le même instant, aveugle et désespéré, il reconnaît que le seul lien
qui le rattache au monde, c'est la main fraîche d'une jeune fille. Une
60 parole démesurée° retentit° alors: «Malgré tant d'épreuves, mon âge
avancé et la grandeur de mon âme me font juger que tout est bien.» […]

On ne découvre pas l'absurde sans être tenté d'écrire quelque° manuel
du bonheur. «Eh! quoi, par des voies° si étroites… ?» Mais il n'y a qu'un
monde. Le bonheur et l'absurde sont deux fils de la même terre. Ils sont
65 inséparables. L'erreur serait de dire que le bonheur naît forcément de la
découverte absurde. Il arrive aussi bien que le sentiment de l'absurde
naisse du bonheur. «Je juge que tout est bien», dit Œdipe, et cette parole
est sacrée. Elle retentit dans l'univers farouche° et limité de l'homme. Elle
enseigne que tout n'est pas, n'a pas été épuisé°. Elle chasse de ce monde
70 un dieu qui y était entré avec l'insatisfaction et le goût des douleurs
inutiles. Elle fait du destin une affaire d'homme, qui doit être réglée°
entre les hommes.

Toute la joie silencieuse de Sisyphe est là. Son destin lui appartient. Son
rocher est sa chose. De même, l'homme absurde, quand il contemple son
75 tourment, fait taire° toutes les idoles. Dans l'univers soudain rendu à son
silence, les mille petites voix émerveillées de la terre s'élèvent. Appels
inconscients et secrets, invitations de tous les visages, ils sont l'envers°
nécessaire et le prix de la victoire. Il n'y a pas de soleil sans ombre, et il faut
connaître la nuit. L'homme absurde dit oui et son effort n'aura plus de
80 cesse°. S'il y a un destin personnel, il n'y a point de destinée supérieure ou
du moins il n'en est qu'une dont il juge qu'elle est fatale et méprisable.
Pour le reste, il se sait le maître de ses jours. A cet instant subtil où
l'homme se retourne sur sa vie, Sisyphe revenant vers son rocher, dans ce
léger pivotement, il contemple cette suite d'actions sans lien qui devient
85 son destin, créé par lui, uni sous le regard de sa mémoire et bientôt scellé°
par sa mort. Ainsi, persuadé de l'origine tout humaine de tout ce qui est
humain, aveugle qui désire voir et qui sait que la nuit n'a pas de fin, il est
toujours en marche. Le rocher roule encore.

---

nuits… référence au sacrifice de Jésus-Christ / **périssent…** meurent si elles sont / héros de la mythologie grecque

très grande / s'entend

un

routes

violent

consommé

déterminée

fait… réduit au silence

l'autre côté

fin

sealed

Je laisse Sisyphe au bas de la montagne! On retrouve toujours son
90 fardeau°. Mais Sisyphe enseigne la fidélité supérieure qui nie les° dieux et
soulève les rochers. Lui aussi juge que tout est bien. Cet univers désormais
sans maître ne lui paraît ni stérile ni futile. Chacun des grains de cette
pierre, chaque éclat minéral de cette montagne pleine de nuit, à lui seul,
forme un monde. La lutte elle-même vers les sommets suffit à remplir un
95 cœur d'homme. Il faut imaginer Sisyphe heureux.

burden / **nie...** refuse
l'existence des

— *Le Mythe de Sisyphe,* 1942

COMPREHENSION

1. Pourquoi est-ce que les dieux ont condamné Sisyphe à son destin?

2. Décrivez en détail la punition de Sisyphe.

3. Qu'y a-t-il d'absurde dans cette punition?

4. Quand et comment Sisyphe est-il supérieur à son destin?

5. Quand le rocher est-il plus fort que l'homme et quand l'homme est-il
   plus fort que le rocher?

6. Qu'est-ce que «l'ouvrier d'aujourd'hui» et Sisyphe ont en commun?
   Et quel est le lien entre la montagne de Sisyphe et le jardin de
   Gethsémani?

PERCEPTIONS

1. L'ascension de Sisyphe avec son rocher est décrite comme un effort
   «mesuré par l'espace sans ciel et le temps sans profondeur». Comment
   interprétez-vous cet effort?

2. La descente vers le rocher est le moment où Sisyphe contemple son travail et son destin. Examinez les différentes émotions que Sisyphe
   éprouve pendant cette descente. Pourquoi ressent-il chaque émotion?
   Laquelle est la plus forte, à votre avis?

3. Camus compare Sisyphe à l'homme moderne, esclave de la routine et
   des obligations de la vie journalière. Dans quelle mesure la vie de tous
   les jours est-elle comme le rocher de Sisyphe? Décrivez votre routine.
   Est-ce que cette routine limite ou augmente votre bonheur? Expliquez.

4. Avant la lecture vous avez fait une liste des caractéristiques d'un héros.
   Dans quel sens Sisyphe est-il un héros? Quels sont ses points faibles? Est-
   ce qu'il représente le héros moderne pour vous? Expliquez.

5. Camus utilise plusieurs maximes dans cet essai. Par exemple, «Il n'est pas de destin qui ne se surmonte par le mépris», «Le bonheur et l'absurde sont deux fils de la même terre».

   a. Pouvez-vous en trouver au moins deux autres?

   b. Quel est l'effet de ces phrases sur le ton et le sens de l'essai?

   c. Avec quelques camarades de classe, créez trois ou quatre maximes sur la vie dans le monde actuel.

6. Beaucoup d'écrivains de l'âge moderne parlent de l'absurdité de la vie. Quand on prend conscience de l'impuissance humaine devant les questions, les contradictions et les injustices de la vie (et de la mort), pourquoi peut-on penser que la vie est absurde? Etes-vous d'accord?

7. Selon Camus, l'absurde et le bonheur sont compatibles. Quel est le bonheur de Sisyphe? Qu'en pensez-vous?

Jean-Paul Sartre
(1905–1980)

Orphelin de père à un an, Jean-Paul Sartre a passé une enfance heureuse en Alsace, auprès de son grand-père maternel Charles Schweitzer (l'oncle du célèbre missionnaire Albert Schweitzer). Quand sa mère s'est remariée, Sartre s'est plus ou moins séparé de sa famille. Il est venu à Paris faire des études de philosophie, qu'il a terminées en 1929, en même temps que Simone de Beauvoir, sa compagne. Il a été professeur de philosophie de 1929 jusqu'à la guerre. Mobilisé, puis prisonnier en Allemagne, il a soudain découvert «l'irruption de l'Histoire» dans sa vie individuelle et sa philosophie de «l'homme seul» représentée par *La Nausée* (1938) et *Le Mur* (1939), est devenue un engagement moral et politique.

Libéré en 1941, il a fondé un groupe de résistance intellectuelle et s'est lancé dans le théâtre avec *Les Mouches* (1943) et *Huis clos* (1944). Après la guerre, Sartre l'écrivain, le philosophe, le journaliste et l'homme politique, celui qui voulait «dénoncer l'injustice partout» est devenu un héros national. Son activité politique (pro-communiste, anti-colonialiste) lui a fait des amis et des ennemis dans le monde entier. Que ce soit dans les journaux (il en a dirigé plusieurs), à la radio ou à la télévision, dans ses conférences ou dans ses voyages, Sartre n'a jamais eu peur d'exprimer son opinion. En 1964, il a refusé le Prix Nobel de littérature, une distinction qu'il jugeait politiquement attachée au monde capitaliste.

Grand travailleur intellectuel, Sartre consacrait six heures par jour à l'écriture. Il a écrit des ouvrages philosophiques, dont *L'Etre et le Néant* (1943) et *Critique de la raison dialectique* (1960). Ses essais comprennent *L'Existentialisme est un humanisme* (1946), des études sur *Baudelaire* (1947) et sur *Flaubert* (1972), et un document autobiographique, *Les Mots* (1964). Il a aussi écrit des romans, dont les quatre volumes des *Chemins de la liberté*. Son théâtre est un théâtre de situations qui transpose les grandes questions du 20e siècle. *Les Mains sales* (1948) transposent ainsi le problème de l'intellectuel dans l'action: l'idéalisme révolutionnaire et le réalisme sont-ils compatibles?

L'EXISTENTIALISME

L'existentialisme de Sartre, comme la philosophie de l'absurde de Camus, met l'accent sur l'existence. Refusant toute essence préexistante, «l'homme est ce qu'il se fait». Par ses actions il exprime sa liberté et sa responsabilité. «Nos actes, nos actes seuls nous jugent» et tout comme l'action a un contexte ou «une situation», le mal et le bien sont aussi relatifs à la situation (Sartre diffère ici de Camus, dont les valeurs morales sont plus définies). C'est ainsi que dans la lutte pour les droits de l'homme, ce n'est pas nécessairement mal de se salir les mains…

PREPARATION A LA LECTURE

Pendant et après la Seconde Guerre mondiale, beaucoup de Français sont devenus membres du Parti Communiste, en réaction à l'occupation allemande et aux gouvernements fascistes de l'époque. Dans les années 50, cependant, quand l'URSS a envahi plusieurs pays d'Europe de l'Est, certains ont commencé à remettre le Parti Communiste en question: était-ce vraiment la solution aux injustices politiques et sociales de l'époque, ou était-ce une reprise des mêmes crimes contre l'humanité?

Tel est le contexte de la scène que vous allez lire. Hugo et Hoederer sont tous deux membres du Parti Communiste, dans un pays imaginaire d'Europe de l'Est. Après avoir collaboré avec des groupes fascistes, le Régent est maintenant disposé à collaborer avec les communistes victorieux. Les communistes devraient-ils l'inclure dans leur nouveau gouvernement? Hugo et Hoederer considèrent le rapport entre la politique et la morale.

Avant de lire leur dialogue, considérez vos raisons personnelles pour devenir (ou ne pas devenir) membre d'un parti politique—ou d'un groupe qui soutient une cause—et faites une liste de ces raisons. Qu'est-ce que vous seriez prêt(e) à faire pour ce groupe si vous en étiez membre? Si vous viviez en période de révolution et de changement dans votre pays, que seriez-vous disposé(e) à faire pour votre cause? Discutez, puis parcourez le texte pour voir si vos réponses sont comparables à celles de Hugo et de Hoederer.

✦ LES MAINS SALES [scène]

HUGO: Le Parti a un programme: la réalisation d'une économie socialiste, et un moyen: l'utilisation de la lutte de classes. Vous allez vous servir de lui pour faire une politique de collaboration de classes dans le cadre° **contexte** d'une économie capitaliste. Pendant des années vous allez mentir,
5 ruser°, louvoyer°, vous irez de compromis en compromis; vous **tromper / prendre des** défendrez devant nos camarades des mesures réactionnaires prises par **détours** un gouvernement dont vous ferez partie. Personne ne comprendra: les durs nous quitteront, les autres perdront la culture politique qu'ils viennent d'acquérir. Nous serons contaminés, amollis°, désorientés; **rendus plus mous, plus**
10 nous deviendrons réformistes et nationalistes; pour finir, les partis **faibles** bourgeois n'auront qu'à prendre la peine de nous liquider. Hoederer! ce Parti, c'est le vôtre, vous ne pouvez pas avoir oublié la peine que vous avez prise pour le forger, les sacrifices qu'il a fallu demander, la discipline qu'il a fallu imposer. Je vous en supplie: ne le sacrifiez pas de
15 vos propres mains.

HOEDERER: Que de bavardages! Si tu ne veux pas courir de risques il ne faut pas faire de politique.

HUGO: Je ne veux pas courir ces risques-là.

HOEDERER: Parfait: alors comment garder le pouvoir?

20 HUGO: Pourquoi le prendre?

HOEDERER: Es-tu fou? Une armée socialiste va occuper le pays et tu la laisserais repartir sans profiter° de son aide? C'est une occasion qui ne **bénéficier** se reproduira jamais plus: je te dis que nous ne sommes pas assez forts pour faire la Révolution seuls.

25 HUGO: On ne doit pas pouvoir prendre le pouvoir à ce prix.

HOEDERER: Qu'est-ce que tu veux faire du Parti? Une écurie de courses°? A **racing stable** quoi ça sert-il de fourbir° un couteau tous les jours si l'on n'en use **nettoyer** jamais pour trancher°? Un parti, ce n'est jamais qu'un moyen. Il n'y a **couper** qu'un seul but: le pouvoir.

30 HUGO: Il n'y a qu'un seul but: c'est de faire triompher nos idées, toutes nos idées et rien qu'elles.

HOEDERER: C'est vrai: tu as des idées, toi. Ça te passera.

HUGO: Vous croyez que je suis le seul à en avoir? Ça n'était pas pour des idées qu'ils sont morts, les copains qui se sont fait tuer par la police du
35   Régent? Vous croyez que nous ne les trahirions pas, si nous faisions servir le Parti à dédouaner° leurs assassins?

HOEDERER: Je me fous° des morts. Ils sont morts pour le Parti et le Parti peut décider ce qu'il veut. Je fais une politique de vivant, pour les vivants.

40   HUGO: Et vous croyez que les vivants accepteront vos combines°?

HOEDERER: On les leur fera avaler° tout doucement.

HUGO: En leur mentant?

HOEDERER: En leur mentant quelquefois.

HUGO: Vous… vous avez l'air si vrai, si solide! Ça n'est pas possible que
45   vous acceptiez de mentir aux camarades.

HOEDERER: Pourquoi? Nous sommes en guerre et ça n'est pas l'habitude de mettre le soldat heure par heure au courant des opérations.

HUGO: Hoederer, je… je sais mieux que vous ce que c'est que le mensonge; chez mon père tout le monde se mentait, tout le monde me mentait. Je
50   ne respire° que depuis mon entrée au Parti. Pour la première fois j'ai vu des hommes qui ne mentaient pas aux autres hommes. Chacun pouvait avoir confiance en tous et tous en chacun, le militant le plus humble avait le sentiment que les ordres des dirigeants lui révélaient sa volonté profonde, et s'il y avait un coup dur°, on savait pourquoi on
55   acceptait de mourir. Vous n'allez pas…

HOEDERER: Mais de quoi parles-tu?

HUGO: De notre Parti.

HOEDERER: De notre Parti? Mais on y a toujours un peu menti. Comme partout ailleurs. Et toi, Hugo, tu es sûr que tu ne t'es jamais menti, que
60   tu n'as jamais menti, que tu ne mens pas à cette minute même?

HUGO: Je n'ai jamais menti aux camarades. Je… A quoi ça sert de lutter pour la libération des hommes, si on les méprise assez pour leur bourrer le crâne°?

HOEDERER: Je mentirai quand il faudra et je ne méprise personne. Le
65   mensonge, ce n'est pas moi qui l'ai inventé: il est né dans une société divisée en classes et chacun de nous l'a hérité en naissant. Ce n'est pas en refusant de mentir que nous abolirons le mensonge: c'est en usant de tous les moyens pour supprimer les classes.

HUGO: Tous les moyens ne sont pas bons.

70   HOEDERER: Tous les moyens sont bons quand ils sont efficaces.

(marginal glosses)

acquitter

me… ne m'occupe pas

actions

accepter

suis tranquille

un… une action
difficile

bourrer… remplir la
tête de mensonges

HUGO: Alors, de quel droit condamnez-vous la politique du Régent? Il a déclaré la guerre à l'U.R.S.S. parce que c'était le moyen le plus efficace de sauvegarder° l'indépendance nationale. — *préserver*

HOEDERER: Est-ce que tu t'imagines que je la condamne? Il a fait ce que n'importe quel type° de sa caste aurait fait à sa place. Nous ne luttons ni contre des hommes ni contre une politique mais contre la classe qui produit cette politique et ces hommes. — *homme*

HUGO: Et le meilleur moyen que vous ayez trouvé pour lutter contre elle, c'est de lui offrir de partager le pouvoir avec vous?

80 HOEDERER: Parfaitement. Aujourd'hui, c'est le meilleur moyen.

(*Un temps.*)

Comme tu tiens à ta pureté, mon petit gars°! Comme tu as peur de te salir les mains. Eh bien, reste pur! A qui cela servira-t-il et pourquoi viens-tu parmi nous? La pureté, c'est une idée de fakir° et de moine. Vous autres, les intellectuels, les anarchistes bourgeois, vous en tirez prétexte pour ne rien faire. Ne rien faire, rester immobile, serrer° les coudes contre le corps, porter des gants. Moi j'ai les mains sales. Jusqu'aux coudes. Je les ai plongées dans la merde° et dans le sang. Et puis après? Est-ce que tu t'imagines qu'on peut gouverner innocemment? — *guy* / *personnage religieux de l'Inde* / *tenir* / *excrément*

90 HUGO: On s'apercevra peut-être un jour que je n'ai pas peur du sang.

HOEDERER: Parbleu: des gants rouges, c'est élégant. C'est le reste qui te fait peur. C'est ce qui pue° à ton petit nez d'aristocrate. — *ne sent pas bon*

HUGO: Et nous y voilà revenus: je suis un aristocrate, un type qui n'a jamais eu faim! Malheureusement pour vous, je ne suis pas seul de mon avis.

95 HOEDERER: Pas seul? Tu savais donc quelque chose de mes négociations avant de venir ici?

HUGO: N-non. On en avait parlé en l'air°, au Parti, et la plupart des types n'étaient pas d'accord et je peux vous jurer que ce n'étaient pas des aristocrates. — *de façon abstraite ou générale*

100 HOEDERER: Mon petit, il y a malentendu°: je les connais, les gars du Parti qui ne sont pas d'accord avec ma politique et je peux te dire qu'ils sont de mon espèce, pas de la tienne°—et tu ne tarderas pas à° le découvrir. S'ils ont désapprouvé ces négociations, c'est tout simplement qu'ils les jugent inopportunes; en d'autres circonstances ils seraient les premiers à les engager. Toi, tu en fais une affaire de principes. — *manque de compréhension* / **de mon...** *comme moi, pas comme toi /* **ne...** *n'attendras pas longtemps pour*

HUGO: Qui a parlé de principes?

HOEDERER: Tu n'en fais pas une affaire de principes? Bon. Alors voici qui
doit te convaincre: si nous traitons° avec le Régent, il arrête la guerre;   faisons un traité
les troupes illyriennes attendent gentiment que les Russes viennent les
110   désarmer; si nous rompons° les pourparlers°, il sait qu'il est perdu et il   arrêtons / discussions
se battra comme un chien enragé°; des centaines de milliers d'hommes   rabid
y laisseront leur peau. Qu'en dis-tu? (*Un silence.*) Hein? Qu'en dis-tu?
Peux-tu rayer° cent mille hommes d'un trait de plume°?   éliminer / stylo

HUGO (*péniblement*): On ne fait pas la révolution avec des fleurs. S'ils
115   doivent y rester…

HOEDERER: Eh bien?

HUGO: Eh bien, tant pis!

HOEDERER: Tu vois! tu vois bien! Tu n'aimes pas les hommes, Hugo. Tu
n'aimes que les principes.

120   HUGO: Les hommes? Pourquoi les aimerais-je? Est-ce qu'ils m'aiment?

HOEDERER: Alors pourquoi es-tu venu chez nous? Si on n'aime pas les
hommes on ne peut pas lutter pour eux.

HUGO: Je suis entré au Parti parce que sa cause est juste et j'en sortirai
quand elle cessera de l'être. Quant aux hommes, ce n'est pas ce qu'ils
125   sont qui m'intéresse mais ce qu'ils pourront devenir.

HOEDERER: Et moi, je les aime pour ce qu'ils sont. Avec toutes leurs
saloperies° et tous leurs vices. J'aime leurs voix et leurs mains chaudes   mauvaises actions
qui prennent et leur peau, la plus nue de toutes les peaux, et leur
regard inquiet et la lutte désespérée qu'ils mènent chacun à son tour
130   contre la mort et contre l'angoisse. Pour moi, ça compte un homme de
plus ou de moins dans le monde. C'est précieux. Toi, je te connais
bien, mon petit, tu es un destructeur. Les hommes, tu les détestes parce
que tu te détestes toi-même; ta pureté ressemble à la mort et la
Révolution dont tu rêves n'est pas la nôtre: tu ne veux pas changer le
135   monde, tu veux le faire sauter°.   exploser

HUGO (*s'est levé*): Hoederer!

HOEDERER: Ce n'est pas ta faute; vous êtes tous pareils. Un intellectuel, ça
n'est pas un vrai révolutionnaire; c'est tout juste bon à faire un assassin.

HUGO: Un assassin. Oui!

— *Les Mains sales,* 1948

COMPREHENSION

1. Selon Hugo, quelles seront les conséquences d'une politique de collaboration?

2. Quel compromis Hoederer est-il prêt à faire sur le plan militaire?

3. D'après Hoederer, quel est le but principal d'un parti politique? Et d'après Hugo?

4. Comment Hoederer justifie-t-il le droit du Parti de mentir aux gens? Pourquoi Hugo est-il si opposé au mensonge?

5. Montrez la différence d'opinion entre Hugo et Hoederer sur «les moyens» utilisés par le Parti.

6. Selon Hoederer, quel est le meilleur moyen de sauvegarder l'indépendance nationale?

7. Qu'est-ce que Hoederer reproche aux puristes et aux aristocrates?

8. Selon Hoederer, qu'est-ce que la vie de centaines de milliers d'hommes justifie?

9. Hugo préfère-t-il les hommes ou les idées? Expliquez.

PERCEPTIONS

1. Hugo et Hoederer discutent «les moyens» qu'un parti politique peut utiliser. Si les buts d'un parti sont honorables, est-ce que tous les moyens sont permis, même s'il faut mentir ou tuer? Est-ce qu'une fin noble justifie des moyens ignobles? Comparez les exemples du texte à des événements politiques plus récents.

2. Hugo résiste aux compromis. Il cherche à rester pur. Hoederer, au contraire, dit qu'il a les «mains sales». Est-ce qu'il est nécessaire qu'un politicien ait les mains sales, ou est-il possible de rester pur? Parlez des politiciens actuels que vous jugez purs et ceux qui ont les «mains sales». Lesquels sont les plus efficaces?

3. Hugo vient d'une famille bourgeoise, une famille assez aisée. Hoederer fait remarquer que la plupart des membres du Parti Communiste ont des origines plus modestes. Le fait d'être «riche» aux yeux des autres met Hugo dans une catégorie à part. Ressent-il le besoin de s'en excuser? Vous est-il arrivé de vous sentir différent des autres parce que vous veniez d'un milieu différent (plus pauvre, plus riche, d'une autre région des Etats-Unis, etc.)? Est-ce que cela vous a causé des difficultés? Expliquez.

4. Agir ou ne pas agir? Cette question, clairement posée par Hugo et Hoederer, implique un choix individuel. La solitude au moment du choix peut créer beaucoup de tension et d'anxiété. Ici il est question de choix politiques (être membre d'un parti politique? suivre les directives des chefs du parti? diriger un parti politique vers un certain but? etc.). Ce même sentiment d'isolement nous atteint dans diverses situations. Parlez d'un choix difficile. Vous sentiez-vous seul(e)? Quelle décision avez-vous prise?

5. D'après Sartre, la liberté de choix est toute puissante. Il juge que ce que nous choisissons de faire constitue en fin de compte une définition de nous-mêmes. Nous sommes ce que nous avons fait. C'est seulement la race humaine qui a cette capacité de se former ainsi, de créer sa nature. Mais cette capacité est accompagnée d'une lourde responsabilité, celle de choisir d'une manière authentique, sans permettre aux autres (famille, amis, religion, etc.) de nous contrôler au moment du choix.

   a. Considérez Hugo et Hoederer. D'après vous, est-ce que chacun choisit librement?

   b. Croyez-vous qu'on puisse vraiment choisir sans baser son choix sur les valeurs de sa famille, de sa religion, de ses amis, etc.? Est-ce une bonne chose d'exclure ces influences?

   c. Que pensez-vous de l'idée que l'homme est ce qu'il fait?

Eugène Ionesco
(1912–1994)

Né en 1912 en Roumanie de père roumain et de mère française, Eugène Ionesco passe son enfance en France et son adolescence en Roumanie. Devenu professeur de français dans un collège de Bucarest, en 1938 il reçoit une bourse du gouvernement roumain pour préparer sa thèse de doctorat à Paris. Il est donc en France quand la guerre éclate, et il va y rester avec sa femme et sa fille.

Pendant plusieurs années il vit dans la pauvreté. Pour obtenir un meilleur travail dans l'administration, il décide d'apprendre l'anglais avec les disques et les livres de la méthode Assimil. C'est alors qu'il se rend compte de l'absurdité du langage et du vide des conversations quotidiennes. «Dès la troisième leçon, note-t-il, deux personnages étaient mis en présence, M. et Mme Smith, un couple d'Anglais. A mon grand émerveillement, Mme Smith faisait connaître à son mari qu'ils avaient plusieurs enfants, qu'ils habitaient dans les environs de Londres, que leur nom était Smith, etc.» (*Notes et contre-notes*). Combinant les clichés, les truismes, les banalités de la méthode Assimil—et de la vie de tous les jours—Ionesco écrit sa première pièce, *La Cantatrice chauve*[1] (1948). Il n'y a pas d'intrigue, pas d'action, il n'y a même pas de cantatrice chauve; dans cette anti-pièce du «théâtre de l'absurde», il y a seulement le spectacle de l'absurde, l'évidence triviale de la non-communication. Au lieu de servir le drame, le langage devient le drame même. L'effet immédiat est comique; le message est tragique.

Représentée en 1950 dans un petit théâtre de Paris, la pièce obtient un succès immédiat. *La Leçon*, créée en 1951, connaît le même succès en France et à l'étranger. Plus tard, le théâtre de Ionesco, tout en gardant la forme mécanique qui caractérise le théâtre de l'absurde, évolue vers des pièces à message. Ainsi dans *Rhinocéros* (1960), Ionesco dénonce allégoriquement les dangers du fascisme, du communisme ou du totalitarisme sous toutes leurs formes. Défenseur de l'individu dans une société qui veut supprimer l'individualité, Ionesco ne propose cependant aucun espoir, seulement la réalité de la solitude humaine.

1. *bald soprano*

PREPARATION A LA LECTURE

Au cours de vos lectures, vous avez pu distinguer les divers moyens qui permettent d'introduire l'humour dans une pièce. Pensez à *La Farce du cuvier*, *L'Ecole des femmes*, et *Le Jeu de l'amour et du hasard*. Ionesco est un maître de l'art comique; ses pièces sont parmi les plus amusantes du théâtre contemporain. Une de ses techniques consiste à montrer le bizarre dans une situation qui semble totalement ordinaire et insignifiante.

En lisant la scène suivante de *La Cantatrice chauve*, une scène dans laquelle deux personnes attendent leurs amis, soulignez ou faites une liste de tout ce qui vous semble étrange. Considérez ce qui se passe et ce qu'on dit. Trouvez aussi et soulignez des expressions qui sont traduites directement de l'anglais et qui ajoutent au sens d'étrangeté dans la pièce.

✦ LA CANTATRICE CHAUVE [scène]

SCENE IV

MME *et* M. MARTIN *s'assoient l'un en face de l'autre, sans se parler. Ils se sourient, avec timidité.*

M. MARTIN (*le dialogue qui suit doit être dit d'une voix traînante°, monotone, un*   lente
peu chantante, nullement nuancée): Mes excuses, Madame, mais il me semble, si je ne me trompe, que je vous ai déjà rencontrée quelque part.

5 MME MARTIN: A moi aussi, Monsieur, il me semble que je vous ai déjà rencontré quelque part.

M. MARTIN: Ne vous aurais-je pas déjà aperçue°, Madame, à Manchester, par   vue
hasard?

MME MARTIN: C'est très possible. Moi, je suis originaire de la ville de
10 Manchester! Mais je ne me souviens pas très bien, Monsieur, je ne pourrais pas dire si je vous y ai aperçu, ou non!

M. MARTIN: Mon Dieu, comme c'est curieux! Moi aussi je suis originaire de la ville de Manchester, Madame!

MME MARTIN: Comme c'est curieux!

15 M. MARTIN: Comme c'est curieux!… Seulement, moi, Madame, j'ai quitté la ville de Manchester, il y a cinq semaines, environ.

MME MARTIN: Comme c'est curieux! quelle bizarre coïncidence! Moi aussi, Monsieur, j'ai quitté la ville de Manchester, il y a cinq semaines, environ.

20 M. MARTIN: J'ai pris le train d'une demie après huit le matin, qui arrive à
    Londres à un quart avant cinq, Madame.

    MME MARTIN: Comme c'est curieux! comme c'est bizarre! et quelle
    coïncidence! J'ai pris le même train, Monsieur, moi aussi!

    M. MARTIN: Mon Dieu, comme c'est curieux! peut-être bien alors, Madame,
25 que je vous ai vue dans le train?

    MME MARTIN: C'est bien possible, ce n'est pas exclu, c'est plausible et, après
    tout, pourquoi pas!… Mais je n'en ai aucun souvenir, Monsieur!

    M. MARTIN: Je voyageais en deuxième classe, Madame. Il n'y a pas de
    deuxième classe en Angleterre, mais je voyage quand même en
30 deuxième classe.

    MME MARTIN: Comme c'est bizarre, que c'est curieux, et quelle coïncidence!
    moi aussi, Monsieur, je voyageais en deuxième classe!

    M. MARTIN: Comme c'est curieux! Nous nous sommes peut-être bien
    rencontrés en deuxième classe, chère Madame!

35 MME MARTIN: La chose est bien possible et ce n'est pas du tout exclu. Mais
    je ne m'en souviens pas très bien, cher Monsieur!

    M. MARTIN: Ma place était dans le wagon n° 8, sixième compartiment,
    Madame!

    MME MARTIN: Comme c'est curieux! ma place aussi était dans le wagon n° 8,
40 sixième compartiment, cher Monsieur!

    M. MARTIN: Comme c'est curieux et quelle coïncidence bizarre! Peut-être
    nous sommes-nous rencontrés dans le sixième compartiment, chère
    Madame?

    MME MARTIN: C'est bien possible, après tout! Mais je ne m'en souviens pas,
45 cher Monsieur!

    M. MARTIN: A vrai dire, chère Madame, moi non plus je ne m'en souviens
    pas, mais il est possible que nous nous soyons aperçus là, et, si j'y pense
    bien, la chose me semble même très possible!

    MME MARTIN: Oh! vraiment, bien sûr, vraiment, Monsieur!

50 M. MARTIN: Comme c'est curieux!… J'avais la place n° 3, près de la fenêtre,
    chère Madame.

    MME MARTIN: Oh, mon Dieu, comme c'est curieux et comme c'est
    bizarre, j'avais la place n° 6, près de la fenêtre, en face de vous, cher
    Monsieur.

55   M. MARTIN: Oh, mon Dieu, comme c'est curieux et quelle coïncidence!…
       Nous étions donc vis-à-vis, chère Madame! C'est là que nous avons dû
       nous voir!

    MME MARTIN: Comme c'est curieux! C'est possible mais je ne m'en souviens
       pas, Monsieur!

60   M. MARTIN: A vrai dire, chère Madame, moi non plus je ne m'en souviens
       pas. Cependant, il est très possible que nous nous soyons vus à cette
       occasion.

    MME MARTIN: C'est vrai, mais je n'en suis pas sûre du tout, Monsieur.

    M. MARTIN: Ce n'était pas vous, chère Madame, la dame qui m'avait prié de
65   mettre sa valise dans le filet° et qui ensuite m'a remercié et m'a permis   *place pour les bagages*
       de fumer?

    MME MARTIN: Mais si, ça devait être moi, Monsieur! Comme c'est curieux,
       comme c'est curieux, et quelle coïncidence!

    M. MARTIN: Comme c'est curieux, comme c'est bizarre, quelle coïncidence!
70   Eh bien alors, alors nous nous sommes peut-être connus à ce moment-
       là, Madame?

    MME MARTIN: Comme c'est curieux et quelle coïncidence! c'est bien
       possible, cher Monsieur! Cependant, je ne crois pas m'en souvenir.

    M. MARTIN: Moi non plus, Madame.

Un moment de silence. La pendule° sonne 2–1°.   *clock / deux fois puis*
                                             une autre fois

75   M. MARTIN: Depuis que je suis arrivé à Londres, j'habite rue Bromfield,
       chère Madame.

    MME MARTIN: Comme c'est curieux, comme c'est bizarre! moi aussi, depuis
       mon arrivée à Londres, j'habite rue Bromfield, cher Monsieur.

    M. MARTIN: Comme c'est curieux, mais alors, mais alors, nous nous sommes
80   peut-être rencontrés rue Bromfield, chère Madame.

    MME MARTIN: Comme c'est curieux; comme c'est bizarre! c'est bien
       possible, après tout! Mais je ne m'en souviens pas, cher Monsieur.

    M. MARTIN: Je demeure au n° 19, chère Madame.

    MME MARTIN: Comme c'est curieux, moi aussi j'habite au n° 19, cher
85   Monsieur.

    M. MARTIN: Mais alors, mais alors, mais alors, mais alors, mais alors, nous
       nous sommes peut-être vus dans cette maison, chère Madame?

    MME MARTIN: C'est bien possible, mais je ne m'en souviens pas, cher
       Monsieur.

90 M. MARTIN: Mon appartement est au cinquième étage, c'est le n° 8, chère Madame.

MME MARTIN: Comme c'est curieux, mon Dieu, comme c'est bizarre! et quelle coïncidence! moi aussi j'habite au cinquième étage, dans l'appartement n° 8, cher Monsieur!

95 M. MARTIN (*songeur*): Comme c'est curieux, comme c'est curieux, comme c'est curieux et quelle coïncidence! vous savez, dans ma chambre à coucher j'ai un lit. Mon lit est couvert d'un édredon° vert. Cette   sorte de couverture
chambre, avec ce lit et son édredon vert, se trouve au fond du corridor, entre les waters et la bibliothèque, chère Madame!

100 MME MARTIN: Quelle coïncidence, ah mon Dieu, quelle coïncidence! Ma chambre à coucher a, elle aussi, un lit avec un édredon vert et se trouve au fond du corridor, entre les waters, cher Monsieur, et la bibliothèque!

M. MARTIN: Comme c'est bizarre, curieux, étrange! alors, Madame, nous
105 habitons dans la même chambre et nous dormons dans le même lit, chère Madame. C'est peut-être là que nous nous sommes rencontrés!

MME MARTIN: Comme c'est curieux et quelle coïncidence! C'est bien possible que nous nous y soyons rencontrés, et peut-être même la nuit dernière. Mais je ne m'en souviens pas, cher Monsieur!

110 M. MARTIN: J'ai une petite fille, ma petite fille, elle habite avec moi, chère Madame. Elle a deux ans, elle est blonde, elle a un œil blanc et un œil rouge, elle est très jolie, elle s'appelle Alice, chère Madame.

MME MARTIN: Quelle bizarre coïncidence! moi aussi j'ai une petite fille, elle a deux ans, un œil blanc et un œil rouge, elle est très jolie et s'appelle
115 aussi Alice, cher Monsieur!

M. MARTIN (*même voix traînante, monotone*): Comme c'est curieux et quelle coïncidence! et bizarre! c'est peut-être la même, chère Madame!

MME MARTIN: Comme c'est curieux! c'est bien possible, cher Monsieur.

Un assez long moment de silence... La pendule sonne vingt-neuf fois.

M. MARTIN (*après avoir longuement réfléchi, se lève lentement et, sans se presser, se
120 dirige vers MME MARTIN qui, surprise par l'air solennel de M. MARTIN, s'est levée, elle aussi, tout doucement; M. MARTIN a la même voix rare, monotone, vaguement chantante*):—Alors, chère Madame, je crois qu'il n'y a pas de doute, nous nous sommes déjà vus et vous êtes ma propre épouse... Élisabeth, je t'ai retrouvée!

MME MARTIN *s'approche de* M. MARTIN *sans se presser. Ils s'embrassent sans expression.*
La pendule sonne une fois, très fort. Le coup de la pendule doit être si fort qu'il
doit faire sursauter les spectateurs. Les époux Martin ne l'entendent pas.

125 MME MARTIN: Donald, c'est toi, darling!

Ils s'assoient dans le même fauteuil, se tiennent embrassés et s'endorment. La
pendule sonne encore plusieurs fois [...].

— *La Cantatrice chauve,* 1948

COMPREHENSION

A. Faites une liste de toutes les choses que M. et Mme Martin ont en commun (au moins douze). Complétez le tableau.

---

1. EXEMPLE: ville d'origine
2.
3.
4.
5.
6.
7.
8.
9.
10.
11.
12.

B. Quelle heure est-il quand la pendule sonne la première fois dans cette scène? Et la deuxième fois? Qu'est-ce que la pendule ajoute au caractère «absurde» de la scène?

C. Décrivez la petite Alice. Pourquoi est-ce absurde?

PERCEPTIONS

1. Remarquez les étapes de la reconnaissance dans cette scène de retrouvailles (*recognition*). Notez surtout les répétitions-refrains du couple, et leur ton monotone, pendant qu'ils «découvrent» l'identité de l'autre. Pourquoi est-ce comique? Justifiez votre jugement.

2. Ionesco, avec son sens de l'absurde, nous présente deux époux qui ne se reconnaissent qu'après un grand effort.
   a. Quelle image du mariage présente-t-il ainsi?
   b. Au moment de s'embrasser, et soi-disant heureux d'être «ensemble enfin», les Martin s'endorment immédiatement. Qu'est-ce que Ionesco implique sur la communication humaine?

3. Les personnages de Ionesco basent leur conversation sur le trivial, le banal, l'évident; ils s'expriment de manière formelle comme s'ils ne se connaissaient pas. Dans quelle mesure faisons-nous la même chose dans nos conversations quotidiennes? Pourquoi?

4. Cette scène est-elle tragique ou comique? Justifiez votre opinion.

Jean Anouilh
(1910–1987)

Originaire de Bordeaux, fils d'un tailleur et d'une violoniste, Jean Anouilh s'est intéressé très tôt au théâtre. A 12 ans, il écrivait déjà des fragments de pièces. Après avoir abandonné des études de droit, il a travaillé dans une agence de publicité à Paris, où il a appris «l'art du mot juste»[1], puis il s'est introduit dans le monde du théâtre en tant que secrétaire de Louis Jouvet, l'acteur le plus célèbre de Paris à l'époque.

Les premières pièces de Jean Anouilh n'ont pas eu beaucoup de succès, mais la gloire est venue en 1937 avec *Le Voyageur sans bagage*, une gloire qui ne l'a plus quitté jusqu'à sa mort. Auteur d'une quarantaine de pièces, Anouilh est considéré comme un des grands dramaturges[2] du 20e siècle. Sa pièce *Antigone* (1944) est devenue un classique de la littérature française.

Anouilh a évolué avec son théâtre; il a commencé par des «pièces noires», qui sont les tragédies des pauvres, des enfants qui refusent de grandir, des idéalistes. Puis il a écrit des «pièces roses» qui sont des satires comiques des riches. Dans les «nouvelles pièces noires», dont *Antigone* fait partie, les idéalistes se révoltent encore contre les compromis de la vie, mais leur héroïsme devient «absurde». Les «pièces costumées», qui incluent *Becket ou l'Honneur de Dieu* (l'histoire de l'amitié entre le roi Henri II d'Angleterre et son conseiller Thomas Becket) et *L'Alouette* (l'histoire de Jeanne d'Arc) sont des pièces historiques imprégnées du style à la fois tendre et satirique d'Anouilh. Les «pièces brillantes» et les «pièces grinçantes[3]» constituent le reste du théâtre d'Anouilh: ce sont des pièces tragi-comiques où on joue avec l'absurde, car s'il faut pleurer dans cette vie, que ce soit au moins de rire. Pour survivre aux vicissitudes et à la solitude de la vie, les héros d'Anouilh portent des masques. Alors que les existentialistes «s'installent dans la difficulté», Anouilh opte pour un monde de conventions où chacun joue son rôle, jusqu'au bout.

L'histoire d'*Antigone* est empruntée à la mythologie grecque et à la tragédie de Sophocle, écrite au 5e siècle avant Jésus-Christ. Les faits sont les mêmes: Antigone est la fille d'Œdipe qui, sans le savoir, avait tué son père et épousé sa mère, comme les oracles l'avaient prédit. Quand Œdipe apprend la vérité, vingt ans plus tard, il se crève les yeux et s'abandonne à la mort. Qui va prendre sa place sur le trône du royaume de Thèbes? Ses deux fils, des

1. l'art de trouver les mots ou expressions qui capturent l'attention du lecteur   2. auteurs de pièces de théâtre   3. *gritty, grating*

jumeaux, se disputent le pouvoir et finissent par s'entretuer. Créon, l'oncle, devient roi de Thèbes. Pour établir son autorité au milieu de l'anarchie, Créon décrète l'interdiction d'enterrer[4] le corps de Polynice, «le mauvais frère», mais Antigone ose désobéir au décret royal et enterre son frère, sachant très bien que son acte sera puni de mort. Chez Sophocle, Créon était l'avocat autoritaire de la justice des hommes et Antigone était l'avocate de la justice des dieux; son sacrifice, qui ouvrait la porte du repos éternel à son frère, faisait d'elle une héroïne. Chez Anouilh, Créon est un personnage très sympathique, très sage, qui veut sauver sa nièce; mais Antigone, qui ne croit pas au rite sacré de l'enterrement et reconnaît que son frère n'était qu'une excuse, ne veut pas être sauvée…

4. *bury*

PREPARATION A LA LECTURE

Dans la scène que vous allez lire, nous voyons donc Créon qui essaie de sauver Antigone, et Antigone qui refuse d'être sauvée. Parcourez le texte une première fois pour identifier la motivation des deux personnages. Soulignez les lignes qui expliquent ces motivations.

✦ ANTIGONE [scène]

CREON, *la secoue soudain, hors de lui.*

Mais, bon Dieu! Essaie de comprendre une minute, toi aussi, petite idiote! J'ai bien essayé de te comprendre, moi. Il faut pourtant qu'il y en ait qui disent oui. Il faut pourtant qu'il y en ait qui mènent la
5   barque°. Cela prend l'eau de toutes parts, c'est plein de crimes, de bêtise°, de misère… Et le gouvernail° est là qui ballotte. L'équipage° ne veut plus rien faire, il ne pense qu'à piller la cale° et les officiers sont déjà en train de se construire un petit radeau° confortable, rien que pour eux, avec toute la provision d'eau douce pour tirer au moins leurs
10   os de là. Et le mât craque, et le vent siffle, et les voiles vont se déchirer, et toutes ces brutes vont crever toutes ensemble, parce qu'elles ne pensent qu'à leur peau, à leur précieuse peau et à leurs petites affaires. Crois-tu, alors, qu'on a le temps de faire le raffiné, de savoir s'il faut dire «oui» ou «non», de se demander s'il ne faudra pas payer trop cher
15   un jour et si on pourra encore être un homme après? On prend le bout de bois, on redresse devant la montagne d'eau, on gueule° un ordre et on tire dans le tas°, sur le premier qui s'avance. Dans le tas! Cela n'a pas

mènent… gouvernent
stupidité / *rudder, helm* /
personnel du bateau /
hold / *raft*

crie
au hasard

de nom. C'est comme la vague qui vient de s'abattre sur le pont° devant vous; le vent qui vous gifle°, et la chose qui tombe dans le groupe n'a pas de nom. C'était peut-être celui qui t'avait donné du feu en souriant la veille. Il n'a plus de nom. Et toi non plus, tu n'as plus de nom, cramponné à la barre. Il n'y a plus que le bateau qui ait un nom et la tempête. Est-ce que tu le comprends, cela?

vient... just crashed down on the deck / frappe

ANTIGONE, *secoue la tête.*

Je ne veux pas comprendre. C'est bon pour vous, Moi je suis là pour autre chose que pour comprendre. Je suis là pour vous dire non et pour mourir.

CREON

C'est facile de dire non!

ANTIGONE

Pas toujours.

CREON

Pour dire oui, il faut suer et retrousser ses manches°, empoigner° la vie à pleines mains et s'en mettre jusqu'aux coudes°. C'est facile de dire non, même si on doit mourir. Il n'y a qu'à ne pas bouger et attendre. Attendre pour vivre, attendre même pour qu'on vous tue. C'est trop lâche. C'est une invention des hommes. Tu imagines un monde où les arbres aussi auraient dit non contre la sève°, où les bêtes auraient dit non contre l'instinct de la chasse ou de l'amour? […]

suer... sweat and roll up one's sleeves / grab hold of / elbows

sap

Tu as toute ta vie devant toi. Notre discussion était bien oiseuse°, je t'assure. Tu as ce trésor, toi, encore.

pointless

ANTIGONE

Oui.

CREON

Rien d'autre ne compte. Et tu allais le gaspiller! Je te comprends, j'aurais fait comme toi à 20 ans. C'est pour cela que je buvais tes paroles. J'écoutais du fond du temps un petit Créon maigre et pâle comme toi et qui ne pensait qu'à tout donner lui aussi… Marie-toi vite, Antigone, sois heureuse. La vie n'est pas ce que tu crois. C'est une eau que les jeunes gens laissent couler sans le savoir, entre leurs doigts ouverts. Ferme tes mains, ferme tes mains, vite. Retiens-la. Tu verras, cela deviendra une petite chose dure et simple qu'on grignote°, assis au soleil. Ils te diront tous le contraire parce qu'ils ont besoin de ta force et de ton élan°. Ne les écoute pas. Ne m'écoute pas quand je ferai mon prochain discours devant le tombeau d'Etéocle. Ce ne sera pas vrai. Rien n'est vrai que ce qu'on ne dit pas… Tu l'apprendras toi aussi, trop tard, la vie c'est un

whittles away at

momentum

livre qu'on aime, c'est un enfant qui joue à vos pieds, un outil° qu'on   *tool*
tient bien dans sa main, un banc° pour se reposer le soir devant sa   *bench*
maison. Tu vas me mépriser° encore, mais de découvrir cela, tu verras,   *détester*
60   c'est la consolation dérisoire° de vieillir, la vie, ce n'est peut-être tout de   *pathétique*
même que le bonheur.

ANTIGONE, *murmure, le regard perdu.*

Le bonheur...

CREON, *a un peu honte soudain.*

65   Un pauvre mot, hein?

ANTIGONE, *doucement.*

Quel sera-t-il, mon bonheur? Quelle femme heureuse deviendra-t-elle,
la petite Antigone? Quelles pauvretés faudra-t-il qu'elle fasse elle aussi,
jour par jour, pour arracher avec ses dents son petit lambeau° de   *scrap*
70   bonheur? Dites, à qui devra-t-elle mentir, à qui sourire, à qui se vendre?
Qui devra-t-elle laisser mourir en détournant le regard?

CREON, *hausse les épaules.*

Tu es folle, tais-toi.

ANTIGONE

75   Non, je ne me tairai pas! Je veux savoir comment je m'y prendrai, moi
aussi, pour être heureuse. Tout de suite, puisque c'est tout de suite
qu'il faut choisir. Vous dites que c'est si beau la vie. Je veux savoir
comment je m'y prendrai pour vivre.

CREON

80   Tu aimes Hémon?

ANTIGONE

Oui, j'aime Hémon. J'aime un Hémon dur et jeune; un Hémon
exigeant° et fidèle, comme moi. Mais si votre vie, votre bonheur   *demanding*
doivent passer sur lui avec leur usure°, si Hémon ne doit plus pâlir   *wear and tear*
85   quand je pâlis, s'il ne doit plus me croire morte quand je suis en
retard de cinq minutes, s'il ne doit plus se sentir seul au monde et
me détester quand je ris sans qu'il sache pourquoi, s'il doit devenir
près de moi le monsieur Hémon, s'il doit apprendre à dire «oui», lui
aussi, alors je n'aime plus Hémon!

90 CREON

Tu ne sais plus ce que tu dis. Tais-toi.

[...]

ANTIGONE

Vous me dégoûtez tous avec votre bonheur! Avec votre vie qu'il faut aimer coûte que coûte. On dirait des chiens qui lèchent tout ce qu'ils
95   trouvent. Et cette petite chance pour tous les jours, si on n'est pas trop exigeant. Moi, je veux tout, tout de suite,—et que ce soit entier—ou alors je refuse! Je ne veux pas être modeste, moi, et me contenter d'un petit morceau si j'ai été bien sage. Je veux être sûre de tout aujourd'hui et que cela soit aussi beau que quand j'étais petite—ou mourir.

— *Antigone*, 1944

COMPREHENSION

A. Vrai ou faux? Si c'est faux, corrigez.

1. Créon a essayé de comprendre la motivation d'Antigone.

2. Antigone veut comprendre la motivation de Créon.

3. D'après Créon, «dire oui» est facile.

4. Créon croit que la jeunesse est un trésor.

5. Créon pensait comme Antigone à l'âge de 20 ans.

6. Créon veut faire comprendre sa politique à Antigone.

7. Antigone devient heureuse en contemplant son bonheur futur.

8. Le Hémon qu'Antigone aime est un jeune homme pur.

9. Antigone refuse une vie dont la pureté est compromise par la réalité.

B. Dans la métaphore du navire pendant une tempête,

1. Qui «mène la barque»?

2. Que fait l'équipage?

3. Et que font les officiers?

4. Sans quelqu'un qui «dit oui» et contrôle le bateau, qu'est-ce qui se passerait dans la tempête?

5. Comment le «capitaine» traite-t-il ceux qui ne coopèrent pas?

6. Pourquoi compare-t-il Antigone à un membre de l'équipage sans nom?

C. Dans la métaphore des mains et de l'eau,

1. Pourquoi est-ce que les jeunes essaient d'ouvrir trop grand les mains, et quelle en est la conséquence pour l'eau de la vie?

2. Selon Créon, pourquoi faut-il apprendre à fermer les mains?

3. Quels exemples de petites joies de la vie donne-t-il?

PERCEPTIONS

1. Créon et l'acte de dire oui:
   a. Pour gouverner avec succès, est-il possible de rester pur, ou doit-on se salir les mains? Parlez du gouvernement de votre pays, en donnant des exemples.
   b. D'après vous, si les compromis sont nécessaires dans le gouvernement, est-il plus admirable de refuser de servir ou de gouverner? Expliquez pourquoi.
   c. Comment Créon lui-même décrit-il l'acte de dire oui?
   d. Dire oui c'est être engagé (dans le domaine de la politique, de la religion, de l'université, de sa ville, etc.). Discutez la valeur de l'engagement dans une démocratie.

2. Antigone et l'acte de dire non:
   a. Antigone refuse de se compromettre. Expliquez ce que le bonheur de l'adulte représente pour Antigone. Pourquoi ne peut-elle pas accepter ce bonheur?
   b. Elle veut rester pure même si elle doit mourir pour l'accomplir. Qu'en pensez-vous? Est-elle héroïque? Ou manque-t-elle de courage—le courage de vivre?

3. Dans quel sens Antigone est-elle plus libre que Créon?

4. Imaginez le portrait que Créon pourrait faire d'Antigone à un fidèle conseiller.

5. Imaginez le portrait qu'Antigone pourrait faire de Créon à quelqu'un d'idéaliste comme elle.

6. L'idéalisme et le pragmatisme: quel est le rôle de chacun dans le monde du vingt et unième siècle? Donnez des exemples spécifiques et personnels.

7. Antigone est une pièce sur la révolte, écrite alors que la France était occupée par les Allemands. La pièce d'Anouilh est un mélange d'un vieux texte de Sophocle et d'un événement contemporain. Imaginez comment le public a compris cette pièce au moment de sa première représentation en 1944.

8. Que pensez-vous de l'image du bonheur que donne Créon? L'eau est-elle une bonne métaphore pour la vie? Quelles autres petites joies de la vie ajouteriez-vous à la liste de Créon?

9. Donnez des exemples de compromis que nous sommes obligés de faire dans la vie. Est-ce nécessairement une perte de pureté et d'intégrité? Expliquez.

Annie Ernaux
(1940–   )

Annie Ernaux est née en Normandie pendant la Seconde Guerre mondiale, dans un milieu très modeste. Son père était garçon de ferme, puis ouvrier. Souhaitant se faire une «place» dans la société, il a réussi à s'acheter un petit café dans un quartier ouvrier. C'est «la place» où Annie Ernaux a grandi et qui a fait l'objet de son roman le plus connu, *La Place,* publié en 1983 et auquel a été décerné le Prix Renaudot, un grand prix littéraire. Comme l'indiquera un autre roman d'Ernaux, *La Honte* (1997), la jeune Annie avait honte de ce milieu ouvrier et c'est pour en sortir qu'elle a poursuivi des études supérieures. Devenue professeur de lettres dans la région parisienne, Ernaux a publié son premier roman, *Les Armoires vides,* en 1974. Depuis, avec une quinzaine de romans à son actif, Annie Ernaux s'est taillé[1] une place considérable parmi les écrivains français, avec son écriture simple et poignante. Son œuvre littéraire peut être divisée en deux parties, l'une tournée vers «la vie intérieure», où elle expose les vérités cachées de sa propre vie, l'autre tournée vers «la vie extérieure», où elle essaie de «saisir le monde». Qu'elle parle d'elle-même, de ses parents, de ses passions ou de la vie extérieure, son objectif de romancière reste le même: «mettre en mots le monde», «mettre en mots une expérience humaine totale de la vie et de la mort, de la morale et de l'interdit», «pratiquer, par l'écriture, un dévoilement[2] des choses de la vie» et donc, s'il le faut, «dire ce qui ne se dit pas»[3]. C'est ce qu'elle fait dans *La Vie extérieure* (2000), une collection d'observations notées entre 1993 et 1999, sur les vérités de la réalité.

1. a obtenu   2. *unveiling*   3. Propos recueillis par Jacques Pécheur dans un entretien avec Annie Ernaux, mai 2000.

PREPARATION A LA LECTURE

Vous allez lire des extraits d'un type de journal d'Annie Ernaux dans lequel elle note ses impressions de la vie autour d'elle. Ernaux vit à Cergy, dans le Val d'Oise, près de Paris, et prend souvent le RER[1] pour aller à Paris. Imaginez quelles sortes de scènes Ernaux va décrire pendant qu'elle est dans le RER et une fois à Paris, dans les magasins et dans les rues. Faites une liste de cinq ou six possibilités. Puis, parcourez le texte pour voir si certains éléments de votre liste sont mentionnés.

✦ LA VIE EXTÉRIEURE [extraits]

1993

6 juillet

La sensation du temps qui passe n'est pas en nous. Elle vient du dehors, des enfants qui grandissent, des voisins qui partent, des gens qui vieillissent et meurent. Des boulangeries qui ferment et sont remplacées par des auto-
5 écoles ou des réparateurs de télés. Du rayon de fromage transféré au bout du supermarché, lequel ne s'appelle plus Franprix mais Leader Price.

12 juillet

De jeunes musiciens sont montés à Sartrouville°. Ils jouent *La foule, Mon amant de Saint-Jean,* des airs d'avant le RER et les villes nouvelles°. Je leur
10 donne dix francs, comme je donne à des silhouettes et des visages de mi-
sère. Le même geste pour payer le plaisir ou la compassion.

    Les chansons transforment la vie en roman. Elles rendent belles et loin-
taines les choses qu'on a vécues. C'est de cette beauté que vient plus tard la douleur de les entendre.

> *une ville dans la banlieue ouest de Paris, desservie par la ligne A du RER / villes... planned suburban communities outside major cities*

15 ### 17 août

Neuf heures du matin, Auchan°, à l'ouverture, presque vide. A perte de vue° des collines de tomates, de pêches, de raisin—des rayons parallèles, illuminés, de yaourts, fromages, charcuterie. Sensation étrange de beauté. Je suis au bord de l'Eden, premier matin du monde. Et TOUT SE MANGE, ou
20 presque.

    Au fond, les passages étroits des caisses. Quand on y passe, les choses jetées en vrac° dans le caddie° paraissent petites, moins belles que dans la profusion de l'hypermarché, pas différentes de celles qu'on achète vite à l'épicerie arabe du coin.

> *chaîne de grands supermarchés nommés hypermarchés / A... as far as one can see*

> *en désordre, pêle-mêle / chariot*

---

1. Réseau Express Régional–chemin de fer rapide entre Paris et la banlieue

25 12 novembre

Une voix s'élève dans le RER: «Je suis chômeur, je vis à l'hôtel avec ma
femme et mon enfant, nous avons vingt-cinq francs pour vivre par jour».
Suit le récit° de la pauvreté ordinaire, répété probablement dix fois par — *telling*
heure, sur le même ton. L'homme vend *Le Réverbère*°. Les paroles sont — journal distribué par les
30 celles de l'humilité, «je ne vous demande pas beaucoup, juste une petite — pauvres pour gagner
pièce pour m'aider». Il traverse le wagon. Personne n'achète le journal. Au — de l'argent
moment de descendre, l'homme lance d'une voix menaçante: «Je vous
souhaite une très bonne journée et un bon week-end!» Personne ne relève
la tête. L'ironie des pauvres ne compte pas, ce n'est pas une arme, juste un
35 agacement°. — une irritation

1997

11 janvier

Leclerc°. A la caisse, un homme jeune, grand, au visage plein d'acné, a fini — un autre hypermarché
de mettre ses courses enregistrées° dans son caddie. Au moment de payer, — semblable à Wal-Mart
il regarde sans rien dire, par-dessus la tête des clients, vers l'intérieur du — aux Etats-Unis /
40 magasin, signifiant ainsi qu'il attend la personne—sa femme, sans doute— — **courses...** *items entered*
qui a la bourse°. Tout le monde attend. Mimiques habituelles d'agace- — *in the cash register*
ment. La caissière empoigne le téléphone, «un ticket en attente». Un peu — l'argent
plus tard arrive une employée qui opère une manipulation sur la caisse
avec une clef. La caissière passe au client suivant. Le jeune homme aban-
45 donne son caddie et retourne à l'intérieur du magasin, revient à la caisse,
guettant°, impassible, celle qui n'arrive pas. La caissière n'a cessé de lui — attendant
jeter des regards hostiles appuyés° tout en tapant les courses du client sui- — *emphatic, pointed*
vant. Quand elle a fini, elle se lève, et va chercher ostensiblement le caddie
plein, abandonné, le range sur le côté, se rassoit, et enregistre mes courses.
50 On ne voit plus le jeune homme, enfoncé° dans les rayons, à la recherche — *deep*
de la femme. Quand j'ai fini de payer, que je pousse mon caddie dans
l'allée vers la sortie, le jeune homme a resurgi, seul, tournant la tête de
tous les côtés, toujours d'une étrange impassibilité. Sa femme est peut-être
en train d'essayer un pantalon dans une cabine, ou de lire un livre dans le
55 rayon librairie. Ou bien elle joue à se dissimuler°, s'amusant à le semer° — se cacher / perdre
entre les produits de jardinage et les aliments pour chiens, pour rire ou
pour se venger et l'humilier devant tous. Ou encore elle a choisi ce
moment pour le quitter, emportant l'argent et les clefs de voiture. Ou
simplement elle a rencontré un autre homme et ils sont en train de
60 s'embrasser à la cafétéria, de faire l'amour dans les toilettes. Les interprétations du réel sont presque infinies.

1998

21 novembre

Aujourd'hui où il fait un temps clair et glacé, les médias annoncent qu'une femme est morte de froid à Toulouse et trois SDF° à Paris. Dire «SDF», °c'est désigner une espèce sans sexe, qui porte des sacs et des vêtements défraîchis, dont les pas ne vont nulle part, sans passé ni avenir. C'est dire qu'ils ne font plus partie des gens normaux.

sans domicile fixe, *homeless*

Il y a en France trente millions de chiens et de chats qu'on ne laisserait dehors pour rien au monde par un temps pareil. On laisse mourir dans la °rue des hommes et des femmes, peut-être justement parce que ce sont nos semblables, avec les mêmes désirs et besoins que nous. Il est trop difficile de supporter cette part de nous-mêmes, sale, hébétée° par le manque de tout. Les Allemands habitant près des camps de concentration ne croyaient pas que les juifs en loques° pouilleuses° fassent partie des gens.

dazed, numbed

vêtements / *flea-ridden*

1999

°2 janvier

Soldes°. Toutes les entrées du parking des Trois Fontaines° sont bouchées° par des files° de voitures. On veut être les premiers à se jeter sur les fringues°, la vaisselle, comme des pillards° dans une ville conquise. Les allées sont envahies d'un flot humain, des familles entières avec des enfants °en poussette°, des bandes de filles. Frénésie dans les boutiques. Une immense convoitise° emplit° l'espace.

Sales / un grand magasin / bloquées / queues / vêtements / *looters*

strollers

covetousness / fills up

Le centre commercial est devenu le lieu le plus familier de cette fin de siècle, comme l'église jadis°. Chez Caroll, Froggy, Lacoste°, les gens cherchent quelque chose qui les aide à vivre, un secours contre le temps et °la mort.

autrefois / des magasins bien connus en France

— *La Vie extérieure*, 2000.

COMPREHENSION

A. Identifiez les idées principales (à droite) qui correspondent aux dates (à gauche).

1. ___ 6 juillet 1993
2. ___ 12 juillet 1993
3. ___ 17 août 1993
4. ___ 12 novembre 1993
5. ___ 11 janvier 1997
6. ___ 21 novembre 1998
7. ___ 2 janvier 1999

a. Un pauvre dans le RER demande de l'argent.

b. Les SDF à Paris.

c. Les chanteurs dans le RER font penser à la vie.

d. On cherche des soldes.

e. Les magasins changent et on sent le temps qui passe.

f. Un homme à la caisse du supermarché n'a pas d'argent.

g. La beauté des produits dans le supermarché...

B. Répondez.

1. Quels sont les signes extérieurs que le temps passe?

2. Quel est le rôle des chansons dans la vie?

3. A quoi le supermarché Auchan est-il comparé?

4. Pourquoi le chômeur dans le RER parle-t-il d'une voix menaçante?

5. Quelle est la réaction de la caissière du supermarché quand le client n'a pas d'argent?

6. Quels scénarios Ernaux imagine-t-elle pour expliquer l'absence de la femme de ce jeune homme?

7. Quelles sont les conséquences de l'appellation «SDF»?

8. Qui est comparé à des «pillards dans une ville conquise»? Pourquoi?

PERCEPTIONS

1. Dans une autobiographie, on décrit sa vie, ses pensées et ses émotions. Dans une étude sociologique, on examine scientifiquement des faits sociaux humains (l'homme dans la société). Ernaux elle-même dit dans une entrevue avec *La Quinzaine littéraire*, en avril 1989, «Je ne veux

pas faire du roman, traditionnel ou nouveau, mais [...] quelque chose entre l'histoire, la sociologie et la littérature... Ce que j'ai toujours plus ou moins demandé à la littérature, c'est qu'elle m'explique la vie».

a. En quoi *La Vie extérieure* ressemble-t-elle à chacun de ces types de création? Et où sont les différences?

b. Ernaux dit de cette œuvre, «Ce sont [...] des fragments du texte que nous écrivons tous rien qu'en vivant» (*just by living*). Elle ajoute, «dans les notations de cette vie extérieure, plus que dans un journal intime, se dessinent ma propre histoire et les figures de ma ressemblance». Commentez cette vision de son œuvre.

c. Pensez à votre vie. Quelle sorte de texte pourriez-vous écrire sur ce qui se passe «rien qu'en vivant»? Dans quel sens ce texte représente-t-il «votre propre histoire»? Discutez avec un(e) camarade de classe.

2. La narratrice parle de l'effet des magasins qui disparaissent et qui changent dans notre quartier. Est-ce une sensation que vous avez déjà éprouvée? Discutez.

3. Que faites-vous quand des musiciens de la rue vous demandent de l'argent? Et quand ce sont des pauvres et des SDF? Quels sont vos sentiments dans chaque cas?

4. Est-ce que vous êtes sensible à la beauté des rayons de légumes et de fruits d'un bon supermarché, ou celle d'un marché en plein air? Expliquez ce que vous ressentez.

5. L'ironie du chômeur dans le RER (qui dit «Je vous souhaite une très bonne journée» aux passagers qui ne lui ont pas donné d'argent) échappe aux gens. Ernaux écrit: «L'ironie des pauvres ne compte pas.» Expliquez l'ironie de la situation.

6. L'épisode chez Leclerc est très visuel et dramatique. Avez-vous été témoin d'une telle scène dans un magasin? Décrivez votre expérience. Sinon, imaginez votre réaction dans une situation semblable.

7. Ernaux présente la situation des SDF qui meurent chaque hiver d'une manière directe et brève, mais dévastatrice. Analysez l'effet de sa prose simple. A quoi compare-t-elle la situation des SDF?

8. Qu'est-ce qui nous pousse à faire du shopping au moment des soldes? Quel trait humain semble nous contrôler à ces moments-là? Est-ce que vous vous voyez dans sa description? Parlez de vous-même en tant que consommateur.

9. Dans ces portraits des Parisiens que nous propose Ernaux, quels sont les éléments qui sont spécifiques à la culture française et lesquels sont universels? Fait-elle aussi un portrait d'elle-même? Expliquez.

Amélie Nothomb
(1967–)

Amélie Nothomb est la fille d'un ambassadeur qui a représenté la Belgique dans de nombreux pays à travers le monde, y compris la Chine et le Japon. Amélie est née au Japon et est restée très attachée à l'Extrême-Orient, où elle a passé une grande partie de son enfance. Aujourd'hui, elle partage sa vie entre la Belgique, sa terre maternelle, et la France, où elle est devenue l'idole littéraire des jeunes. Ses romans se voient dans toutes les vitrines de librairies et figurent chaque année au nombre des best-sellers. Quand son premier roman, *Hygiène de l'assassin,* est sorti en 1992, les critiques ont qualifié Nothomb de «révélation littéraire». Depuis, elle produit systématiquement un roman par an, dont *Stupeur et tremblements* qui a reçu le Grand Prix de l'Académie française en 1999, et *Biographie de la faim* (2004), un roman autobiographique. Amélie Nothomb est connue pour son style mordant[1], son authenticité et son audace. Elle ose[2] dire ce qui ne se dit pas, avec un humour satirique sans pitié. Chacun de ses romans est une aventure, souvent accompagnée de suspense, dans les coins les plus cachés de la nature humaine.

Les Catilinaires, publié en 1997 et intitulé *The Stranger Next Door* dans sa traduction anglaise, porte un titre énigmatique en français. Les «Catilinaires» sont des discours de Cicéron dénonçant les actions de Catilina, un homme politique romain qui s'est opposé au sénat de Rome au premier siècle avant Jésus-Christ. Comme les *Catilinaires* de Cicéron, ce roman de Nothomb est-il une dénonciation? De qui? De quoi? Le personnage principal, le narrateur, s'appelle Emile Hazel. Professeur de lettres classiques à la retraite[3], il n'aspire qu'à une vie simple et calme à la campagne, avec son épouse bien-aimée Juliette. Un voisin un peu bizarre va venir troubler ce calme…

1. *biting* 2. *dares* 3. *retired*

PREPARATION A LA LECTURE

L'imagination et l'anticipation peuvent faciliter la compréhension. Ici, nous avons donc un voisin qui va troubler le calme d'un couple bien intentionné. Selon votre expérience personnelle ou votre imagination, qu'est-ce qu'un(e) voisin(e) peut faire—ou ne pas faire—pour troubler le calme des autres? Faites une liste de toutes les possibilités qui vous viennent à l'esprit. Ensuite, parcourez le texte depuis «Une semaine après notre arrivée...» (ligne 20) jusqu'à «... dans ce fauteuil qu'il tenait pour le sien» (ligne 94). Est-ce que les actions de M. Bernardin figuraient dans votre liste?

Maintenant, réfléchissez: si vous aviez un voisin très désagréable qui vous embêtait tout le temps, qu'est-ce que vous auriez envie de faire? Est-ce que vous donneriez libre cours (*free rein*) à vos émotions ou bien est-ce que vous essaieriez de réprimer (*repress*) ces désirs cachés? Expliquez.

✦ LES CATILINAIRES [extrait]

On ne sait rien de soi. On croit s'habituer à être soi, c'est le contraire. Plus les années passent et moins on comprend qui est cette personne au nom de laquelle on dit et fait les choses.[...]

Cette étrangeté° ordinaire ne m'aurait jamais gêné° s'il n'y avait pas
5 eu—quoi? je ne vois pas comment dire—si je n'avais pas rencontré monsieur Bernardin. [...]

strangeness / **ne...** *wouldn't have bothered me*

[T]out a débuté il y a un an. [...] A l'approche de mes soixante-cinq ans, Juliette et moi cherchions quelque chose à la campagne. Nous avons vu cette maison et aussitôt nous avons su que ce serait la maison. Malgré mon
10 dédain des majuscules°, je me dois d'écrire la Maison, car ce serait celle que nous ne quitterions plus, celle qui nous attendait, celle que nous attendions depuis toujours. [...]

malgré... bien que je n'aime pas les lettres MAJUSCULES

Si nous avions osé [imaginer cet endroit délicieux], nous l'aurions imaginé comme cette clairière° près de la rivière, avec cette maison qui était la
15 Maison, jolie, invisible, escaladée d'une glycine°.

espace ouvert, sans arbres / **escaladée...** avec des plantes fleuries (*wisteria*) sur les murs extérieurs

A quatre kilomètres de là, il y a Mauves, le village, où nous trouvons tout ce dont nous avons besoin. De l'autre côté de la rivière, une autre maison indiscernable. Le propriétaire nous avait dit qu'elle était habitée par un médecin. [...]

20   Une semaine après notre arrivée [...], vers 4 heures, quelqu'un frappa
à la porte. J'allai ouvrir. C'était un gros monsieur qui semblait plus âgé
que moi.

    —Je suis monsieur Bernardin. Votre voisin.

    Qu'un voisin vienne faire la connaissance de nouveaux arrivants, a   à plus forte raison
25 fortiori° dans une clairière bâtie de deux maisons en tout et pour tout,
quoi de plus normal? [...]

    —Bien sûr. Vous êtes le docteur. Entrez.

    Quand il fut au salon, j'allai chercher Juliette. [...]

    Monsieur Bernardin serra la main de ma femme puis s'assit. Il accepta
30 une tasse de café. Je lui demandai s'il habitait la maison voisine depuis
longtemps.

    —Depuis quarante ans, répondit-il.

    Je m'extasiai:

    —Quarante ans ici! Comme vous avez dû être heureux!

35   Il ne dit rien. J'en conclus qu'il n'avait pas été heureux et je n'insis-
tai pas. [...]

    Pendant deux heures, immobile dans le fauteuil, il répondit à mes ques-
tions anodines. Il mettait du temps à parler, comme s'il lui fallait réfléchir,
même quand je l'interrogeais sur le climat. [...]

40   Au bout de ces deux heures pathétiques, il finit par se lever, [...] enfila son
manteau, prit congé° et sortit. [...] Quand il fut à distance, je dis à Juliette: **prit...** dit au revoir

    —Pauvre monsieur Bernardin! Comme sa visite de courtoisie lui a   **lui...** a été difficile pour
pesé°!   lui

    —Il n'a pas beaucoup de conversation.

45   —Quelle chance! Voici un voisin qui ne nous dérangera pas.

[*Erreur! Chaque jour, de 4h à 6h, monsieur Bernardin revient, sans raison apparente, s'installe dans le fauteuil du salon, attend son café, et met ses hôtes mal à
l'aise en ne répondant à leurs questions que par des oui et des non—ou un silence
pesant°.*]   lourd, inconfortable

50   Il restait assis, ne regardant rien, l'air abruti° et mécontent à la fois.   stupide
Etait-il conscient de la grossièreté° de son attitude? Comment le savoir?   *rudeness*
[...] Je ne peux pas dire à quel point ces deux heures [nous paraissaient]
interminables. Affronter un bavard est une épreuve°, certes. Mais que faire   *trial*
de celui qui vous envahit pour vous imposer son mutisme?

55 [*Finalement, le narrateur et sa femme décident de s'absenter de 4 à 6. Le lendemain,
ils se demandent s' «il» va venir.*]

    —Au fond, Emile, sommes-nous obligés de lui ouvrir? [...]

    —La loi ne nous force pas à lui ouvrir la porte. C'est la politesse qui
nous y contraint.

60   —Sommes-nous obligés d'être polis?

—Personne n'est obligé d'être poli.

—Alors?

—Le problème, Juliette, ne tient pas à notre devoir, mais à notre pouvoir.

65   —Je ne comprends pas.

—Quand on a soixante-cinq années de politesse derrière soi, est-on capable d'en faire fi°?   **d'en...** de l'oublier

—Avons-nous toujours été polis?

—Le simple fait que tu me poses cette question prouve à quel point nos
70 manières sont enracinées° en nous. Nous sommes si polis que notre po-   ont des racines (*roots*)
litesse est devenue inconsciente. On ne lutte pas contre l'inconscient.   profondes

—Ne pourrait-on pas essayer?

—Comment?

—S'il frappe à la porte et que tu es en haut, il est normal que tu ne l'en-
75 tendes pas. [...] Il n'y a rien d'impoli à être en haut.

Je sentais qu'elle avait raison.

A 4 heures, [...] on frappa à la porte.

—Juliette, je l'entends!

—Il n'en sait rien. Tu pourrais ne pas entendre.

80   Je commençais à me sentir mal. J'avais la gorge nouée°. Ma femme me   **gorge...** *a knot in my*
prit la main comme pour me donner du courage.   *throat*

—Il va bientôt arrêter.

En quoi elle se trompait. Non seulement il n'arrêtait pas, mais il
frappait de plus en plus fort. [...]
85   Les minutes passaient. Monsieur Bernardin en était arrivé à
tambouriner° sur notre porte comme un dément.   frapper comme sur un
    tambour (*drum*)
—Il va la casser.

—Il est fou. [...]

Puis ce fut le comble°: il se mit a frapper sans discontinuer, à intervalles de   le pire
90 moins d'une seconde. Je n'aurais pas cru qu'il avait une telle force. Juliette
était devenue livide. [...] Je dévalai° l'escalier et j'ouvris la porte.   descendis très vite

Le tortionnaire avait le visage tuméfié° de colère. J'avais si peur que je fus   déformé
incapable d'articuler un son. Je me dérobai° pour le laisser entrer. Il enleva   me mis de côté
son manteau et alla s'asseoir dans ce fauteuil qu'il tenait pour le sien.

95   (*Les visites continuent donc, de plus en plus désagréables. Comment se débarrasser
de ce voisin qui s'installe chez vous et impose son silence tous les jours de 4 à 6? Le
narrateur essaie de comprendre cet homme étrange et le meilleur adjectif qu'il trouve
pour le décrire est le mot «vide»°.)*   *empty, emptiness*

[L]es pouvoirs du vide sont terrifiants. Il est régi° par des lois implaca-   gouverné
100 bles. Par exemple, le vide refuse le bien: il lui barre° la route avec obstina-   ferme

tion. En revanche, le vide ne demande qu'à se laisser envahir par le mal, comme s'il entretenait avec lui des relations anciennes, comme si l'un et l'autre éprouvaient du plaisir à se retrouver pour raconter des souvenirs communs. [...]

105   Certes, il y aura toujours des gens pour dire que le bien et le mal n'existent pas: ce sont ceux qui n'ont jamais eu affaire au vrai mal. Le bien est beaucoup moins convaincant° que le mal: c'est parce que leur structure chimique est différente.
convincing

Comme l'or, le bien ne se rencontre jamais à l'état pur dans la nature: il
110 est donc normal de ne pas le trouver impressionnant. Il a la fâcheuse habitude de ne rien faire; il préfère se donner en spectacle°.
se... se montrer

Le mal, lui, s'apparente à un gaz: il n'est pas facile à voir, mais il est repérable° à l'odeur. Il est le plus souvent stagnant, réparti en nappe étouffante°; on le croit d'abord inoffensif° à cause de son aspect—et puis on le
115 voit à l'œuvre, on se rend compte du terrain qu'il a gagné°, du travail qu'il a accompli—et on est terrassé° parce que, à ce moment-là, il est déjà trop tard. Le gaz, ça ne s'expulse pas. [...]
detectable / **en...** *in a stifling layer* / *harmless* / **on...** *you become aware of the ground it has gained* / *vaincu* (*taken over*)

Monsieur Bernardin n'était pas le mal, il était une grande outre° vide où sommeillait le gaz maléfique. Je l'avais d'abord cru inactif parce qu'il
120 restait des heures à ne rien faire. Ce n'était qu'une apparence: en réalité, il était en train de me détruire°.
un grand sac

il... *he was destroying me*

— *Les Catilinaires*, 1997

COMPREHENSION

Vrai ou faux? Si c'est faux, corrigez.

Lignes 1–19

1. A cause de la situation avec son voisin, le narrateur a découvert un côté de sa propre personnalité qu'il ne se connaissait pas.

2. Le narrateur et sa femme sont tombés amoureux de cette maison à la campagne, près du village de Mauves.

3. Il y avait une dizaine de maisons dans «cet endroit délicieux».

Lignes 20–54

4. La première fois que M. Bernardin est venu les voir, le narrateur et sa femme ont trouvé sa visite très naturelle.

5. M. Bernardin donnait des réponses très rapides aux questions de ses hôtes.

6. M. Bernardin a commencé à venir tous les jours en fin de matinée.

7. Chaque fois, il s'installait dans le même fauteuil et commençait à bavarder.

Lignes 55–94

8. Emile a essayé de convaincre sa femme d'oublier ses habitudes de politesse.

9. Selon le narrateur, nos habitudes deviennent inconscientes.

10. Le jour où ils avaient décidé de rester en haut, Emile et Juliette ont dû descendre parce qu'ils ont eu peur que M. Bernardin ne casse leur porte.

Lignes 95–fin

11. Le narrateur compare M. Bernardin à un sac vide qui devient un ré-ceptacle pour le mal.

12. Selon le narrateur, il est facile de confondre le bien et le mal parce qu'ils ont une composition semblable.

13. Comme un métal précieux, le bien se cache souvent sous des ap-parences peu impressionnantes.

14. Le mal est comme un gaz qu'on ne peut pas sentir.

15. Sous des apparences maléfiques (négatives), M. Bernardin était inoffensif.

PERCEPTIONS

1. A votre avis, pourquoi M. Bernardin se comportait-il de cette façon? Voulait-il rendre le narrateur et sa femme malheureux, ou était-il si mal-heureux lui-même qu'il ne voyait pas l'effet de ses actions? Connaissez-vous des gens qui se comportent parfois de façon négative? Quelles sont les raisons de ce comportement? Donnez des exemples pris dans votre expérience, l'histoire, l'actualité, la littérature ou le cinéma.

2. Le narrateur et sa femme, qui ont été conditionnés par toute une vie de règles de politesse, n'arrivent pas à comprendre le manque de manières de leur voisin. D'autre part, M. Bernardin, qui n'a pas l'air gêné d'imposer sa présence et son silence, semble vivre selon des règles complètement différentes. Quand vous voyez quelqu'un qui semble vivre selon des valeurs complètement différentes des vôtres, quelle est votre réaction? Donnez une illustration personnelle.

3. «Le bien est beaucoup moins convaincant que le mal.» Pourquoi le narrateur dit-il cela, selon vous? Etes-vous d'accord? Les comparaisons du bien à l'or et du mal à un gaz sont-elles appropriées, à votre avis? Quelles autres images utiliseriez-vous pour décrire le bien et le mal?

4. Maintenant que vous connaissez un peu le sujet et les personnages de ce roman, comment expliquez-vous le titre qu'Amélie Nothomb a choisi? Si le narrateur est comme Cicéron, dans quel sens M. Bernardin est-il comme Catilina, l'ennemi de l'ordre établi?

5. Avec un(e) partenaire, imaginez la fin de l'histoire! Ensuite, comparez vos hypothèses avec celles des autres groupes.*

6. «On ne sait rien de soi.» Au fur et à mesure que la torture des visites de M. Bernardin s'intensifie, le narrateur va apprendre beaucoup de choses sur lui-même: les frustrations et les colères, les pensées meurtrières même, éveillées par monsieur Bernardin lui étaient inconnues. Comme quoi, il y a un moi caché en chacun de nous. Vous arrive-t-il parfois de découvrir un moi caché en vous ou en des gens qui vous sont proches? Quelles sortes de circonstances font sortir ce moi caché?

*En fait, M. Bernardin est un homme très malheureux qui essaie un jour de se suicider. Le narrateur le sauve mais se rend compte par la suite que ça aurait été plus humain, plus miséricordieux, de le laisser mourir et c'est ce qu'il va aider M. Bernardin à faire en fin de compte. Emile et Juliette vont ensuite essayer d'apporter un peu de joie à Mme Bernardin, une handicapée physique et mentale qui ne sortait jamais de la maison et qui va maintenant commencer à s'épanouir (*blossom*).

Yann Apperry
(1972 –   )

Yann Apperry est un jeune écrivain de nationalité française et américaine qui partage sa vie entre Paris et Rome. Il a été pensionnaire à la Villa Médicis, une résidence à Rome dirigée par l'Académie de France qui sélectionne chaque année quatorze jeunes artistes de 20 à 35 ans. Il a aussi été lauréat de la Fondation Hachette en 1997—un prix de 25.000 euros offert à de jeunes talents—pour son premier roman, *Qui vive*. Il a écrit des pièces musicales pour la radio (*Les Sentimentales Funérailles, Revenant*), des pièces de théâtre (*Jour de rien, Les Hommes sans aveu*), mais c'est surtout pour ses romans qu'il est connu: *Paradoxe du ciel nocturne* (1999), *Diabolus in musica* (2000), qui a reçu le Prix Médicis, et *Farrago* (2003), qui a été sélectionné par 2.000 lycéens de 59 lycées de France pour le Prix Goncourt des Lycéens. *Farrago* (combinaison de «*far away*» et «*long ago*»?) est un petit village imaginaire de la Californie du Nord. Nous sommes en 1973, les B-52 bombardent Hanoï, les astronautes sont sur la Lune, mais à Farrago, rien ne se passe. Et quand rien ne se passe, il faut bien écouter les gens autour de soi, pour imaginer d'autres vies, rêver à d'autres horizons. C'est ce que fait Homer Idlewilde, un vagabond qui ne sait même pas quand il est né puisqu'il n'a pas connu sa mère. Homer écoute parler les gens et va finalement, avec quatre autres «oubliés de l'Amérique profonde», Elijah, Duke, Fausto et Ophelia, «vivre une histoire» catastrophique et drôle qui le mènera à une meilleure connaissance de lui-même.

PREPARATION A LA LECTURE

Un soir, Homer se décide à poser des questions personnelles à Fausto, pour mieux le connaître, car il ne sait de lui que son prénom, son métier, et le fait qu'il est très intelligent. Avant de lire le passage, composez une liste de cinq à dix questions que vous aimeriez poser à un compagnon de route dont vous ne savez pratiquement rien. Pendant votre première lecture, soulignez les phrases qui vous donnent ces renseignements.

✦ FARRAGO [extrait]

Après le repas, on est sortis dans la cour pour fumer et regarder les étoiles. Devant nous, les collines s'élevaient doucement vers le ciel. Le vent était tiède°, un hibou° hululait quelque part dans les bois. Fausto m'a offert une cigarette. En expirant, je formais des ronds de fumée qui ressemblaient

5 aux appels de l'oiseau de nuit, comme si on se répondait, le hibou et moi, et, pendant un instant, malgré la présence de Fausto qui fumait à mes côtés, je me suis senti affreusement seul. Comme il restait silencieux et que je ne voulais surtout pas l'importuner°, j'ai laissé mes pensées vadrouiller° librement, et j'en suis venu à me dire que je ne connaissais pas grand-chose

10 de Fausto, à part son nom, son métier, le fait qu'il n'était pas marié […], certaines de ses habitudes, et, bien sûr, sa merveilleuse intelligence.

Je ne savais pas d'où venait Fausto et comment il avait atterri à Farrago, ce trou perdu, tellement perdu que de nombreux habitants étaient encore privés de la possibilité d'avoir le téléphone. […] Ce qui m'étonnait le plus,

15 c'était que Fausto, avec son intelligence, son savoir et ses bonnes manières, soit devenu épicier […].

[J]e me suis tourné vers Fausto et j'ai dit: «Fausto, comment tu es arrivé ici?»

Il n'a pas répondu tout de suite. «Une seconde», a dit Fausto, en se le-

20 vant pour aller chercher deux cannettes° de bière dans l'arrière-boutique. Quand il est revenu, il a repris sa place sur le banc, a bu une gorgée de sa Corona et il a souri.

«Homer, […] [t]u veux que je te raconte comment je suis arrivé ici, c'est ça?

25 —C'est toi qui vois, Fausto, j'ai dit. Mais oui, j'aimerais beaucoup comprendre ce que tu fais là.

—Tu veux vraiment le savoir?

—Oui.

—Tu as la nuit à perdre?

30 — Je n'ai que ça, Fausto.»

Et Fausto s'est lancé, d'abord lentement, puis de plus en plus vite […]. Il était tellement habitué à écouter parler les autres et si peu habitué à parler de lui-même qu'il trébuchait° dans son récit comme un petit enfant qui marche tout seul pour la première fois. Je crois même que Fausto

35 n'avait jamais raconté son histoire à personne, et tandis qu'il se livrait à moi, je sentais mon orgueil° gonfler° comme des chambres à air° sous l'action de la pompe d'Alvin, le garagiste du village.

Quelques heures plus tard, […] j'avais plutôt envie de pleurer dans mon mouchoir […]. C'est une triste histoire que celle de Fausto, mais elle

40 est pleine d'enseignements. […]

un peu chaud / *owl*

l'ennuyer, le déranger / *wander*

cans

stumbled

pride / swell / innertubes (in tires)

Plus tard dans la journée, tandis que je me lavais dans la rivière, j'ai compris, je crois, le fond du problème. [...] La misère, je me suis dit, c'est de ne pas réussir à raconter son malheur à quelqu'un d'autre. [...] Les seules personnes qui peuvent espérer voir clair dans leurs problèmes, j'ai
45 pensé, sont celles qui, comme Fausto [...], sont capables de raconter leur histoire, qui savent faire une histoire de ce qu'elles ont vécu. Eux seuls font de leur vie un destin, je me suis dit, en empruntant à Fausto le mot dont il s'était servi pour me raconter sa vie. [...]

Dans la cour, sa cannette de bière à la main, Fausto a commencé son
50 récit. Je m'en souviens comme s'il venait à peine de finir et qu'on se tenait encore là, sur le banc, à l'heure où blanchit la crête° des collines.   la partie supérieure

«Je ne suis pas de la région, a dit Fausto, je suis né à l'autre bout du pays, en 1931.

—A la frontière du Nevada?

55 —A Philadelphie, dans l'Etat de Pennsylvanie.»

J'avais l'impression de pénétrer sur un territoire inconnu et je ne voulais surtout pas commettre de gaffe, c'est pourquoi je me suis promis de ne pas trop l'interrompre.

«J'ai grandi dans le quartier italien», a poursuivi Fausto, et il m'a décrit
60 l'épicerie de ses parents, le petit appartement au premier étage de l'immeuble où se trouvait le magasin, le voisinage bruyant et gai, les réunions de famille dans la maison de l'oncle Tomaso qui avait fait fortune dans les purificateurs d'eau mais souffrait d'un ulcère, la passion de sa mère pour la religion et la passion de son père pour les chiffres°, la beauté et l'intelli-   nombres
65 gence de son frère aîné, Leonardo, qu'il cherchait à imiter en toutes choses et qu'il voulait à tout prix égaler.

«Leonardo avait deux ans de plus que moi», a dit Fausto, et comme il en parlait au passé, je me suis demandé s'il était mort.

«Il était le préféré de mes parents, le premier fils, et mon père le traitait
70 en adulte et en égal comme s'il voyait déjà en lui l'homme qu'il n'était pas devenu lui-même.

—Toi, il ne t'aimait pas?

—Il m'aimait, mais ce n'était pas en moi qu'il mettait son espoir.

—Quel espoir?

75 —Celui de faire de Leonardo un homme riche, un banquier, un génie des affaires.»

Très tôt, Giuseppe—c'était le nom du père de Fausto—s'était appliqué à lui transmettre son amour des chiffres et ses connaissances en matière de finances et de comptabilité. Ensemble, ils épluchaient° les articles   analysaient
80 d'économie dans les journaux et passaient de longues heures à discuter de la Bourse° et du commerce en compagnie de l'oncle Tomaso. Selon   Stock Exchange
Giuseppe, le génie des affaires courait dans la famille depuis toujours,

même s'il n'avait pas eu l'occasion de s'exprimer pleinement en raison de circonstances défavorables. L'oncle Tomaso était le premier membre de la
85 famille à avoir fait fortune, «mais il ne sera pas le dernier, disait sans cesse mon père». L'oncle Tomaso, qui était un peu ingénieur sur les bords, avait fait breveter° son modèle de purificateur d'eau et c'est ainsi qu'il était *patent* devenu riche. Quant à Leonardo, il était destiné depuis sa naissance à sur-passer l'oncle Tomaso et à devenir le premier multimillionnaire de la
90 famille. Selon Giuseppe, l'oncle Tomaso, son frère, n'avait fait qu'ouvrir la brèche et il ne tenait qu'à Leonardo et à tous les futurs descendants des Guidelli—c'est le nom de famille de Fausto—de s'y engouffrer°. «Bientôt, **de... d'y entrer** on parlera des Guidelli comme on parle des Rockefeller», disait Giuseppe à Leonardo quand il n'était encore qu'à l'école primaire. Depuis la
95 naissance de Leonardo, Giuseppe avait à cet effet ouvert un compte en banque au nom de son fils. «Malgré les plaintes de notre mère qui avait du mal à nous vêtir correctement et déplorait qu'on n'ait jamais de viande rouge dans nos assiettes, Giuseppe déposait sur le compte de Leonardo tout l'argent qu'il pouvait. Il n'était pas radin° comme l'oncle Tomaso *stingy*
100 mais il n'avait qu'une idée en tête, donner à Leonardo les moyens de suivre des études supérieures. Il hésitait d'ailleurs entre Yale et Harvard et je l'entendais tout le temps marmonner° ces deux noms, Yale ou Harvard, *muttering, mumbling* Yale ou Harvard.

　　—C'était qui, ces deux-là?
105　　—Les universités de son choix.
　　—Ah!» j'ai dit, et je me suis juré une nouvelle fois de ne plus inter-rompre Fausto.

　　Comme Giuseppe ne s'occupait que de l'avenir de son fils aîné, Fausto a surtout été élevé par sa mère. «C'était une femme honnête et
110 besogneuse°, une dure à cuire, a dit Fausto, qui n'avait jamais une minute **qui travaillait dur** à perdre mais trouvait la force, jour après jour, de mener chacune de ses tâches à bien. Quand elle ne secondait pas son mari à l'épicerie, elle effec-tuait des travaux de couture° dans un coin de la salle à manger, penchée *sewing* sur son morceau d'étoffe°, battant la mesure de sa chaussure posée sur la *material*
115 pédale de sa machine à coudre, disait Fausto. Quand elle ne cousait pas, elle préparait à manger ou faisait le ménage, mais dès qu'elle avait une minute à perdre, elle filait à l'église ou au cimetière et nettoyait les tombes, jetant les fleurs fanées° et briquant° le marbre. Dans le salon, elle avait son *faded / scrubbing down,* siège, un fauteuil de velours rouge hérité d'une voisine, et elle disait qu'à *polishing*
120 la fin de la journée, elle s'offrirait un quart d'heure de repos, assise dans son fauteuil, les yeux fermés, et qu'elle écouterait la radio. Elle le disait tous les jours, mais elle ne trouvait jamais le temps de s'y asseoir, et le fau-teuil restait vide. Je n'ai jamais vu ma mère dans son fauteuil, et comme c'était son fauteuil personnel, personne ne s'y est jamais assis.»

125   Et puis il y avait l'expression dont elle usait toujours, a dit Fausto, «les choses saintes». Toute son enfance, Fausto et son frère l'ont entendue parler des choses saintes comme d'une réalité mystérieuse dont ils ne savaient pas très bien à quoi elle correspondait. «Il faut respecter les choses saintes», disait la mère de Fausto, et si telle ou telle personne du quartier

130   connaissait un malheur, c'était parce qu'elle ne s'était pas suffisamment occupée des choses saintes. [...] Quand elle priait, elle avait encore l'air d'être à sa machine à coudre, tu comprends, elle voyait la prière comme une forme de travail. Et comme mon père accaparait° Leonardo, c'est à   monopolisait
moi qu'elle a transmis tout son respect et son amour pour l'église et les

135   choses saintes. Papa voulait faire de Leonardo un grand financier, et ma mère voulait faire de moi un saint. [...]
        «[L]'église était située juste en face de l'épicerie de mon père.
        —C'est incroyable, j'ai dit, comme ton épicerie. [...]
        —De la fenêtre de ma chambre, a dit Fausto, je voyais l'église, et à tra-

140   vers les vitraux de l'église, je voyais la fenêtre de ma chambre. Je partageais cette chambre avec mon frère, si bien que parfois, pendant la messe, il suffisait que je me retourne sur mon banc pour surprendre Leonardo derrière la vitre, le nez dans ses livres d'économie. Ma mère était d'ailleurs désespérée de voir son fils aîné plongé dans ses lectures impies, elle ne

145   comprenait pas les projets de son mari, cette soif de réussir qu'il avait communiquée à Leonardo. Elle détestait l'oncle Tomaso, son beau-frère, parce qu'il encourageait Giuseppe et se moquait ouvertement des valeurs de compassion et de générosité prônées par l'Eglise. L'Eglise, pour lui, n'était qu'une industrie comme une autre, même s'il continuait d'aller à la messe

150   les dimanches. [...] Mais si ma mère le détestait et regrettait que Leonardo ne consacre pas plus de temps au salut° de son âme, elle n'osait pas criti-   salvation
quer son mari ouvertement. Pour elle, on était ce qu'on était, des immigrés italiens, catholiques et membres de la classe laborieuse. Chercher à sortir de notre condition au lieu de nous soumettre à la volonté du ciel et

155   mener une vie honnête et travailleuse, c'était pour elle quelque chose d'incompréhensible. C'était même la porte ouverte à la damnation. [...] Mes parents menaient donc l'un contre l'autre une sorte de guerre secrète par enfants interposés.
        —Et qui a gagné? j'ai demandé.

160   —Personne, évidemment. On n'oppose pas Randolph Hearst à Dieu. Mes parents ne jouaient pas dans la même ligue. Mon père disputait l'avenir de Leonardo et ma mère jouait mon âme. La bataille n'a jamais vraiment eu lieu. Et pendant qu'ils s'ingéniaient° tous deux à nous faire   essayaient
ressembler à l'image qu'ils s'étaient formée de nous, celles d'un roi de la

165   chambre de commerce et d'un bon Samaritain, ils n'ont pas vu qu'ils étaient en train de nous perdre. C'est ainsi que j'ai commencé à traîner°   bum around with

avec Fabrizio et Agnese Bini, deux camarades de classe dont les parents
étaient socialistes et syndiqués, et que Leonardo s'est mis à fréquenter les
voyous° du quartier […] et qu'il allait jusqu'à passer des nuits entières de- *hoodlums*
170 hors, en sortant de l'immeuble par l'escalier de secours.

«Ma mère continuait imperturbablement de prier pour que j'entre dans
les ordres à ma majorité et mon père répétait toujours les deux mêmes
noms, Yale et Harvard. Ils n'ont pas vu ce qui se passait sous leurs yeux, a
dit Fausto, ils n'ont pas vu que leurs enfants, ces deux fils qu'ils voyaient
175 partir à l'école tous les matins, qu'ils aimaient, qu'ils nourrissaient, qu'ils
habillaient, […] continuaient de vivre leur double vie.»

— *Farrago,* 2003

COMPREHENSION

1. Selon Homer, quelle était la preuve suprême que Farrago était un
   «trou perdu»?

2. Quelle histoire Homer a-t-il demandé à Fausto de raconter?

3. Comment savons-nous que Fausto n'avait pas l'habitude de parler de
   lui-même aux autres?

4. Parlez du travail des parents de Fausto à Philadelphie et du quartier où
   ils habitaient.

5. Qui était Tomaso et quelle influence a-t-il eue sur Leonardo et Fausto?
   Qu'a-t-il fait pour devenir riche?

6. Quel fils était le favori de Giuseppe Guidelli? Quel avenir voyait-il pour
   ce fils, et pour le nom de sa famille?

7. Que faisait le père pour préparer l'avenir de son fils préféré?

8. Décrivez la mère de Fausto et la façon dont elle a élevé ce dernier.
   Quel genre de vie voulait-elle pour lui?

9. Pourquoi détestait-elle son beau-frère Tomaso?

10. Comment les deux fils ont-il réagi à ce contrôle des parents, chacun à
    sa façon?

PERCEPTIONS

1. Homer questionne son ami Fausto pour mieux comprendre pourquoi et comment un homme intelligent comme lui est devenu épicier dans un «trou perdu». Dans la vie, les circonstances déterminent parfois bien des choses. Discutez avec un(e) camarade de classe:

   a. comment vous êtes arrivé(e) à votre université

   b. comment votre famille est arrivée dans la ville où elle habite

   c. comment vous avez choisi la carrière à laquelle vous vous destinez

2. Fausto parle de son frère aîné Leonardo. Comment décrit-il son frère? Quelle est leur relation? Est-ce plus commun de vouloir imiter le frère ou la sœur aîné(e), ou au contraire de vouloir être différent? Donnez des illustrations personnelles.

3. Parlez de la chaise «de velours rouge» de la mère de Fausto. Que représente-t-elle? Quelle morale trouvez-vous dans cette chaise?

4. La mère et le père de Fausto et Leonardo ont mené une guerre secrète, avec leurs deux enfants comme armes. Comment ont-ils fait cela? Comment leurs concepts du succès et de la famille différaient-ils?

5. Les deux parents ont essayé de former leurs enfants selon leurs propres rêves et non ceux des enfants. Croyez-vous que ce soit commun? Selon vos observations personnelles, qu'est-ce qui en résulte?

6. Homer croit que la misère c'est «ne pas réussir à raconter son malheur à quelqu'un d'autre». Est-ce important d'avoir des amis à qui on peut parler de sa vie, de ses malheurs et de ses joies? Pourquoi?

Jean-Marie Gustave Le Clézio
(1940–   )

Jean-Marie Gustave Le Clézio est né à Nice en 1940. Descendant d'une famille bretonne émigrée à l'île Maurice (près de Madagascar, dans l'océan Indien), il a hérité de ses ancêtres le goût de l'aventure et du voyage. Il a vécu en Afrique, en Asie, parmi les Indiens d'Amérique centrale, et maintenant il partage sa vie entre Albuquerque, dans le Nouveau-Mexique, l'île Maurice et Nice, où il a grandi.

Le Clézio a connu le succès très jeune. Son premier roman, *Le Procès verbal,* qu'il a publié à l'âge de 23 ans, a remporté le Prix Renaudot, un des plus grands prix littéraires français. Depuis, il a publié plus de trente livres : romans, nouvelles, essais, traductions de mythologie amérindienne et articles. En 1980, il a été le premier écrivain français à recevoir le Prix Paul Morand pour la totalité de son œuvre, et en 1994, il a été élu «le plus grand écrivain vivant de langue française». Ses œuvres principales, traduites en de nombreuses langues, incluent *Les Géants* (1973), *Mondo et autres histoires* (1978), *Désert* (1980), *Le Chercheur d'or* (1985), *Onitsha* (1990), *La Fête chantée* (1997) et *L'Africain* (2004). Toute l'œuvre de Jean-Marie Gustave Le Clézio exprime la nostalgie d'une harmonie de l'homme avec lui-même et avec le monde, dont il cherche à retrouver le secret avec un lyrisme incomparable.

Dans *L'Africain,* dont le texte suivant est extrait, Le Clézio se remémore son enfance africaine. Son père, issu d'une famille française installée à l'île Maurice, a passé plus de trente ans en Afrique de l'Ouest en tant que médecin dans l'armée britannique. Sa mère, originaire du sud de la France, a accompagné son mari à travers le Cameroun et le Nigeria pendant plusieurs années avant de donner naissance à deux garçons, Jean-Marie et son frère. Venue accoucher en France en 1940, elle s'est trouvée séparée de son mari par la guerre. Jean-Marie avait donc 8 ans quand il a finalement connu son père et quand il a découvert l'Afrique. L'Africain que Le Clézio décrit dans cet ouvrage, c'est son père, un homme qui est toujours resté pour ses fils un étranger, mais c'est aussi lui-même, avec ses racines africaines et les années de liberté et de bonheur qu'il a vécues en Afrique.

PREPARATION A LA LECTURE

Quand vous pensez à votre enfance, quelles sont les images, les odeurs et les sons qui envahissent (*invade*) votre mémoire? Faites une liste de deux ou trois choses pour chaque catégorie.

1. Les images:

2. Les odeurs:

3. Les sons:

Maintenant, regardez la deuxième moitié du premier paragraphe du texte de Le Clézio. Quels sont les images, les odeurs et les sons évoqués? Après cette liste préliminaire, parcourez le reste du texte et soulignez les verbes qui expriment des sensations, comme «voir / regarder», «sentir / être envahi par le parfum / respirer l'odeur», «entendre / écouter». Quels sont les images, les odeurs et les sons qui suivent ces verbes? Ajoutez quelques-unes de ces sensations à votre liste. Avec toutes ces sensations comme point de départ, pensez-vous que l'auteur va réussir à briser «la paroi fine comme un miroir [*the wall thin as a mirror*] qui sépare le monde d'aujourd'hui et le monde d'hier»? Les souvenirs vont-ils devenir les certitudes de la réalité?

✦ L'AFRICAIN [extrait]

Les Africains ont coutume de dire que les humains ne naissent pas du jour où ils sortent du ventre de leur mère, mais du lieu et de l'instant où ils sont conçus°. Moi, je ne sais rien de ma naissance (ce qui est, je suppose, le cas de tout un chacun°). Mais si j'entre en moi-même, si je retourne mes yeux
5 vers l'intérieur, c'est cette force que je perçois, ce bouillonnement° d'énergie, la soupe de molécules prêtes à s'assembler pour former un corps. Et, avant même l'instant de la conception, tout ce qui l'a précédée, qui est dans la mémoire de l'Afrique. Non pas une mémoire diffuse, idéale: l'image des hauts plateaux, des villages, les visages des vieillards, les yeux
10 agrandis des enfants rongés par la dysenterie°, le contact avec tous ces corps, l'odeur de la peau humaine, le murmure des plaintes°. Malgré tout cela, à cause de tout cela, ces images sont celles du bonheur, de la plénitude qui m'a fait naître.

    [...]

    C'est à l'Afrique que je veux revenir sans cesse, à ma mémoire d'enfant.
15 A la source de mes sentiments et de mes déterminations. Le monde

conceived

tout... tout le monde

cette explosion

rongés... mangés par la maladie / **le...** *the whisper of moans and groans* change, c'est vrai, et celui° qui est debout là-bas au milieu de la plaine d'herbes hautes, dans le souffle° chaud qui apporte les odeurs de la savane, le bruit aigu de la forêt, sentant sur ses lèvres l'humidité du ciel et des nuages, celui-là est si loin de moi qu'aucune histoire, aucun voyage ne 20 me permettra de le rejoindre.

Pourtant, parfois, je marche dans les rues d'une ville, au hasard, et tout d'un coup, en passant devant une porte au bas d'un immeuble en construction, je respire l'odeur froide du ciment qui vient d'être coulé°, et je suis dans la case de passage d'Abakaliki°, j'entre dans le cube ombreux de 25 ma chambre et je vois derrière la porte le grand lézard bleu que notre chatte a étranglé° et qu'elle m'a apporté en signe de bienvenue. Ou bien, au moment où je m'y attends le moins, je suis envahi par le parfum de la terre mouillée° de notre jardin à Ogoja, quand la mousson roule sur le toit de la maison et fait zébrer les ruisseaux couleur de sang sur la terre 30 craquelée°. […]

J'entends les voix des enfants qui crient, ils m'appellent, ils sont devant la haie°, à l'entrée du jardin, ils ont apporté leurs cailloux et leurs vertèbres de mouton°, pour jouer, pour m'emmener à la chasse aux couleuvres°. L'après-midi, après la leçon de calcul avec ma mère, je vais 35 m'installer […] devant le four du ciel blanc pour faire des dieux d'argile° et les cuire au soleil. Je me souviens de chacun d'eux, de leurs noms, de leurs bras levés, de leurs masques. […]

Je vais regarder la fièvre monter dans le ciel du crépuscule°, les éclairs courir en silence entre les écailles grises des nuages auréolés de feu°. 40 Quand la nuit sera noire, j'écouterai les pas du tonnerre°, de proche en proche, l'onde qui fait vaciller° mon hamac et souffle sur la flamme de ma lampe. J'écouterai la voix de ma mère qui compte les secondes qui nous séparent de l'impact de la foudre° et qui calcule la distance à raison de trois cent trente-trois mètres par seconde. Enfin le vent de la pluie, très froid, 45 qui avance dans toute sa puissance sur la cime des arbres, j'entends chaque branche gémir° et craquer, l'air de la chambre se remplit de la poussière que soulève l'eau en frappant la terre.

Tout cela est si loin, si proche. Une simple paroi fine comme un miroir sépare le monde d'aujourd'hui et le monde d'hier. Je ne parle pas de nos-50 talgie. Cette peine dérélictueuse ne m'a jamais causé aucun plaisir. Je parle de substance, de sensations, de la part la plus logique de ma vie.

Quelque chose m'a été donné, quelque chose m'a été repris°. Ce qui est définitivement absent de mon enfance: avoir eu un père, avoir grandi auprès de lui dans la douceur du foyer familial. Je sais que cela m'a man-55 qué, sans regret, sans illusion extraordinaire. Quand un homme regarde jour après jour changer la lumière sur le visage de la femme qu'il aime,

---

son père, tel qu'il paraît sur une photo / le vent

ciment... *cement that has just been poured* / **la case...** la maison primitive d'un ami africain / *tué*

terre... *wet dirt*

quand la mousson... *when the monsoon rumbles on the roof and sends blood-colored streams streaking down the cracked earth* / *hedge* / **cailloux...** *rocks and sheep vertebrae* / *grass snakes* / *clay gods*

soir

les éclairs... *lightning running silently between the gray scales of the clouds lined with fire* / **les...** *the approaching steps of thunder* / **l'onde...** la pluie qui fait bouger / **l'impact...** *lightning strikes* moan

was taken back from me

qu'il guette chaque éclat furtif° dans le regard de son enfant. Tout cela qu'aucun portrait, aucune photo ne pourra jamais saisir.

guette.... observe chaque expression passagère

60 Mais je me souviens de tout ce que j'ai reçu quand je suis arrivé pour la première fois en Afrique: une liberté si intense que cela me brûlait, m'enivrait°, que j'en jouissais jusqu'à la douleur.

m'intoxiquait

Je ne veux pas parler d'exotisme: les enfants sont absolument étrangers à ce vice. Non parce qu'ils voient à travers les êtres et les choses, mais justement parce qu'ils ne voient qu'eux: un arbre, un creux de terre°, une
65 colonne de fourmis charpentières, une bande de gosses° turbulents à la recherche d'un jeu, un vieillard aux yeux troubles tendant une main décharnée°, une rue dans un village africain un jour de marché, c'étaient toutes les rues de tous les villages, tous les vieillards, tous les enfants, tous les arbres et toutes les fourmis. Ce trésor est toujours vivant au fond de
70 moi, il ne peut pas être extirpé. Beaucoup plus que de simples souvenirs, il est fait de certitudes.

a hollow in the ground
un groupe d'enfants

un vieillard... *an old man with cloudy eyes, with his bony hand out*

Si je n'avais pas eu cette connaissance charnelle° de l'Afrique, si je n'avais pas reçu cet héritage de ma vie avant ma naissance, que serais-je devenu?

carnal

Aujourd'hui, j'existe, je voyage, j'ai à mon tour fondé une famille, je me
75 suis enraciné° dans d'autres lieux. Pourtant, à chaque instant, comme une substance éthéreuse° qui circule entre les parois du réel, je suis transpercé par le temps d'autrefois à Ogoja. Par bouffées cela me submerge et m'étourdit°. Non pas seulement cette mémoire d'enfant, extraordinairement précise pour toutes les sensations, les odeurs, les goûts, [...] le senti-
80 ment de la durée.

je... *I have put down roots*
ethereal, impalpable

Par bouffées... *Its flashes inundate me and make me dizzy*

C'est en l'écrivant que je le comprends, maintenant. Cette mémoire n'est pas seulement la mienne. Elle est aussi la mémoire du temps qui a précédé ma naissance, lorsque mon père et ma mère marchaient ensemble sur les routes du haut pays, dans les royaumes de l'ouest du Cameroun.
85 La mémoire des espérances et des angoisses° de mon père, sa solitude, sa détresse à Ogoja. La mémoire des instants de bonheur, lorsque mon père et ma mère sont unis par l'amour qu'ils croient éternel. Alors ils allaient dans la liberté des chemins, et les noms de lieux sont entrés en moi comme des noms de famille, Bali, Nkom, Bamenda, Banso, Nkongsamba, Revi,
90 Kwaja. [...] Les hauts plateaux où avance lentement le troupeau de bêtes à cornes de lune à accrocher les nuages° [...].

anxieties

le troupeau... *the herd of cows with moon-shaped horns big enough to bump into the clouds*

Peut-être qu'en fin de compte mon rêve ancien ne me trompait pas. Si mon père était devenu l'Africain, par la force de sa destinée, moi, je puis penser à ma mère africaine, celle qui m'a embrassé et nourri à l'instant où
95 j'ai été conçu, à l'instant où je suis né.

— *L'Africain*, 2004

COMPREHENSION

A. Vrai ou faux? Si c'est faux, corrigez.

Lignes 1–13

1. Les Africains pensent que la naissance se réfère au moment de la conception.

2. Le Clézio pense que l'essence de sa vie a commencé avant la conception.

3. La «mémoire de l'Afrique» qui fait partie de son héritage contient principalement des images d'animaux sauvages, de famine et de misère.

Lignes 14–20

4. L'auteur ne peut pas re-trouver son père parce qu'il ne l'a jamais vraiment «trouvé» (connu).

Lignes 21–30

5. Il suffit d'un rien, comme l'odeur du ciment, pour lui rappeler l'Afrique.

6. La terre de leur jardin à Ogoja était jaune.

Lignes 31–37

7. Les enfants d'Ogoja ne jouaient pas avec le petit Jean-Marie.

8. Sa mère lui donnait des leçons d'histoire et géographie.

9. Il fabriquait des statues d'argile qui portaient des masques.

Lignes 38–47

10. Quand il y avait des orages (*thunderstorms*), la mère de Jean-Marie calculait la distance de la foudre en comptant les secondes qui séparaient les coups de tonnerre.

11. Le vent de la pluie faisait craquer les branches des arbres.

Lignes 48–51

12. Les sensations associées à son enfance africaine sont à la fois distantes et proches.

Lignes 52–58

13. Jean-Marie Le Clézio n'a pas vraiment souffert de l'absence de son père parce qu'il avait beaucoup de photos.

Lignes 59–61

14. La première chose qui l'a marqué en Afrique était la chaleur intense.

Lignes 62–71

15. Les enfants savent observer les êtres et les choses.

16. Aux yeux d'un enfant, une rue d'un village devient toutes les rues de tous les villages.

Lignes 72–80

17. Le Clézio est reconnaissant (*grateful*) de l'héritage africain qui a précédé sa naissance.

Lignes 81–91

18. Le temps présent et le temps d'autrefois sont tout à fait séparés.

Lignes 92–fin

19. La mémoire du fils inclut les expériences de ses parents *avant* sa naissance.

20. Dans un sens, l'Afrique est la mère de Jean-Marie Le Clézio.

B. Maintenant que vous avez compris le détail du texte, complétez votre liste des images, des odeurs et des sons que l'auteur évoque.

PERCEPTIONS

1. En analysant ses souvenirs, Le Clézio se rend compte que «malgré» les choses tristes, ou peut-être même «à cause» des réalités moins qu'idéales, les images de son enfance sont «celles du bonheur». Pourquoi, à votre avis? Qu'est-ce qui fait que certaines expériences deviennent de bons souvenirs alors que d'autres tombent dans l'oubli? Racontez un souvenir personnel de votre enfance qui est resté «une image de bonheur».

2. Vous arrive-t-il jamais de marcher dans les rues d'une ville, au hasard, et de voir quelque chose ou de sentir une odeur particulière, et puis tout d'un coup, de ressentir qu'un moment de votre passé commence à revivre en vous? Racontez une de ces expériences. Quelle était la sensation qui a déclenché (*triggered*) le souvenir? Quel était le souvenir?

3. «Une simple paroi fine comme un miroir sépare le monde d'aujourd'hui et le monde d'hier». Etes-vous d'accord? Pensez à des habitudes que vous avez aujourd'hui qui sont le produit de votre passé. Comment ces habitudes ont-elles commencé? Quelles autres évidences de votre passé trouvez-vous dans votre vie présente?

4. Le Clézio dit que sa mémoire n'est pas seulement la sienne, c'est aussi la mémoire des expériences de ses parents avant sa naissance. Comment le passé des parents influence-t-il la vie des enfants? En pensant aux expériences de votre père ou de votre mère avant votre naissance, pouvez-vous identifier un fait ou un trait particulier qui a influencé votre vie? Racontez.

5. Dans la mesure où les réalités géographiques et culturelles de l'Afrique font partie de l'enfance de Le Clézio, l'Afrique, comme une mère, a contribué à sa formation, à sa personnalité. Pensez à l'endroit (ou un des endroits) où vous avez grandi. Comment les réalités géographiques et culturelles de cet endroit ont-elle influencé votre enfance et votre personnalité? Expliquez.

6. Des images, des odeurs et des sons—à la façon d'un peintre impressionniste qui met ses «impressions» sur la toile (*canvas*), mettez sur le papier quelques images, odeurs et sons de votre enfance, puis comparez ce que vous «voyez», «sentez» et «entendez» avec les souvenirs d'un(e) camarade de classe.

Jean-Christophe Rufin
(1952–)

Jean-Christophe Rufin est né le 28 juin 1952 à Bourges, au centre de la France. Abandonné par son père, il a été élevé par ses grands-parents et, comme son grand-père, est devenu docteur en médecine. Comme son grand-père aussi qui avait été déporté dans un camp de concentration pour avoir soigné et caché des résistants pendant la Seconde Guerre mondiale, Rufin s'est lancé dans le travail humanitaire à travers Médecins Sans Frontières, la célèbre ONG (organisation non gouvernementale) dont il deviendra le vice-président et qui, pendant vingt ans, le mènera du Nicaragua à l'Afghanistan, des Philippines au Rwanda et de l'Ethiopie à la Bosnie. C'est pour examiner le rôle des ONG dans les situations de conflit qu'il s'est lancé dans l'écriture, avec un essai intitulé *Le Piège*[1] *humanitaire* (1986). En 1993 il a été nommé au Ministère de la Défense comme conseiller spécialisé dans la réflexion stratégique sur les relations Nord-Sud, puis il est devenu administrateur de la Croix-Rouge française, directeur de recherches à l'Institut des Relations Internationales et Stratégiques, et attaché culturel au Brésil. C'est ce séjour au Brésil qui lui a inspiré *Rouge Brésil,* un roman qui a été couronné en 2001 par le prix littéraire le plus prestigieux de France, le Prix Goncourt. Son premier roman, *L'Abyssin* (1997), avait déjà reçu le Prix Goncourt du Premier Roman, et Jean-Christophe Rufin est un des rares écrivains à avoir été reconnu deux fois par l'Académie Goncourt. Ses autres romans incluent *Sauver Ispahan* (1998), *Les Causes perdues* (Prix Interallié, 1999), et *Globalia* (2004).

Globalia est un roman d'aventures et d'amour, mais surtout une fable visionnaire sur la mondialisation[2]. Selon l'auteur lui-même, le roman «repose sur deux idées principales: d'abord, imaginer l'évolution possible des rapports Nord-Sud, ou entre pays riches et pays pauvres. Ensuite, explorer l'inattendu[3] des démocraties, qui, après avoir triomphé dans les années 1990, commencent à révéler de plus en plus un caractère sinon totalitaire, du moins pas si paradisiaque qu'on le prétend.»

1. *trap*   2. globalisation   3. l'aspect non anticipé

PREPARATION A LA LECTURE

Nous sommes donc dans l'avenir. Le monde est divisé entre Globalia, «la démocratie universelle», et les non-zones, c'est-à-dire les pays sous-développés où règnent la pauvreté, les guerres et la famine. Globalia, qui inclut principalement des pays de l'hémisphère Nord (Amérique du Nord, Europe, Russie, Chine, etc.) est entourée d'une grande verrière (ou bulle [*bubble*] de verre) pour protéger ses habitants d'attaques terroristes et de toute explosion toxique. Le personnage principal, Baïkal, est un jeune homme de 20 ans, d'origine russe, qui vit à Seattle. Imaginez que vous avez grandi dans une «bulle», menant une vie très protégée avec tout le confort possible et imaginable. Votre inclination personnelle va-t-elle être de

- vouloir quitter la sécurité de votre pays pour explorer un monde extérieur pauvre et violent?
- rester dans le confort de votre pays?

Donnez des raisons possibles pour chaque décision.

Baïkal, notre héros, décide de profiter d'un trou dans la verrière pour fuir Globalia, entraînant dans sa fuite sa petite amie Kate, qui n'a pas vraiment envie de partir. Parcourez la première partie du texte pour voir si les raisons données par Baïkal et Kate correspondent à celles que vous aviez imaginées.

✦ GLOBALIA [extrait]

Kate approcha de Baïkal […].

—Maintenant, murmura-t-elle, dis-moi vraiment où nous allons.

Baïkal fit mine un instant de se crisper°, de recomposer un visage   *se concentrer* d'autorité. Puis, tandis qu'elle n'ôtait pas ses yeux des siens […], il céda:

5   —Je n'en sais rien, voilà!

Il était si désemparé° qu'elle le prit dans ses bras. Ils s'étreignirent° un   *perdu / hugged* long moment.

—Explique-moi enfin, chuchota-t-elle.

En le saisissant par la main, elle le fit asseoir sur l'herbe à côté d'elle […].

10   —Je te l'ai toujours dit: j'étouffe°. Je ne peux plus vivre comme cela. Je   *je ne peux pas respirer* veux aller ailleurs°.   *(breathe) / elsewhere*

—Je suis bien d'accord. Seattle est une ville impossible. Mais je t'avais proposé d'aller à Oulan-Bator voir ma grand-mère ou de venir au Zimbabwe cet été dans le ranch de mes cousins.

15   —Tu ne comprends pas, Kate, je te l'ai souvent répété. Ce sera *partout*°   *everywhere* la même chose. Partout nous serons en Globalia. Partout, nous retrouverons cette civilisation que je déteste.

—Evidemment, puisqu'il n'y en a qu'une! Et c'est heureux. Aurais-tu la nostalgie du temps où il y avait des nations différentes qui n'arrêtaient pas
20 de se faire la guerre?

Baïkal haussa les épaules°. Kate poussa son avantage.

haussa... *shrugged his shoulders*

—Il n'y a plus de frontières, désormais. Ce n'est tout de même pas plus mal?

—Bien sûr que non, Kate. Tu me récites la propagande que tu as ap-
25 prise comme nous tous. Globalia, c'est la liberté! Globalia, c'est la sécurité! Globalia, c'est le bonheur!

Kate prit l'air vexé. Le mot de propagande était blessant°. [...]

offensive

—Tu te crois certainement plus malin° que moi, mais tu ne peux tout de même pas nier qu'on peut aller partout. Ouvre ton multifonction°,
30 sélectionne une agence de voyages et tu pars demain dans n'importe quel endroit du monde...

intelligent

appareil électronique

—Oui, concéda Baïkal, tu peux aller partout. Mais seulement dans les zones sécurisées, c'est-à-dire là où on nous autorise à aller, là où tout est pareil.

35 —Mais tout Globalia est sécurisé! L'Europe, l'Amérique, la Chine... Le reste, c'est le vide, ce sont les non-zones.

Baïkal reprit un ton passionné et s'écria:

—Moi, je continue à croire qu'existe un ailleurs.

Kate soupira.

40 —C'est ce que tu m'as expliqué et c'est pour cela que je t'ai suivi. Mais rends-toi à l'évidence. L'ailleurs est dans tes rêves, mon amour. Il n'y a que quelques endroits pourris° aux confins du monde, des réserves, des friches°.

rotten

régions non développées

—Depuis six mois je recoupe les informations, insista Baïkal en se-
45 couant la tête—mais on sentait le désespoir éteindre sa voix. Je suis sûr que toutes ces non-zones sont en continuité. On peut sortir d'ici et rejoindre la mer, il doit y avoir des déserts, des villes peut-être [...].

Kate le sentait au bord des larmes°. [...]

au... *prêt à pleurer*

—Rentrons maintenant, souffla-t-elle. Nous raconterons que nous nous
50 sommes perdus, que la porte était ouverte, que nous avons voulu être seuls dans la montagne. Cela n'ira pas bien loin. Une amende° peut-être.

a fine

—Non, dit Baïkal en secouant la tête. Je ne retournerai pas là-bas. Ce monde est une prison.

—Nous n'avons plus rien à manger. Personne ne passe par ici [...]. On
55 a peur, l'air pue°, rien ne nous dit qu'il n'y a pas des pièges ou des mines. Où est la prison à ton avis?

ne sent pas bon

[*Kate décide de retourner chez elle. Baïkal est arrêté et ramené en Globalia où il est mis en prison. Un psychologue essaie de le raisonner.*]

«Globalia, où nous avons la chance de vivre, proclamait le psychologue,
60 est une démocratie idéale. Chacun y est libre de ses actes. Or, la tendance
naturelle des êtres humains est d'abuser de leur liberté, c'est-à-dire
d'empiéter° sur celle des autres. LA PLUS GRANDE MENACE° SUR LA LIBERTÉ,   *to infringe upon / threat*
C'EST LA LIBERTÉ ELLE-MÊME. Comment défendre la liberté contre elle-
même? En garantissant à tous la sécurité. La sécurité, c'est la liberté. La
65 sécurité, c'est la protection. La protection, c'est la surveillance. LA SURVEIL-
LANCE, C'EST LA LIBERTÉ.»

—Arrêtez, gémit Baïkal.

Il avait déjà entendu cette présentation, jusqu'à la nausée. Elle était accompagnée d'une animation en images de synthèse représentant un être
70 humain virtuel, souriant béatement° […] chaque fois qu'était prononcé le   *blissfully*
mot «Liberté».

«La protection, ce sont les limites. LES LIMITES, C'EST LA LIBERTÉ.»

Toute cette partie de la présentation était adaptée, parmi différents
menus, au cas particulier du détenu°, en l'occurrence à Baïkal. L'anima-   du prisonnier
75 tion montrait, en vue plongeante depuis le ciel, un immense continuum
de zones sécurisées, avec leurs gratte-ciel°, leurs jardins monumentaux,   *skyscrapers*
leurs espaces commerciaux, leurs portions de fleuves, de rivages ma-
ritimes, tout cela représenté comme une maquette° animée, ordonnée,   un petit modèle
paisible. Puis, tout à coup, le spectateur plongeait vers des confins obscurs.
80 Une végétation désordonnée jetait son ombre sur le sol. On devinait un
grouillement° de formes, des images subliminales instillaient de trou-   *swarming*
blantes impressions de feu, d'explosion. Et au moment où l'effroi° com-   la peur
mençait à s'insinuer, un rideau protecteur, une verrière épaisse et légère à
la fois venait interposer son rassurant reflet entre les invisibles démons de
85 l'ombre et la paix du dedans, entre le monde ordonné de Globalia et la
violence anarchique des non-zones.

[*Toujours en prison, Baïkal regarde les bulletins d'information.*]

Une large place était toujours consacrée à la lutte contre le terrorisme.
Le Président annonçait parfois lui-même de nouveaux bombardements°,   attaques de bombes
90 déplorait un nouvel attentat° d'ampleur nationale ou dévoilait le nom d'un attaque
nouvel ennemi dont le complot° venait d'être démasqué. Depuis quelque   *plot*
temps, il semblait que l'actualité s'était fait plus rare sur ces sujets. Mais ces
derniers jours l'attentat de Seattle avait remis la question au premier plan,
au point de lui faire même supplanter les résultats de basket. Les écrans°   les télévisions
95 passaient et repassaient d'insoutenables° images de blessés et de destruc- *unbearable*
tion. On en était au stade émotionnel: les victimes et les familles venaient
livrer de bouleversants témoignages° qui étaient diffusés en boucle. Les of- **bouleversants...** *stirring*
ficiels de la Protection sociale se bornaient° à déclarer que des indices° con- *testimonies* / se limi-
cordants orientaient les recherches vers trois individus bruns. Et bien sûr, taient / les indications
100 tout le monde comprenait que les autorités ne pouvaient pas en dire plus.

[*Baïkal va être libéré par un des dirigeants de Globalia et son vœu de vivre en non-zone va être exaucé°, mais dans le but politique de créer en Baïkal l'image d'un ennemi. «Je cherchais la liberté et vous m'offrez l'exil», dit Baïkal, sans comprendre les intentions cachées du gouvernement de Globalia. Après de nombreuses intrigues*   **son vœu...** *his wish . . .*
105 *politiques, Baïkal et Kate finiront par se retrouver libres, en non-zone, en Amérique*   *granted*
du Sud. Là, leurs aventures vont se multiplier et leurs priorités vont changer.]

POSTFACE DE L'AUTEUR SUR *GLOBALIA*

Depuis que je me suis engagé dans le mouvement «Sans Frontières», je n'ai eu de cesse que de défendre notre devoir de lucidité politique. [...] Dans
110 le monde de Globalia, qui n'est autre que celui d'une démocratie poussée aux limites de ses dangers, je n'aurais, moi aussi, qu'un désir: m'évader°.   *partir*
[...] C'est ainsi que, dédoublé, je suis devenu Kate et Baïkal, transfuges°   *déserteurs*
d'un monde auquel ils ne peuvent se soumettre. [...]

S'agissant du futur, un roman peut tout au plus contribuer à ce que le
115 lecteur conserve une défiance° légitime. Les avenirs radieux°, quels qu'ils   *distrust / radiant*
soient, même quand ils viennent à nous sous les dehors de l'individualisme démocratique, sont à accueillir la tête froide.

Comme le dit en substance Lawrence Ferlinghetti, le vieux poète *beat* de San Francisco: il est bon d'avoir l'esprit ouvert mais pas au point que le
120 cerveau° tombe par terre...   *brain*

—*Globalia*, 2004

COMPREHENSION

Partie I (lignes 1–56)

1. Kate pensait-elle que Baïkal savait où ils allaient? Comment le voyons-nous?

2. Pourquoi Baïkal voulait-il partir? Et pourquoi les destinations proposées par Kate n'étaient-elles pas acceptables?

3. Quels étaient les avantages de Globalia, selon Kate?

4. Quels étaient les slogans de Globalia?

5. Quelles étaient les limites du voyage pour les Globaliens? Pourquoi? Comment décrivaient-ils le monde extérieur (les confins du monde)?

6. Dans quel sens le monde de Globalia était-il une prison pour Baïkal? Qu'est-ce qui était une prison, selon Kate?

Partie II (lignes 59–86)

7. Selon le psychologue—et la propagande globalienne—quelle est la meilleure façon de sauvegarder la liberté?

8. Quelles images la propagande globalienne utilisait-elle pour représenter les zones sécurisées et les non-zones?

Partie III (lignes 88–fin)

9. De quoi les bulletins d'information parlaient-ils toujours? Qui faisait même son apparition à la télévision pour en parler?

10. Depuis l'attaque de Seattle, qu'est-ce qui passait et repassait sans cesse à la télé? Qui accusait-on implicitement?

Postface

11. Comment Rufin définit-il Globalia?

12. Pourquoi recommande-t-il la défiance?

PERCEPTIONS

1. «J'étouffe», dit Baïkal. Pourquoi étouffe-t-il, ou se sent-il «en prison», en Globalia? Y a-t-il des circonstances sociales ou politiques qui vous donnent l'impression d'étouffer ou d'être en prison? Expliquez.

2. Globalia promet la liberté, la sécurité et le bonheur. La devise de la France promet la liberté, l'égalité et la fraternité. La devise des Etats-Unis promet une nation unie avec la liberté et la justice pour tous. Ces devises sont-elles réalistes? Dans quel sens est-ce de la «propagande»?

3. Baïkal «continue à croire qu'il existe un ailleurs». Dans le contexte de Globalia, imaginez et définissez cet «ailleurs» que Baïkal recherche. Et vous? Recherchez-vous un «ailleurs»? Expliquez.

4. «La plus grande menace sur la liberté, c'est la liberté», dit le psychologue. Peut-on être trop libre, à votre avis? Est-ce vrai que «la sécurité, c'est la liberté», et donc «la surveillance, c'est la liberté»? A quelles pratiques de certains gouvernements actuels cette phrase vous fait-elle penser? Expliquez.

5. Les images que Baïkal voit passer à la télé sont très manipulatrices. Dans quel sens sommes-nous manipulés par les médias? Donnez des exemples spécifiques.

6. La lutte contre le terrorisme sera-t-elle la plus grande préoccupation du monde futur, selon vous? Comment voyez-vous l'évolution de cette lutte?

7. Rufin parle des dangers de la démocratie. Quels sont ces dangers? Etes-vous d'accord? Est-il bon d'avoir «une défiance légitime»? Comment peut-on avoir l'esprit ouvert sans perdre la tête?

8. Le journaliste Marcel Gauchet, du magazine *Le Point,* a dit que dans *Globalia,* «Rufin dresse un portrait du présent par sa projection dans le futur, et c'est ce qui est remarquable.» Quels éléments du présent voyez-vous dans cette «fable visionnaire» de Rufin? Avec un(e) partenaire, faites une liste de ces éléments puis comparez vos listes.

9. Si vous avez lu *1984* de George Orwell, *Le Meilleur des mondes* d'Aldous Huxley, ou d'autres œuvres de science-fiction comme *La Planète des singes,* etc, qu'est-ce que ces œuvres ont en commun avec *Globalia*? Qu'est-ce que le contexte futur permet aux auteurs de faire?

10. Analysez le symbolisme de la verrière, cette bulle qui entoure Globalia. Existe-t-elle déjà? Sous quelle forme?

Synthèse

A DISCUTER

A. Dans les œuvres de Sartre, Anouilh et Camus que vous avez lues, vous voyez des personnages très conscients de leur destin et des choix qu'ils doivent faire. Hugo choisit le compromis; Antigone refuse le compromis; Sisyphe accepte son sort. Qu'est-ce qui les amène à ces décisions? Pensez à des décisions que vous avez prises. Sur quoi étaient-elles basées?

B. Le bonheur est une préoccupation primordiale dans la littérature moderne. Reprenez cinq ou six textes de ce chapitre. Comment les auteurs définissent-ils le bonheur, que ce soit de façon explicite ou implicite?

C. En petits groupes, faites une liste des autres thèmes qui semblent prédominer dans les œuvres que vous avez lues dans ce chapitre. Comparez le traitement de ces thèmes par les différents auteurs. Lesquelles de ces idées trouvent un écho en vous? Expliquez.

A ECRIRE

A. Dans quelles circonstances les frustrations peuvent-elles devenir angoisse? L'absurde fait-il partie de votre monde? Expliquez.

B. A la manière d'Annie Ernaux, écrivez quatre ou cinq paragraphes sur la vie extérieure qui vous entoure.

Les visages variés du monde francophone.

CHAPITRE 7

La Francophonie

A. LA LITTÉRATURE FRANCOPHONE D'AFRIQUE NOIRE ET DES ANTILLES

uand on pense à l'Afrique noire, on pense peut-être aux safaris ou alors aux maladies comme le SIDA ou le paludisme[1] qui emportent chaque année des millions de personnes. On pense aussi aux famines, aux catastrophes naturelles ou aux conflits armés, comme le génocide du Rwanda. On pense également à l'analphabétisme[2] qui touche environ 60% des populations et à la pauvreté qui fait que l'Afrique noire est au dernier rang mondial du développement. Et pourtant... L'Afrique est un immense continent, occupant 20% de la surface de la terre, quatre fois plus grand que les Etats-Unis, avec une population deux fois plus grande, divisée en plus de 2.000 groupes ethniques. C'est aussi un continent très riche en ressources et dont le passé historique remonte à la civilisation égyptienne et à de grands empires comme l'Empire du Ghana qui recouvrait presque toute l'Afrique de l'Ouest et qui a prospéré du 4e au 11e siècles, prouvant que des centaines de groupes ethniques savaient vivre en harmonie. Pourquoi l'Afrique est-elle aujourd'hui un géant blessé?

Une des blessures de l'Afrique remonte au 15e siècle, quand les Européens ont commencé à venir en Afrique chercher des esclaves pour servir de main d'œuvre dans leurs plantations de café et de sucre du Nouveau Monde. On estime qu'entre les années 1500 et 1815, date de l'abolition de la traite négrière[3], plus de 100 millions d'esclaves ont été arrachés à l'Afrique.

Pour chaque esclave qui arrivait à sa destination au Nouveau Monde, sept ou huit mouraient pendant la capture initiale ou pendant le transport. Après l'esclavage est venue la colonisation et, au Traité de Berlin de 1885, la division arbitraire de l'Afrique en une multitude de pays artificiels appartenant à l'Angleterre, la France, le Portugal, la Belgique, l'Allemagne ou l'Espagne. La carte de l'Afrique était devenue comme un jeu de Monopoly et pendant plus d'un siècle, les Européens ont imposé à leurs colonies leur façon de vivre et leurs institutions. Dix-neuf pays d'Afrique noire sont ainsi devenus francophones, seize sous la domination française[4] (Mauritanie, Sénégal, Guinée, Mali, Côte d'Ivoire, Burkina Faso, Togo, Bénin, Niger, Tchad, République Centrafricaine, Gabon, Cameroun, Congo-Brazzaville, Djibouti, Madagascar), trois sous la domination belge (Congo-Kinshasa, Rwanda, Burundi).

La littérature négro-africaine d'expression française a commencé à l'époque coloniale, et le premier roman écrit en français par un Africain remonte à 1920[5]. La littérature de cette époque était une «littérature de consentement», décrivant le colonisateur comme un sauveur. C'est par la littérature, cependant, que l'esprit de contestation va voir le jour, à travers un groupe d'étudiants antillais qui, en 1932, publient à Paris un «Manifeste de légitime défense», réclamant pour les Noirs le droit d'être reconnus comme des citoyens du monde à part entière. Le Martiniquais Aimé Césaire (voir p. 233), le Guyanais Léon Damas et le

---

1. *malaria* 2. *illiteracy* 3. **traite...** *slave trade* 4. Le nom de certains de ces pays a changé depuis l'époque coloniale; c'est le nom actuel qui est donné ici. 5. Amadou Diagne, *Les Trois Volontés de Malic* (roman sur l'école coloniale)

Sénégalais Léopold Sédar Senghor (voir p. 237) vont alors commencer à Paris le mouvement de la Négritude, qui a joué un rôle primordial dans l'émancipation politique et culturelle de l'Afrique francophone. Publiant des essais et des poèmes subversifs dans leur journal *L'Etudiant noir* (1934–1940), ces écrivains vont définir la Négritude comme «la reconnaissance d'être noir, et l'acceptation de notre destin de noir, de notre histoire et de notre culture» (Césaire). Les poèmes de la Négritude, ainsi que la publication de *Peau noire, masques blancs*, par le psychiatre Frantz Fanon (1952) et de *Nations nègres et culture* par l'historien Cheikh Anta Diop (1954) vont ouvrir les portes à tout un mouvement littéraire de contestation de l'ordre colonial, avec des œuvres comme *Le Pauvre Christ de Bomba* (Mongo Béti), *Un Nègre à Paris* (Bernard Dadié), *Une vie de boy* (Ferdinand Oyono) et *Les Bouts de bois de Dieu* (Ousmane Sembène), menant éventuellement à l'indépendance politique de toutes les colonies francophones d'Afrique noire, en 1960. A la tête de ce mouvement d'indépendance: Senghor, qui est devenu le premier Président de la République du Sénégal.

La littérature post-coloniale des années 1960–1970 est loin d'être euphorique, cependant. Après des siècles de domination étrangère, comment trouver son identité quand on est déchiré entre deux cultures? C'est *L'Aventure ambiguë* que décrit le Sénégalais Cheikh Hamidou Kane dans son célèbre roman de 1961 (voir p. 241). C'est aussi le thème d'œuvres comme *Les Soleils des indépendances* d'Ahmadou Kourouma ou *Du baobab fou* de Ken Bugul. Petit à petit, la désillusion s'installe. Les colonisateurs avaient basé l'économie de leurs colonies sur une seule culture d'exportation, comme l'arachide[6] au Sénégal, ou le cacao en Côte d'Ivoire, des cultures qui ne nourrissaient guère l'Afrique et qui ne diminuaient guère sa dépendance sur l'Europe. L'Afrique était devenue indépendante sans base industrielle, et quand on ajoute l'échec économique à la corruption politique, le résultat ne peut être que désastreux.

Depuis les années 80, la littérature négro-africaine d'expression française a pris deux directions: il y a les romans de mœurs qui exposent les problèmes actuels de l'Afrique, comme la polygamie (Mariama Bâ, *Une si longue lettre*), la perte des traditions (Aminata Sow Fall, *L'Appel des arènes*) ou la corruption politique (Henri Lopes, *Le Pleurer-rire*). Il y a aussi les «romans du chaos» (Boubacar Boris Diop, *Le Cavalier et son ombre*; Véronique Tadjo, *Le Royaume aveugle*, etc), qui montrent par la déconstruction «la confusion des valeurs et l'absurdité d'un univers désarticulé». Au milieu du chaos et de «l'angoisse de l'avenir», cependant, certains écrivains gardent l'espoir. C'est le cas d'Aminata Sow Fall dans *Douceurs du bercail* (voir p. 246).

Dans la Caraïbe, où les anciennes colonies de la Guadeloupe, la Martinique et la Guyane sont devenues non pas des pays indépendants mais des «départements français d'outre-mer» avec tous les droits garantis aux citoyens français, la littérature jette un regard douloureux sur le passé colonial (Joseph Zobel, *La Rue Cases-Nègres*; Simone Schwarz-Bart, *Pluie et vent sur Télumée Miracle*) ou un regard tendre sur les réalités antillaises d'hier et d'aujourd'hui; deux grands noms parmi les écrivains antillais contemporains sont Maryse Condé et Patrick Chamoiseau (voir p. 252).

6. *peanuts*

Aimé Césaire
(1913 –)

Né en 1913 en Martinique, Aimé Césaire a suivi les traces de son grand-père et est devenu professeur de français après des études prestigieuses à l'Ecole Normale Supérieure. Pendant ses études à Paris, il se joint au Sénégalais Léopold Sédar Senghor et au Guyanais Léon Damas pour créer *L'Etudiant noir*, un journal qui servira de véhicule au mouvement de la Négritude dans les années 30. Le terme «Négritude», un néologisme de Césaire pour désigner l'identité et l'héritage culturel noirs, va devenir le mot-pivot de son *Cahier d'un retour au pays natal*, un poème long de soixante pages, publié en 1939, où le poète martiniquais en exil à Paris développe le thème de la descente aux enfers de l'homme noir, pour découvrir la fierté d'être «nègre».

Rentré en Martinique en 1940, Césaire est nommé professeur au lycée Schœlcher de Fort-de-France. Il fonde la revue *Tropiques*, qui publie des articles anti-colonialistes. En 1945, il est élu maire de Fort-de-France et en 1946, il demande pour la Martinique le statut de département français, ce qui lui a été reproché par les partisans d'une émancipation politique plus radicale. Ce statut sera accordé à la Martinique en 1958.

Pendant une dizaine d'années, Césaire a été membre du Parti communiste, puis désillusionné par «le mauvais usage que les communistes font d'une bonne théorie», il a créé son propre parti, le Parti progressiste martiniquais. Pendant cinquante ans, Césaire est resté maire de Fort-de-France et député de la Martinique, entrant dans les annales de la légende politique.

Sa poésie, souvent qualifiée de «surréaliste», est tout aussi légendaire. Son *Cahier d'un retour au pays natal* est considéré comme l'hymne national des Noirs du monde entier. Il a été suivi de plusieurs œuvres de poésie, dont *Les Armes miraculeuses* (1946) et *Moi, laminaire* (1982). Pour pouvoir toucher plus directement le public non lettré[1], Césaire s'est aussi lancé dans le théâtre. Il est surtout connu pour *La Tragédie du roi Christophe* (1963), une pièce inspirée de l'histoire haïtienne.

Virtuose de la parole, Césaire s'est fait la voix de la conscience noire, de ses souffrances et de ses aspirations. Dans l'extrait suivant, il commence par le stéréotype des Noirs «sauvages et ignorants» et utilise la métaphore du négrier (bateau qui transportait les esclaves) pour montrer l'ascension de «la négraille» (un terme péjoratif pour les Noirs) de la cale (le fond du bateau, où on mettait les marchandises et les esclaves) vers le pont[2] de la liberté.

---

1. non éduqué   2. *deck*

PREPARATION A LA LECTURE

A. Quand vous pensez au mot «civilisation», quelles sont les images qui vous viennent à l'esprit? Qu'est-ce qu'on étudie dans un cours de civilisation? Des merveilles architecturales? Des inventions scientifiques? Des œuvres d'art? Faites une liste de trois ou quatre choses que vous associez à chacune des civilisations suivantes. Si vous ne savez pas le terme en français, utilisez le terme anglais.

1. L'Egypte ancienne
2. L'Antiquité grecque ou romaine
3. L'Europe de la Renaissance
4. L'Amérique de la révolution industrielle (fin du 19ᵉ, début du 20ᵉ siècle)
5. L'Afrique noire
6. Une autre civilisation de votre choix

Maintenant, parcourez les deux premières parties de l'extrait du poème de Césaire et encerclez les mots que vous avez mentionnés en parlant des civilisations. Y en a-t-il beaucoup? Qu'est-ce que ceci implique sur la «civilisation noire» telle que Césaire va la décrire?

B. Au milieu de l'extrait (l. 20–29), Césaire parle des générations de Noirs qui, endoctrinés par les Blancs, pensent que les Noirs sont faits à l'image du diable et que leur seul espoir de salut (*salvation*) est d'imiter les Blancs qui, eux, sont faits à la ressemblance de Dieu. A quel animal Césaire compare-t-il ces imitateurs? Pourquoi, à votre avis?

✦ CAHIER D'UN RETOUR AU PAYS NATAL

[extraits]

ô, lumière amicale […]
ceux qui n'ont inventé ni la poudre ni la boussole°
ceux qui n'ont jamais su dompter la vapeur° ni l'électricité
ceux qui n'ont exploré ni les mers ni le ciel
5 mais ils savent en ses moindres recoins° le pays de souffrance
ceux qui n'ont connu de voyages que de déracinements°
ceux qu'on domestiqua° et christianisa,
ceux qu'on inocula d'abâtardissement°
tam-tams° de mains vides…

10 Mais quel étrange orgueil° tout soudain m'illumine?
ma négritude n'est ni une tour° ni une cathédrale
elle plonge dans la chair° rouge du sol°
elle plonge dans la chair ardente du ciel […]
Eia pour° le Kaïlcédrat° royal!

ni… *neither gunpowder nor compass* / **jamais…** *never tamed steam*

en… *in its innermost depths* / **ceux…** *those who knew of voyages only when uprooted* / *domesticated* / **inocula…** *inoculated with degeneracy* / *African drums*

pride

tower

flesh / la terre

Vive… ! (*long live…!*) / *grand arbre africain, symbole de l'Afrique*

15 Eia pour ceux qui n'ont jamais rien inventé,
    pour ceux qui n'ont jamais rien exploré,
    pour ceux qui n'ont jamais rien dompté

    mais […] chair de la chair du monde
    palpitant du mouvement même du monde!

20 Et voici ceux qui ne se consolent point de n'être pas faits à la
    ressemblance de Dieu mais du diable, ceux qui considèrent que l'on est
    nègre comme commis de seconde classe° […]; ceux qui disent à   **commis…** *second-class*
    l'Europe: «Voyez, je sais comment vous faire des courbettes°, […] en   *clerk /* **je…** *I know how*
    somme, je ne suis pas différent de vous; ne faites pas attention à ma   *to bow to you*
25 peau noire: c'est le soleil qui m'a brûlé».

    […] [Et] tous les zèbres se secouent à leur manière pour faire tomber
    leurs zébrures en une rosée de lait frais.°   *zebras trying to shake off*
                                                                            their stripes into a dew of
                                                                            fresh milk

    Et au milieu de tout cela je dis hurrah! mon grand-père meurt, je dis
    hurrah! la vieille négritude progressivement se cadavérise°.   devient un cadavre
                                                                            (meurt)

30 le négrier craque de toute part°[…]   **craque…** *is splitting*
                                                                            apart

    Et elle est debout° la négraille   *upright*

    la négraille assise
    inattendument debout
    debout dans la cale
35 debout dans les cabines
    debout sur le pont
    debout dans le vent
    debout sous le soleil
    debout dans le sang°   *blood*
40   debout
          et
           […] libre
    debout dans les cordages°   *rigging (ropes)*
    debout à la barre°   *at the helm*
45 debout à la boussole
    debout à la carte
    debout sous les étoiles

         debout
          et
50   libre.

— *Cahier d'un retour au pays natal*, 1939

COMPREHENSION

1. Qu'est-ce que les Noirs n'ont pas su inventer, dompter ou explorer?

2. Mais qu'est-ce qu'ils connaissent bien?

3. Quelle sorte de voyages connaissent-ils? A quoi ce terme se réfère-t-il?

4. Qu'est-ce que les Européens leur ont fait? (trois verbes)

5. Qu'est-ce que la négritude n'est pas? Mais où plonge-t-elle ses racines (*roots*)?

6. Pour qui Césaire dit-il «Eia»? Pourquoi?

7. Qu'est-ce que «les zèbres» déplorent? Qu'est-ce qu'ils disent aux Blancs?

8. Pourquoi est-il bon que la vieille génération («mon grand-père») meure?

9. Pourquoi le négrier (le bateau transportant les esclaves) est-il en train de craquer?

10. Qu'est-ce que la négraille est en train de faire? Que symbolisent la cale, les cabines (normalement réservées aux officiers), le pont, le vent, le soleil, le sang, les cordages, la barre, la boussole, la carte et les étoiles?

PERCEPTIONS

1. Dans la poésie de Césaire, le tam-tam, un instrument de musique typiquement africain, est un symbole de la rébellion du Noir. Pourquoi, dans la première partie du poème, les mains des joueurs de tam-tam sont-elles vides? Est-ce du point de vue des Blancs, des Noirs, ou des deux? Expliquez.

2. Dans un essai intitulé «L'Esthétique négro-africaine», Senghor dit que «le Nègre est l'homme de la nature. Il vit de la terre et avec la terre, dans et par le cosmos. C'est un sensuel, un être aux sens ouverts. Il *sent* plus qu'il ne voit. C'est en lui-même, dans sa chair, qu'il reçoit et ressent [le monde extérieur]. La raison européenne est analytique, la raison nègre intuitive.» Comment cette observation de Senghor éclaire-t-elle (*sheds light on*) l'image de la chair que Césaire utilise plusieurs fois dans la deuxième partie du poème? Quelle est votre interprétation de cette image?

3. Que pensez-vous de l'image du zèbre pour décrire la vieille génération de Noirs, les imitateurs, les «commis de seconde classe»? Sommes-nous parfois aussi des zèbres? Dans quelles circonstances? Donnez des exemples spécifiques.

4. Césaire se réjouit du fait que son grand-père (la vieille génération) est en train de mourir. La mort des vieilles habitudes est-elle nécessaire au changement? Donnez des exemples pris dans l'histoire, l'actualité ou votre vie personnelle.

5. «Elle est debout la négraille.» En ce début du 21e siècle, est-ce vrai? Donnez votre opinion.

Léopold Sédar Senghor
(1906–2001)

Léopold Sédar Senghor est né à Joal, une petite enclave chrétienne au bord de l'océan Atlantique au Sénégal. Il a fait ses études primaires à l'école catholique de Joal, mais le «royaume d'enfance» qu'il célèbre dans ses poèmes doit beaucoup à son oncle maternel qui l'a initié aux légendes et aux esprits de son héritage africain. Après ses études secondaires à Dakar, il reçoit une bourse pour préparer l'Ecole Normale Supérieure à Paris. C'est là qu'il rencontre Aimé Césaire et qu'il devient un des fondateurs du journal *L'Etudiant noir* et du mouvement de la Négritude. Reçu à l'agrégation (un concours très difficile et très prestigieux pour futurs professeurs) en 1935, il commence sa carrière de professeur de français dans un lycée à Tours. Il est mobilisé par l'Armée française en 1939, est fait prisonnier au début de la guerre, puis reprend l'enseignement dans la région parisienne. En 1945, il publie son premier recueil de poèmes, *Chants d'ombre*. La même année, il commence sa carrière politique: il est élu député du Sénégal à l'Assemblée nationale française et, en 1948, il crée le Bloc démocratique sénégalais, un parti politique qui va préparer l'indépendance du Sénégal. Son deuxième recueil de poésie, *Hosties noires*, sort en 1948, ainsi que son *Anthologie de la nouvelle poésie nègre et malgache*, avec une préface de Jean-Paul Sartre intitulée «Orphée noir». Cette anthologie est considérée comme «l'acte de naissance de la littérature africaine moderne», car désormais elle éveille l'intérêt du grand public. En 1956, il publie son troisième recueil de poèmes, *Ethiopiques*, et revient au Sénégal où il est élu maire de la ville de Thiès. En 1960, il proclame l'indépendance du Sénégal et devient le premier Président de la République du Sénégal. Plusieurs fois réélu, il va garder ce poste jusqu'en 1980, date à laquelle il démissionne de ses hautes fonctions pour se consacrer à l'écriture et, à partir de 1983, à ses responsabilités de membre de l'Académie française. (Senghor détient l'honneur d'être le premier Africain à être élu à l'Académie française.) Ses publications d'après 1960 incluent trois autres livres de poésie (*Nocturnes*, 1961; *Lettres d'hivernage*, 1972; *Elégies majeures*, 1979) et plusieurs livres d'essais (Liberté I – IV). Marié depuis 1957 à une Française de la noblesse normande, Senghor est mort en Normandie en 2001.

Le poème suivant, «Femme noire», écrit en 1938, est considéré comme un des textes sacrés de la négritude. Moins militant que Césaire, Senghor affirme sa négritude en montrant la beauté magique de la femme noire, symbole de l'Afrique.

PREPARATION A LA LECTURE

A. Le refrain: «femme nue (*naked*), femme noire». Selon Lilyan Kesteloot, spécialiste renommée de la littérature africaine, l'association de «nue» et «noire» est une reprise du mythe (inconscient ou non) du Blanc pour qui noir et nu sont synonymes d'Afrique et sauvage. «L'audace de Senghor, c'est de se saisir de ce mythe négatif et d'en faire un mythe positif. La nudité noire devient signe d'élégance, d'harmonie et de beauté si complète» qu'elle peut se comparer aux statues grecques, symboles de la perfection esthétique. Etes-vous d'accord avec cette interprétation? Pourquoi les poètes utilisent-ils souvent l'image d'une femme pour représenter leur terre natale?

B. Parcourez le texte une première fois pour identifier les idées générales de chaque strophe. Indiquez si les idées suivantes se trouvent dans la strophe 1, 2, 3 ou 4. Si l'idée est répétée dans plusieurs strophes, indiquez les strophes en question.

—— Image de la femme-amante (*lover*)

—— Image de la femme-mère

—— Image du poète qui redécouvre sa propre terre comme Moïse a découvert la Terre promise

—— Comparaison avec un animal connu pour son élégance

—— Références aux qualités musicales de l'Afrique

—— Image du temps que le poète essaie d'arrêter

✦ FEMME NOIRE

Femme nue, femme noire
Vêtue de ta couleur qui est vie, de ta forme qui est beauté!
J'ai grandi à ton ombre; la douceur° de tes mains bandait° mes yeux.
Et voilà qu'au cœur de l'Eté et de Midi, je te découvre, Terre promise,
5   du haut d'un haut col calciné°
Et ta beauté me foudroie en plein cœur, comme l'éclair d'un aigle°.

Femme nue, femme obscure
Fruit mûr° à la chair ferme, sombres extases du vin noir, bouche qui fais lyrique ma bouche
10   Savane aux horizons purs, savane qui frémis° aux caresses ferventes du Vent d'Est
Tamtam sculpté, tamtam tendu qui grondes sous les doigts du vainqueur°
Ta voix grave de contralto est le chant spirituel de l'Aimée°.

15   Femme nue, femme obscure
Huile que ne ride nul souffle°, huile calme aux flancs de l'athlète, aux flancs des princes du Mali
Gazelle aux attaches célestes, les perles° sont étoiles sur la nuit de ta peau
Délices° des jeux de l'esprit, les reflets° de l'or rouge sur ta peau qui se
20   moire°
A l'ombre de ta chevelure, s'éclaire mon angoisse° aux soleils prochains de tes yeux.

Femme nue, femme noire
Je chante ta beauté qui passe, forme que je fixe dans l'Eternel
25   Avant que le Destin jaloux ne te réduise en cendres pour nourrir les racines de la vie°.

— *Femme noire*, 1938

softness / couvrait

du... *high up on a sun-baked pass* / **me foudroie...** *strikes me to the heart like the flash of an eagle*

ripe

trembles

Tamtam... *carved tomtom, taut tomtom, muttering under the conqueror's fingers* / *the Beloved*

Huile... *Oil untouched by the wind*

pearls

plaisirs / *reflections*

shimmers

A... *In the shadow of your hair, my anxiety comes to light*

Avant... *Before jealous Fate turns you to ashes to feed the roots of life*

COMPREHENSION

Identifiez les images que Senghor utilise pour exprimer les idées suivantes dans chacune des strophes indiquées.

Strophe 1

1. L'Afrique porte le noir comme un vêtement de vie.

2. Le poète est comme Moïse qui découvre la Terre promise du haut d'une montagne, après la traversée du désert.

3. Quand il était petit, il ne se rendait pas compte de la beauté de l'Afrique.

4. Ce n'est que maintenant (qu'il est en exil en France) qu'il apprécie tout d'un coup sa terre natale.

5. Il a dû attendre l'âge adulte pour comprendre.

Strophe 2

6. La végétation semi-désertique s'agite doucement.

7. Le goût et le toucher de l'Afrique inspirent la parole.

8. Le poète est aussi sensible aux sons de l'Afrique.

Strophe 3

9. L'Afrique calme les inquiétudes du poète par la lumière de l'espoir.

10. L'Afrique est le baume qui prépare le repos des héros du passé.

11. L'Afrique porte des bijoux (*jewels*) de grande valeur.

Strophe 4

12. Le poète contemple la statue d'ébène (*ebony*) qu'il vient de sculpter avec ses mots.

PERCEPTIONS

1. Dans les strophes 2 et 3, le refrain «femme nue, femme noire» devient «femme nue, femme obscure». Pourquoi, à votre avis? Quelles sont les connotations du mot «obscur»?

2. Comme beaucoup d'étudiants africains de sa génération, Senghor est allé chercher la Terre promise en Europe et c'est loin de son pays qu'il s'est rendu compte que la Terre promise des Africains, c'est l'Afrique.
   a. Sachant que ce poème a été écrit en 1938, 22 ans avant les indépendances, à votre avis, quel effet ce message a-t-il eu sur les Africains de l'époque, ceux de la diaspora et ceux qui n'avaient jamais quitté l'Afrique?
   b. Avez-vous dû partir—quitter votre ville, votre état ou votre pays— pour découvrir ce que vous aviez chez vous? Qu'est-ce que vous avez commencé à apprécier ou voir différemment?

3. Les Grecs et les Romains ont choisi le marbre blanc pour «fixer dans l'éternel» leur idée de la perfection. La statue que Senghor sculpte ici avec ses mots est une statue d'ébène, à la fois calme et pleine de vie. Si vous deviez faire une statue pour représenter le concept de la beauté dans votre culture, quel matériau choisiriez-vous—du marbre? du bois?

du métal? du plastique? du ciment? Quelle forme aurait votre statue? Pourquoi? En groupes de deux ou trois, «fabriquez» votre statue avec ses justifications.

4. Le poème de Senghor est un tableau de beauté et de tranquillité; celui de Césaire était un appel à l'action. Quelle approche, selon vous, réussit le mieux à «affirmer les valeurs culturelles du monde noir»? Justifiez votre opinion.

Cheikh Hamidou Kane
(1928–   )

Cheikh Hamidou Kane est né à Matam, au nord-est du Sénégal, en 1928. Jusqu'à l'âge de 10 ans, il est allé à l'école coranique, puis sa famille a décidé de le mettre à «l'école nouvelle», c'est-à-dire l'école française, où il s'est vite distingué par ses aptitudes intellectuelles. Après son baccalauréat au lycée de Dakar, il est allé à Paris faire des études de droit et de philosophie, puis il a obtenu un diplôme de l'Ecole Nationale des Administrateurs de la France d'Outre-Mer, où un de ses professeurs était Léopold Sédar Senghor. Pendant ses études à Paris, Cheikh Hamidou Kane était très engagé dans les activités politiques des étudiants noirs et a initié la création du Mouvement de Libération Nationale. Dès son retour au Sénégal, en 1958, il a été nommé ministre de l'Economie, du Plan et du Développement dans l'administration coloniale, un poste qu'il a gardé après l'indépendance, dans le nouveau gouvernement de Senghor. Mais en 1963, à la suite de différences d'opinion avec Senghor, Cheikh Hamidou Kane a refusé l'offre de Senghor de devenir vice-président du Sénégal, et plutôt que de compromettre ses principes, a choisi l'exil, un exil qui durera treize ans. Pendant cet exil, Kane a vécu au Nigeria et en Côte d'Ivoire en tant qu'administrateur de l'UNICEF pour toute l'Afrique subsaharienne, puis il a passé deux ans à Ottawa, Canada, comme vice-président du Centre de Recherche pour le Développement International. De 1978 à 1988, Cheikh Hamidou Kane a de nouveau occupé le poste de ministre du Plan et du Développement dans le gouvernement du Sénégal. Retraité depuis 1988, Kane vit à Dakar où il partage son temps entre sa famille, plusieurs organisations non gouvernementales qu'il préside et l'écriture. Il est l'auteur de deux grands romans: *L'Aven-*

ture ambiguë (1961), qui a reçu le premier Grand Prix de la Littérature de l'Afrique Noire, et *Les Gardiens du temple* (1995), qui a reçu le Prix Rachid Mimouni.

L'Aventure ambiguë, dont le texte que vous allez lire est extrait, est un récit semi-autobiographique qui retrace les aspirations et les frustrations du jeune Samba Diallo. Eduqué à l'école coranique, il développe une grande foi en Dieu. Puis l'école française vient s'implanter au «pays des Diallobé». Les chefs du peuple Diallobé considèrent les risques d'envoyer leurs enfants à l'école nouvelle: peut-on apprendre (une nouvelle façon de penser) sans oublier (la foi et les traditions)? La décision est finalement prise d'envoyer les enfants à l'école étrangère, pour «apprendre chez eux l'art de vaincre[1] sans avoir raison». Samba Diallo fait de brillantes études, mais petit à petit, l'ambiguïté remplace la paix intérieure qu'il avait connue pendant son enfance. Dans les extraits suivants, Samba est à Paris où il fait des études de philosophie.

PREPARATION A LA LECTURE

Imaginez que vous êtes Samba Diallo. Les traditions de votre enfance vous parlaient de sécurité, de foi, d'identité ethnique, de communion avec le monde. Les enseignements de l'école occidentale[2] glorifient le doute, le rationalisme, la science, la «modernité». Déchiré[3] entre deux cultures, deux réalités, vous ne savez plus qui vous êtes. Les mots suivants vont sortir de votre bouche. Quel en est le sens, croyez-vous? Trouvez une autre façon de dire chaque phrase.

- «Nous voilà devenus autres.»
- «La métamorphose ne s'achève pas[4], elle nous installe dans l'hybride.»
- «Nous nous cachons[5], remplis de honte.»
- «Ces rues sont nues[6]. On y rencontre des objets de chair[7] et des objets de fer[8], [mais] à part cela[9], elles sont vides[10].»
- «Jadis[11], le monde n'était pas silencieux et neutre.»
- «Je suis devenu les deux.»

En lisant le texte, vous allez voir si vos interprétations étaient correctes.

---

1. *conquer* 2. *Western* 3. *Torn* 4. **ne...** ne finit pas 5. *hide* 6. *naked* 7. *flesh* 8. *iron* 9. **à...** *aside from that* 10. *empty* 11. Autrefois

L'Aventure Ambiguë [extraits]

[Samba a été invité à passer la soirée chez Lucienne, une camarade de fac; le père de celle-ci, pasteur de profession, interroge Samba sur ses projets.]

—Lucienne a souvent parlé de vous à la maison. Elle a été très impression-née par la passion et le talent avec lesquels vous menez vos études de
5 philosophie. […] Vous vous destinez donc à l'enseignement?

    —Peut-être enseignerai-je en effet. Tout dépendra de ce qu'il sera ad-venu de moi° au bout de tout cela. Vous savez, notre sort° à nous autres, étudiants noirs, est un peu celui de l'estafette°. Nous ne savons pas, au mo-ment de partir de chez nous, si nous reviendrons jamais.

10   —Et de quoi dépend ce retour? […]

    —Il arrive que nous soyons capturés au bout de notre itinéraire, vaincus° par notre aventure même. Il nous apparaît soudain que, tout au long de° notre cheminement°, nous n'avons pas cessé de nous métamorphoser, et que nous voilà devenus autres. Quelquefois, la métamorphose ne s'achève
15 pas°, elle nous installe dans l'hybride et nous y laisse. Alors, nous nous ca-chons, remplis de honte.

    —Je ne crois pas que vous éprouverez jamais cette honte, quant à vous, ni que vous vous perdrez, dit le pasteur […]. Je crois que vous êtes de ceux qui reviennent toujours aux sources. N'est-ce pas d'ailleurs cet attrait° des
20 sources qui vous a orienté vers la philosophie?

    Samba Diallo hésita avant de répondre.

    —Je ne sais pas, dit-il finalement. Quand j'y réfléchis maintenant, je ne puis m'empêcher de penser qu'il y a eu aussi un peu de l'attrait morbide du péril. J'ai choisi l'itinéraire le plus susceptible de me perdre.

25 *[Un peu plus tard, nous voyons Samba Diallo qui marche comme un robot dans les rues du Quartier latin. Il semble en effet perdu.]*

    Samba Diallo, lentement, descendait le boulevard Saint-Michel°. Il mar-chait dans un état de demi-somnolence, engourdi par la chaleur°. […]

    «Ces rues sont nues, percevait-il. Non, elles ne sont pas vides. On y
30 rencontre des objets de chair, ainsi que des objets de fer. A part cela, elles sont vides. Ah! on y rencontre aussi des événements. Leur consécution encombre° le temps, comme les objets encombrent la rue. Le temps est obstrué par leur enchevêtrement° mécanique.[…] Je marche. Un pied devant, un pied der-rière, un pied devant, un pied derrière, un… deux… un… deux… Non! Il ne
35 faut pas que je pense: un… deux… un… deux… Il faut que je pense à autre chose. […] Il n'y a rien… que moi… que mon corps, veux-je dire. Je le touche, je touche ma cuisse° à travers la poche de mon pantalon. […] Sinon, leur rue est vide, leur temps encombré, leur âme ensablée° là-dessous, […] sous les objets de chair et les objets de fer… les objets de chair et… »

ce... ce qui me sera arrivé / destinée / militaire chargé de transmettre les messages

conquered

tout... *all along the way*

ne finit pas

attraction for

célèbre boulevard du Quartier latin (où se trouve la Sorbonne) / **dans...** *half asleep, numbed by the heat*

clutters

tangling

thigh

leur... *their soul buried*

40 *[C'est à ce moment-là que Samba rencontre le vieux Pierre-Louis, originaire du Mali mais qui a vécu toute sa vie à Paris. Invité chez Pierre-Louis, Samba Diallo répond aux questions de ses hôtes sur l'aventure ambiguë de vivre entre deux cultures, deux identités.]*

—Ici, [répondit Samba Diallo,] on dirait que je vis moins pleinement° *fully*
45 qu'au Pays des Diallobé. Je ne sens plus rien, directement... [...] Il me semble qu'en venant ici, j'ai perdu un mode de connaissance privilégié. Jadis, le monde m'était comme la demeure° de mon père: toute chose me portait au plus essentiel d'elle-même°[...]. Le monde n'était pas silencieux et neutre. Il vivait. [...] Ici, maintenant, le monde est silencieux, et je ne résonne°
50 plus. Je suis comme un balafon crevé°, comme un instrument de musique mort. J'ai l'impression que plus rien ne me touche. [...] Je ne suis pas un pays des Diallobé distinct, face à un Occident distinct, et appréciant d'une tête froide ce que je puis° lui prendre et ce qu'il faut que je lui laisse en contrepartie°. Je suis devenu les deux. Il n'y a pas une tête lucide entre deux
55 termes d'un choix. Il y a une nature étrange, en détresse de n'être pas deux.

— *L'Aventure ambiguë*, 1961

m'était... *était pour moi comme la maison /* **toute...** *each thing would take me to its essence / resound /* **un...** *broken xylophone*

peux

in exchange

COMPREHENSION

Complétez selon le texte.

1. Lucienne a été très impressionnée par _____ et _____ de Samba Diallo dans ses études.

2. Le père de Lucienne demande à Samba s'il se destine à _____.

3. Samba ne sait pas car les étudiants noirs qui quittent l'Afrique ne savent pas s'ils _____ jamais.

4. Il est facile d'être _____ par l'aventure de la métamorphose et de devenir _____, de rester dans _____.

5. Alors on _____, rempli de _____.

6. Le père de Lucienne présume que c'est l'attrait des _____ qui a poussé Samba à faire des études de _____.

7. Samba pense que peut-être c'était un attrait _____ du danger de se _____.

8. Quand il descendait le boulevard Saint-Michel, il était dans un état de _____. Les gens semblaient être des _____ et les voitures des _____.

9. Il mettait _____ devant, _____ derrière, comme un robot, et il touchait _____ à travers la poche de son pantalon pour confirmer qu'il était vivant (*alive*).

10. Au pays des Diallobé, le monde était comme _____, qu'il connaissait bien parce qu'il le _____, directement. C'était un mode de connaissance _____, différent de la raison analytique.

11. Maintenant il a l'impression d'être comme un _____ crevé ou mort, qui a perdu l'harmonie du monde.

12. L'ambiguïté ne vient pas du choix entre _____ distinct et _____ distinct, mais du fait qu'il est devenu _____. Son identité est donc une nature _____, en détresse de n'être pas _____.

PERCEPTIONS

1. Samba Diallo implique que l'étude de la philosophie est dangereuse. Pourquoi? Est-ce vrai, selon vous? Dans quelle mesure les études changent-elles notre perception de nous-mêmes, et donc notre identité? Est-ce toujours pour le mieux?

2. La rencontre de deux cultures peut créer une fusion harmonieuse ou une «métamorphose inachevée», «une nature étrange, en détresse de n'être pas deux». A votre avis, qu'est-ce qui fait la différence? Faut-il que les cultures soient similaires pour qu'il y ait fusion? Quels sont les éléments d'une culture les plus difficiles à «fusionner»? Vous est-il jamais arrivé de vous sentir comme un «étranger»? Dans quelles circonstances?

3. Quand il descendait le boulevard Saint-Michel, Samba Diallo se sentait comme un robot, marchant mécaniquement au milieu d'objets de chair et d'objets de fer.
   a. Comparez cette vision du monde occidental avec celle de l'Afrique traditionnelle telle que Senghor la décrit dans son poème «Femme noire».
   b. Le monde moderne, avec toutes ses machines et sa course toujours plus rapide vers la productivité, est-il un monde déshumanisé? Dans quel sens? Donnez des exemples de déshumanisation et des exemples de chaleur humaine dans le monde actuel.

4. «L'aventure ambiguë» de Samba Diallo a été vécue par beaucoup d'Africains des années 60, au moment des indépendances, quand les Africains essayaient de définir leur identité, mais beaucoup d'intellectuels africains vous diront aujourd'hui que l'ambiguïté est toujours présente en Afrique. Pourquoi, à votre avis? Imaginez.

5. Avez-vous parfois l'impression de vivre une «aventure ambiguë», où vous êtes déchiré(e) entre deux identités? Quelles sont ces deux identités? Comment essayez-vous de les concilier?

6. Dans *L'Aventure ambiguë*, le héros est un philosophe qui se pose beaucoup de questions et qui va finir par mourir accidentellement peu après son retour en Afrique. Pourquoi donc Cheikh Hamidou Kane a fait mourir son héros au moment même où il revenait à ses sources? Les critiques n'arrivent pas à se mettre d'accord. Une interprétation possible est que l'ambiguïté doit mourir avant de pouvoir renaître au progrès. Etes-vous d'accord? Quelles seraient d'autres interprétations possibles pour l'Afrique moderne?

7. Dans le deuxième roman de Cheikh Hamidou Kane, *Les Gardiens du temple*, publié 34 ans plus tard, le héros, Salif Bâ, est un homme d'action, un ingénieur agronome, qui arrive à faire une synthèse de son éducation occidentale et des valeurs essentielles de l'héritage africain. Dans quel sens l'évolution de Samba Diallo à Salif Bâ reflète-t-elle la vie de Cheikh Hamidou Kane? Quel est le message pour l'Afrique?

Aminata Sow Fall
(1941–   )

Née à Saint-Louis au Sénégal le 27 avril 1941, Aminata Sow Fall a fait partie d'une des premières générations de jeunes filles sénégalaises à faire des études supérieures. Après avoir obtenu sa licence de lettres modernes à Paris, elle est rentrée au Sénégal et a enseigné le français dans des écoles secondaires pendant plusieurs années, puis elle a été affectée à la Commission Nationale de Réforme de l'Enseignement du Français, dont le but était d'adapter le contenu de l'enseignement du français au contexte africain. Ses premières publications étaient donc des manuels scolaires. Pourquoi s'est-elle lancée dans la littérature? «En rentrant au Sénégal, je me suis dit que la littérature africaine devait évoluer et dépasser le stade de la réhabilitation de l'homme noir. J'ai pensé que l'on devait pouvoir créer une littérature qui reflète simplement notre manière d'être, qui soit un miroir de notre âme et de notre culture. Je me suis mise à écrire en prenant comme modèle la société dans laquelle je vivais. Je m'inspire d'abord de ce que j'observe et de ce que j'entends autour de moi. C'est le point de départ, et le reste, je l'imagine.»[1] Son premier roman, *Le Revenant*, est sorti en 1976; c'était le premier roman écrit par une femme en Afrique francophone. Sept autres titres ont suivi: *La Grève des bàttu* (1979, Grand Prix Littéraire de l'Afrique Noire, adapté au cinéma par Cheikh Oumar Cis-

1. Extrait d'une entrevue avec Françoise Pfaff

soko); *L'Appel des arènes* (1982, Prix International pour les Lettres Africaines, également adapté au cinéma); *L'Ex-Père de la nation* (1987), *Le Jujubier du patriarche* (1992), *Douceurs du bercail* (1998), *Un grain de vie et d'espérance* (2002) et *Festin de la détresse* (2005). Aminata Sow Fall est aussi la fondatrice du Bureau Africain de la Défense des Droits des Ecrivains, et du Centre Africain d'Animation et d'Echanges Culturels (CAEC). Elle a fait des conférences dans de nombreuses universités étrangères, y compris Yale et Mount Holyoke, où elle a reçu le grade de Docteur Honoris Causa.

Douceurs du bercail (*Sweetness of Home/Home Sweet Home*) est l'histoire d'Asta Diop, une femme de 45 ans, éduquée en France, divorcée, mère de trois enfants, qui arrive à Paris pour une conférence professionnelle. Elle est fouillée[2] à la douane et a une réaction violente quand le contrôle de sécurité se transforme en contact inapproprié. Elle est arrêtée et incarcérée dans un Dépôt avec environ deux cents autres «illégaux» qui attendent, dans des conditions abjectes, d'être rapatriés de force. La moitié du roman se déroule dans ce Dépôt, symbolique du monde qui n'est ni l'Occident ni l'Afrique mais où vivent beaucoup d'Africains. Asta a le temps d'y calmer sa colère, de réfléchir à sa vie, et de se faire des amis. Quand le «charter de la honte» (l'avion du rapatriement) la ramène au Sénégal, elle décide d'abandonner sa vie de «toubab noire» (personne qui essaie de vivre comme les Blancs) et d'acheter dix hectares de terre. Ce n'est pas facile de «mettre en valeur dix hectares de terrain», surtout quand on n'a pas de moyens matériels, mais Asta et ses amis du Dépôt ont «la foi, des idées, la volonté et l'espérance». Ce terrain, baptisé «Naatangué»[3] en wolof, devient alors un microcosme de l'Afrique. Séga, l'ami mentionné dans ce passage, avait fait des études supérieures et était allé chercher fortune en France, mais n'y avait trouvé que le chômage et la misère.

PREPARATION A LA LECTURE

Imaginez que, sans expérience en agriculture, vous commencez à exploiter un grand terrain. Qu'est-ce que vous allez faire? Cochez ce qui vous semble logique et ajoutez d'autres possibilités si besoin.

___ tout raser[4]

___ semer[5] uniquement des plantes qui rapportent de l'argent

___ régénérer les plantes du terroir[6]

___ implanter de nouvelles espèces[7]

---

2. *searched* 3. bonheur, abondance, paix 4. *raze* 5. planter 6. locales 7. *species*

— acheter des outils[8]

— demander un prêt[9] à la banque

— creuser[10] un canal pour l'irrigation

— consulter un ingénieur agronome[11]

— consulter des encyclopédies et des livres sur l'agriculture

— consulter les paysans du coin[12]

— embaucher les autochtones[13]

— travailler dur

— ?

Maintenant, parcourez le texte une première fois pour voir si ce que vous avez coché correspond à ce que font Asta et ses amis. Si oui, cochez une deuxième fois.

✦ DOUCEURS DU BERCAIL [extraits]

—Je compte y aller doucement, méthodiquement, [explique Asta,] avec […] tous les autres et Séga aussi. Séga… je crois que ce qui lui manquait, c'était d'être utile, d'être reconnu dans sa dignité d'être humain. Avoir réussi ses études, se dire qu'on est un grand monsieur, devoir se tourner
5 les pouces°, […] aller tenter sa chance ailleurs, vivoter° comme une âme perdue […]. Il y a de quoi rendre un homme amer°! En plus, je crois que Séga avait une vision erronée de sa qualité d'homme moderne, instruit°, lucide. Il pensait devoir forger son piédestal sur les ruines de son passé et de ses racines°… […] [L]e Paradis n'est pas forcément ailleurs°, […] il y a
10 des tas de jeunes qui partent, se cassent la figure° contre le mirage mais persistent à croire à un bonheur qui leur échappe°… […]

	—Quand vous allez exploiter ce terrain, [avait demandé un paysan du coin,] est-ce que vous allez tout raser pour y mettre d'autres choses à la place, des choses qui rapportent de l'argent?
15	—Non, [avaient-ils répondu avec force.] Notre idée est de régénérer tout ce qui pousse ici et d'implanter d'autres cultures, d'autres espèces pour enrichir le site. Nous avons aussi prévu des activités comme la poterie et la teinture°. L'argile° ne manque pas, et il y a plein d'indigotiers°.[…]

	—Vous avez bien fait de venir ici, [avait remarqué le paysan]. Peut-être
20 que vous nous apporterez quelque chose… Vous avez eu raison de venir.

Marginal glosses:

se… *twiddle one's thumbs* / survivre / **il…** c'est assez pour devenir amer (*bitter*) / éduqué

roots / **n'est pas…** nécessairement dans un autre pays / **se…** tombent violemment / **qui…** *that escapes them*

dyeing (fabrics) / *clay* / *indigo plants*

---

8. *tools* 9. *loan* 10. *dig* 11. **ingénieur…** expert en agriculture 12. de la région
13. **embaucher…** employer les gens de la région

Ici, il y a la paix, c'est vrai, mais la vie est difficile. Dur, dur, dur pour le ventre, pour le corps aussi. Mais au moins on se sent vivre parce qu'il y a les autres. C'est pas comme chez vous à la ville; j'y suis resté cinq ans. […] Maintenant je sais que la paix est ici…

25   —Nous, nous cherchons la paix et le bien-être° en même temps. C'est   *well-being*
ce que nous allons essayer de réaliser ici à *Naatangué*.

[Ils y croyaient tous, à ce rêve,] même les gens du terroir qui, à leur grand étonnement voyaient ces «toubabs» travailler les mains nues° avec   **mains…** *bare hands*
seulement quelques [outils,] en attendant le prêt.

30   *[Ils découvrent sur un coin de leur terrain du* guewê, *une plante aromatique rare qui sert à faire de l'encens.]*

—On est peut-être assis sur une mine d'or sans le savoir. Ces herbes insignifiantes, elles cachent peut-être un trésor… Avec ce *guewê* nous pourrons avoir de quoi mettre en valeur les deux hectares°…   deux hectares = *approx.*
                                                                                    5 acres
35   Un vent d'espoir—sur du réel cette fois—venait de souffler sur *Naatangué*. […] Certes les gens du village connaissaient l'existence de cette plante depuis des millénaires, mais les hommes du terroir s'estimaient trop fiers°   *proud*
pour passer de longues heures, courbés sous le soleil et le vent, à gratter un sol insolent et à couper ces maudits boutons° […].   **à gratter…** *to scratch an*
                                                                                    insolent soil and cut
                                                                                    these blasted buds
40   Asta et sa bande s'étaient mis à l'œuvre pour l'exploitation du trésor, de leurs propres forces d'abord, de celles d'autres villageois ensuite, car l'ardeur communicative des *Waa Reewu Takh*° et leur optimisme avaient fini   «gens des villes en
par vaincre les réticences des autochtones qui, par ailleurs, percevaient   ciment» (wolof)
une rétribution honnête après chaque passage de Maïga le commerçant.
45   […] En quelques mois Asta et compagnie avaient vendu assez de *guewê*   **manœuvres…**
pour acheter d'autres outils et payer des manœuvres expérimentés° pour   *experienced laborers*
creuser, depuis le fleuve, un canal. […] Dans le même temps ils avaient   *millet / peanuts / fleur*
semé du mil°, du coton, des arachides°, du maïs, du *bissap*° et des gombos°   *qui sert à faire une*
après avoir obtenu les conseils d'un ingénieur agronome sur les parties du   *boisson populaire en*
50   terrain les mieux adaptées à telle ou telle culture. Ils avaient aussi planté   *Afrique / okra*
les espèces qu'Anne [l'amie française d'Asta] avait envoyées en grande quantité, pas au hasard, mais selon des renseignements puisés dans des encyclopédies […] .
L'aventure était lancée° à *Naatangué*, et bien lancée, avec au fil des ans°,   commencée / **au…** au
55   les bonheurs, les angoisses, les jours de grisaille° et les matins de soleil;   cours des années /
avec les joies, les difficultés et le combat quotidien, comme dans toute œu-   temps gris
vre humaine. Et la prospérité, au fil du temps, avait pointé le bout du nez°.   **pointé…** commencé à
Elle s'était consolidée grâce à l'imagination, le dynamisme et l'enthou-   venir
siasme fou des promoteurs. […] Du *guewê* aux cultures de rente°, du coton   **cultures…** *cash crops*
60   filé et tissé sur place par des tisserands du coin° […] à la teinture et […] à la   **coton…** *cotton spun and*
poterie, le maraîchage°, l'élevage de poulets […], les conquêtes avaient   *woven right there by local*
                                                                                    weavers / la culture des
                                                                                    légumes

été vécues avec satisfaction mais aussi avec l'ambition d'aller plus loin sur la route du succès qui leur semblait désormais ouverte. Mais leur grand bonheur avait été de s'identifier à un label: […] DOUCEURS DU

65 BERCAIL! [Ce] n'était pas seulement une manière de nommer les produits ainsi étiquetés° qui, de *Naatangué*, convoyaient partout dans le pays et ailleurs l'idée d'une terre généreuse et hospitalière° capable de donner plus qu'on lui a offert. C'était aussi la plus belle expression, pour ceux d'entre eux qui avaient vécu les jours affreux du Dépôt et l'infamie du

70 charter, de leur dignité retrouvée. Le rêve, enfin! Et le temps de se dire, en se référant à la sagesse populaire, que le bonheur, au fond, c'est comme le Savoir: il n'est pas loin, il faut savoir le trouver: *«kham kham soré woul, dafa lakhou»*. DOUCEURS DU BERCAIL, c'était un label de réconciliation avec soi […].

labeled

hospitable

— *Douceurs du bercail*, 1998

COMPREHENSION

Partie I (lignes 1–11)

1. Qu'est-ce qui manquait à Séga, selon Asta?

2. Où cherchait-il le paradis? Pourquoi était-il devenu amer? Sur quoi pensait-il devoir «forger son piédestal»?

3. Quel est ce mirage contre lequel tant de jeunes Africains se cassent la figure?

Partie II (lignes 12–29)

4. Qu'est-ce que les paysans du coin pensaient que ces «toubabs» de la ville allaient faire?

5. En fait, quelles étaient les intentions d'Asta et de ses amis?

6. Quels sont les avantages et les désavantages du milieu rural, selon le paysan du coin? Comment savait-il cela?

7. Qu'est-ce que Asta et ses amis voulaient trouver en plus de la paix?

8. Pourquoi les gens du coin ont-ils vite été impressionnés par les nouveaux venus?

Partie III (lignes 30–fin)

9. Quel trésor ont-ils trouvé sur leur terrain? Pourquoi les paysans du coin n'avaient-ils pas exploité cette «mine d'or»?

10. Qu'est-ce qui est arrivé en quelques mois? (Faites une liste détaillée.)

11. Qu'est-ce qui est arrivé au bout de quelques années? (Faites une liste détaillée.) Comment savons-nous que cela n'a pas été facile? Qu'est-ce qu'il a fallu en plus du travail?

12. Pourquoi le label «Douceurs du bercail» était-il important? Qu'est-ce que ce label convoyait (*conveyed*)? De quoi était-ce synonyme?

13. Selon le proverbe wolof, pourquoi le bonheur est-il comme le savoir?

PERCEPTIONS

1. Un des grands problèmes de l'Afrique est la fuite des cerveaux (*brain drain*). Beaucoup d'Africains, surtout ceux qui ont fait des études, sont découragés par un taux de chômage qui s'élève souvent à plus de 40% et pensent que la solution, c'est partir. Quelle est la solution qu'Aminata Sow Fall propose ici à travers l'exemple de Séga? Que pensez-vous de cette solution?

2. Dans *Douceurs du bercail*, Aminata Sow Fall propose une véritable recette pour sauver l'Afrique. Un des éléments de base de cette recette est de restaurer la dignité humaine, le sentiment d'être utile. Qu'est-ce que ceci implique sur la situation actuelle en Afrique? Quels sont les facteurs historiques et présents qui peuvent expliquer cette situation? Quel est le rôle de la dépendance dans la dignité ou le manque de dignité? Selon vous, qu'est-ce qui donne à l'être humain sa dignité? Qu'est-ce qui la lui enlève? Donnez des exemples personnels.

3. Symboliquement parlant, pourquoi ne faut-il pas «tout raser» pour sauver l'Afrique? A quoi se réfère «ce qui pousse ici» et pourquoi faut-il le «régénérer»? Pourquoi faut-il y ajouter «d'autres espèces»? Définissez les «autres espèces». Trouvez dans la troisième partie du texte des exemples d'«autres espèces».

4. Quelle est la différence entre la paix et le bien-être, selon vous? Donnez des exemples.

5. Que symbolise le *guewê*? Dans quel sens l'Afrique est-elle «peut-être assise sur une mine d'or sans le savoir»? Avons-nous du *guewê* dans notre vie?

6. Identifiez dans la troisième partie du texte (lignes 30–fin) les autres ingrédients de la recette d'Aminata Sow Fall. Pourquoi chacun est-il important?

7. Reprenez tous les éléments de la recette d'Aminata Sow Fall et notez-les sous forme de liste. Peut-on appliquer cette recette à autre chose que la reconstruction d'un continent sous-développé? Imaginez et expliquez.

8. Aminata Sow Fall dit que «Douceurs du bercail» était «un label de ré-conciliation avec soi». Est-ce donc une résolution de l'aventure am-biguë? Comparez l'aventure de Samba Diallo et celle d'Asta Diop.

9. «Le bonheur, c'est comme le Savoir: il n'est pas loin, il faut savoir le trouver.» Que pensez-vous de ce proverbe africain? Quelles sont les erreurs communes des êtres humains dans ce domaine? Pourquoi?

Patrick Chamoiseau
(1953–   )

Né à Fort-de-France, capitale de la Martinique, le 3 décembre 1953, Patrick Chamoiseau s'est consacré d'abord à la bande dessinée avant d'entrer dans la littérature en 1981 avec une pièce de théâtre, *Manman Dlo contre la Fée Carabosse*, où il mettait en scène les conflits culturels contemporains des Antilles. Son premier roman, *Chronique des sept misères*, publié en 1986, l'a rendu célèbre et a fait de lui le chef de file du mouvement de la Créolité, une littérature qui mélange le français et le créole et reprend des éléments de la littérature orale des Antilles. Son *Eloge de la Créolité*, un es-sai publié en 1989 avec Jean Bernabé et Raphaël Confiant, définit ce mouvement de la Créolité, et son *Enfance créole*, publiée en deux volumes sous les titres d'*Antan d'enfance* (1990) et *Chemin-d'école* (1994), illustre parfaitement ce désir de combiner l'art des conteurs créoles traditionnels et celui des maîtres de la littérature classique, dans une langue réinventée. Le récit de l'enfance du «négrillon» (petit nègre) est ainsi inter-rompu à intervalles réguliers par les refrains des «répondeurs» rap-pelant l'interaction entre le conteur et son auditoire[1]. Le passage que vous allez lire, extrait de *Chemin-d'école*, est ainsi précédé du refrain suivant:

Répondeurs
L'oubli
Parfois
Fait souvenir
C'est émotion
Pile-exacte
C'est sensation
intacte[2]

---

1. personnes qui écoutent   2. *Chemin-d'école*, Gallimard, 1994, p. 158

Et la langue même du récit est irriguée[3] d'expressions créoles comme la «manman[4]» qui envoie «la marmaille[5]» à l'école «en pleine saison-mangots[6]» sous la pluie «fifine» dans «l'En-ville» de Fort-de-France qui sent «bois-mouillé et carton-gonflé»[7]. Le récit prend aussi, parfois, le rythme de l'oralité: c'est ainsi que le négrillon, empli[8] des images et de la réalité européenne de ses livres, «dessinait avec. Rêvait avec. Pensait avec. Mentait avec. Imaginait avec. S'effrayait avec. Son corps, lui, allait à la dérive dans son monde créole inutile.»[9]

Fidèle à son style innovateur, Chamoiseau est l'auteur de plusieurs autres romans. Dans *Texaco*, qui a remporté le Prix Goncourt en 1992, il retrace à travers deux générations l'histoire du peuple martiniquais depuis les chaînes de l'esclavage jusqu'à la constitution des quartiers populaires de Fort-de-France. Dans *Biblique des derniers gestes*, une véritable épopée de 790 pages publiée en 2002, il retrace l'histoire de la colonisation et les coutumes des Martiniquais, avec leurs «apatoudis[10]» de sagesse populaire.

Faisons maintenant la connaissance du «négrillon», c'est-à-dire du jeune Patrick Chamoiseau lui-même, sur les bancs de l'école coloniale.

3. **est...** *sprinkled with* 4. maman 5. ses enfants 6. saison des mangues 7. **sous...** *under the fine rain, the downtown area smells like wet wood and swollen cardboard* 8. plein 9. Ibid, p. 167 10. proverbes et légendes

---

PREPARATION A LA LECTURE

Imaginez un petit Martiniquais, habitué à une enfance pauvre mais libre et heureuse auprès de Man Ninotte, sa maman qu'il adore. Maintenant le voici assujetti aux rigueurs d'une école coloniale administrée par les Français, avec un enseignement et des manuels importés de France. Imaginez les difficultés que ce petit garçon pourrait éprouver dans ces circonstances. Faites une liste de quatre ou cinq de ces difficultés, puis parcourez le texte pour voir si vous avez bien deviné.

✦ CHEMIN-D'ÉCOLE [extrait]

Le négrillon° aimait entendre le Maître leur lire de petits poèmes magiques ou des textes choisis de George Sand, d'Alphonse Daudet, de Saint-Exupéry°... A toute lecture, le Maître [...] prenait plaisir à sucer lettre après lettre le français déployé° sur des scènes bucoliques. Dévoué° au
5 concert des syllabes, il les détachait de manière emphatique, les rythmait selon une loi intime. Sa voix se creusait° aux virgules. Sur les points, elle s'immobilisait tandis que° son regard sévère nous contrôlait. [...] Les dialogues lui autorisaient [...] des accents familiers; alors, [...] il se

little black boy, piccaninny (pejorative)

trois auteurs français du 19ᵉ et du 20ᵉ siècles / *unfolding* / attaché à

became deep

pendant que

transformait en paysan provençal, en meunier solitaire, en chevalier de la
10 Table ronde. Paragraphe achevé°, il baissait la paupière° pour suivre en   terminé / les yeux
lui-même le cheminement religieux de ce qu'il venait de lire.

Le Maître lisait pour nous mais, très vite emporté, il oubliait le monde
et vivait son texte dans un abandon mêlé à de la vigilance. [...] Ce plaisir
de lire à haute voix, il nous le communiquait en fait sans le vouloir. Le né-
15 grillon suivait bouche bée°, non pas le texte, mais les goulées° de plaisir   ouverte / *mouthfuls*
que le Maître s'envoyait par les mots.

Au suivant!°... Lire à notre tour était un souci. Identifier les mots,   *Next student!*
soutenir les liaisons, reconnaître les syllabes, communier au mystère des *e*
muets, pratiquer la gymnastique des *h* aspirés... : autant d'épreuves°   *challenges*
20 nouées° à la disgrâce infligée° de nos accents créoles. *Au suivant!...* Le   liées / *inflicted*
bout-de-langue du négrillon amplifiait son malheur. Dans sa bouche ânon-
nante°, les consonnes dures devenaient molles. Certaines voyelles faisaient   *mumbling*
bouillie°. Points, virgules et compagnie, s'envasaient° dans le rythme inco-   *got all mixed up /*
hérent d'un déchiffrage° qui demeurait obscur [...] *Au suivant!...* En fait,   *muddied* / une
25 tout le monde faisait la fête avec tout le monde: celui-là tenait misère de   première lecture
son accent créole, celui-ci des tremblades de sa voix, [...] tel autre d'une
inaptitude congénitale à la lecture. *Au suivant!...* Les petits-revenus-de-
France par contre brillaient en la matière: ils ne comprenaient pas plus,
ânonnaient tout autant, mais, pour le Maître, par leur articulation juste,
30 par leur accent souverain, par leur grâce de n'être pas comme nous, par
leur insoumission° à leur propre nature, ils étaient déjà d'essence   manque d'obéissance
universelle. *Au suivant!...* [...]

Les textes de lecture parlaient de fermes, d'oies°, [...] de sabots°, de   *geese* / chaussures de
lièvres°, de cheminées, d'écureuils°... Les revenus-de-France faisaient   bois / *hares* / *squirrels* /
35 mine° de savoir; mais les autres petites-personnes découvraient ces   semblant
étrangetés du fond d'un ravissement° perplexe. Les déchiffrages laborieux   d'une joie
des uns et des autres laissaient à chacun loisir de gober° les vols de rêves qui   croire
traversaient la classe. [...] Ils transportaient des mers, des rivages, des goûts
de proies vivantes. Ils délivraient des augures. Ils dénouaient des présages.
40 [...] Et nous les avalions°, ivres, immobiles. Le négrillon, une fois sa lecture   croyions
effectuée, s'envolait comme bien d'autres dans ce monde nébuleux [...].
Au suivant!... Beaucoup se voyaient surpris par l'arrivée de leur tour. Le
Maître devait les décrocher° de haut. Ils basculaient° du rêve pour   *bring them back* /
s'écraser°, hagards, contre le livre ouvert, incapables de poursuivre. [...]   tombaient / *crash*
45 Parfois, le Maître tentait de confronter la lecture à notre réalité. C'est
ainsi qu'un jour, il tomba sur Gros-Lombric°.   *Big Bellybutton*

—Alors, nous avons vu que Petit-Pierre, les soirs d'hiver à la ferme, aime
bien se glisser entre les draps chauds de son lit douillet°. Est-ce le cas pour   **lit**... *cozy bed*
vous, mon ami? Avez-vous souvenir d'une circonstance qui vous rendit
50 votre lit agréable?

Il lui demanda, à l'instar de° Petit-Pierre, de décrire sa maison, son lieu de travail, la lumière de sa chambre, son moyen de locomotion pour venir à l'école. Il y eut de vastes éclats de fête à mesure que Gros-Lombric, sous l'insistance du Maître qui n'en revenait pas°, dévoilait les réalités de sa vie. En guise de lit (appeler ça *kabanne*), il disposait d'une paillasse° d'herbes sèches que l'on ouvrait chaque soir, dans l'unique pièce de la case°, aux côtés de celles de ses dix frères et sœurs. Ses parents dormaient au même endroit, à l'abri° d'un rideau de toile cirée°, sur un indéfinissable lit à pattes. Le jour, les paillasses étaient roulées dans un coin ou exposées aux embellies° à cause des pisses nocturnes. Pas de draps car la chaleur pesait; parfois, quand le serein° de décembre menaçait les poitrines, il se couvrait d'un carreau de madras°. Le soir, chacun, renfrogné° là où il pouvait, s'efforçait, pour son travail scolaire, à capter la lueur débile° d'une lampe-pétrole qui enfumait la case. Le matin avant de venir, Gros-Lombric devait charroyer° et-caetera-seaux-d'eau, abreuver des cabris°, mettre un bœuf au piquet sur une pièce d'herbes, rafler quelques lianes à lapins°, et courir vers l'école durant deux ou trois kilomètres. Pour disposer du temps d'accomplir ces tâches, il devait ouvrir ses yeux avant les chants du coq [...].

Le Maitre, lui, en fut atterré°. Son univers de fermes idylliques, de moulins, de bergers, de féeries d'automne auprès des mares° musicales, achoppait° ici-là. L'ancienne barbarie des champs de cannes-à-sucre... l'indigence des cases... la nuit de la négraille créole semblait avoir traversé les temps, et s'être amassée aux portes de l'En-ville. Dès ce jour, il ne tenta plus d'évaluer les lectures et demeura lové dans° les hauteurs de ses merveilles. Nous le vîmes plus indulgent sur les absences de Gros-Lombric, ses envies de sommeil, ses raideurs de tête. Il crut compatissant° de l'abandonner à son sort, ne l'interrogeant plus, ne le sollicitant plus, le précipitant dans l'oubliette° à laquelle nous rêvions tous. [...]

On allait à l'école pour perdre de mauvaises mœurs: mœurs d'énergumène°, mœurs nègres ou mœurs créoles—c'étaient les mêmes. [...]

En ce temps-là, le Gaulois aux yeux bleus, à la chevelure blonde comme les blés, était l'ancêtre de tout le monde. En ce temps-là, les Européens étaient les fondateurs° de l'Histoire. Le monde, proie initiale des ténèbres, commençait avec eux. Nos îles avaient été là, dans un brouillard d'inexistence, traversée par de vagues fantômes caraïbes [...], eux-mêmes pris dans l'obscurité d'une non-histoire cannibale. Et, avec l'arrivée des colons, la lumière fut°. La Civilisation. L'Histoire. L'humanisation [...] de la Terre. [...]

Le négrillon aimait entendre le Maître leur conter l'Histoire du monde. Tout semblait simple et juste.

— *Chemin-d'école*, 1994

Glosses (margin):

à... selon l'exemple de

couldn't get over it

straw mattress

maison

derrière / waxed fabric

au soleil

humidité

carreau... square of cloth / scowling / faible

cart along / abreuver... get water for the goats / rafler... gather greens to feed rabbits

choqué

pools

stumbled against (the reality of the hard life of Gros-Lombric)

absorbé par

compassionate

la prison permanente

personne possédée du démon

founding fathers

Référence à la Bible: «Que la lumière soit, et la lumière fut.» («Let there be light, and there was light»).

COMPREHENSION

Vrai ou faux? Si c'est faux, corrigez.

1. La voix du Maître plaisait au négrillon.

2. Le Maître n'aimait pas lire à haute voix à la classe.

3. Le Maître lisait très bien.

4. Quand le Maître lisait, il entrait dans le monde de son texte.

5. La prononciation posait des problèmes aux élèves martiniquais.

6. Les élèves qui avaient vécu en France comprenaient mieux les lectures.

7. Les sujets des textes étaient familiers aux élèves.

8. La lecture de ces textes transportait les élèves dans le monde du rêve.

9. Le Maître essayait parfois de personnaliser les lectures.

10. La lecture concernant Petit-Pierre décrivait une ferme très pauvre.

11. Gros-Lombric pouvait bien s'identifier à Petit-Pierre (par exemple, son lit douillet, ses draps chauds, etc.).

12. Gros-Lombric a parlé des travaux domestiques qu'il devait faire chaque matin.

13. Le Maître a été choqué par ce que Gros-Lombric a dit.

14. Le Maître a commencé à maltraiter Gros-Lombric après ce jour-là.

15. Le Maître a demandé à Gros-Lombric de lire plus souvent après ce jour-là.

16. Selon le Maître, les noirs des Caraïbes étaient les ancêtres des Français.

17. Selon le Maître, avant l'arrivée des colons, les habitants des Caraïbes n'étaient que des cannibales.

18. Le négrillon n'aimait pas l'histoire du monde que le Maître présentait.

PERCEPTIONS

1. Le narrateur parle des difficultés que les jeunes Martiniquais éprouvaient en apprenant à bien prononcer le français.
   a. Identifiez cinq ou six de ces problèmes.
   b. Quelles sont les difficultés que vous avez eues et/ou que vous avez toujours en ce qui concerne la langue française?

   c. Quand vous essayez de parler une langue qui est difficile pour vous, comment est-ce que cela change votre «identité»—votre perception de vous-même? Quelle est la relation entre langue et identité?

2. Quand le Maître lit à haute voix, il transporte sa classe dans un monde de rêves. Avez-vous éprouvé une telle expérience? Expliquez, en parlant plus généralement du pouvoir de la lecture. Quand vous étiez enfant, aviez-vous un livre favori qu'on vous lisait souvent? Lequel?

3. L'accent créole des enfants est critiqué par le Maître. Quel effet pensez-vous que ces critiques ont sur les enfants?

4. Le contexte des lectures était la France, un pays que les petits Martiniquais n'avaient jamais vu, un monde complètement différent du leur.
   a. Peut-on comprendre et apprendre aussi facilement dans un contexte «étranger»?
   b. Pourquoi la France coloniale utilisait-elle les mêmes manuels dans ses colonies qu'en France?
   c. Quels sont les avantages et les inconvénients d'avoir les mêmes manuels scolaires en France et dans les territoires d'outre-mer?

5. Le Maître essayait parfois de donner aux élèves l'occasion de parler de leur réalité en la comparant à ce qu'ils lisaient. Croyez-vous que ce soit une bonne manière d'enseigner? Expliquez.

6. Quand Gros-Lombric a décrit sa vie, le Maître a été très surpris.
   a. Comment imaginait-il la vie de ses élèves?
   b. Qu'a-t-il appris?
   c. Pensez à un moment où vous avez formé une image d'un endroit ou d'une personne et où vous avez trouvé que la réalité était très différente. Parlez de cette expérience. Qu'est-ce que vous avez appris?

7. Après avoir appris la vraie nature de la vie journalière de Gros-Lombric, comment le Maître a-t-il changé sa manière de le traiter? Que pensez-vous de ce changement?

8. Le roman nous montre des petits Martiniquais qui parlaient créole à la maison mais dont la scolarité se faisait en français. C'est un exemple du thème de la domination coloniale que Chamoiseau traite dans ses œuvres. Pareillement, pouvez-vous identifier en Amérique du Nord des exemples de domination anglophone parmi les immigrés? Discutez.

9. A l'école coloniale des Caraïbes, les manuels scolaires introduisent le négrillon au monde des Gaulois blancs «aux yeux bleus, à la chevelure

blonde», qui étaient «les ancêtres» du monde entier. Imaginez l'effet de ces livres sur le négrillon. Comment allait-il juger son héritage noir et son identité créole? Comment les manuels scolaires de votre en-fance présentaient-ils les personnages historiques ou les minorités d'ethnicités diverses (les Noirs, les Latino-Américains, les Indiens d'Amérique, etc.)? Dans quelle mesure avez-vous été influencé(e) par les manuels d'histoire de votre enfance?

10. Pourquoi est-ce que «tout semblait simple et juste» au négrillon, même quand le Maître enseignait que les mœurs créoles étaient mauvaises? Est-ce que cette façon d'enseigner l'histoire vous semble «simple et juste»? L'histoire est-elle jamais simple?

B. La littérature francophone du Maghreb

e Maghreb est la région d'Afrique du Nord qui inclut le Maroc, l'Algérie et la Tunisie, trois pays qui ont été colonisés par la France. A l'origine, ces pays étaient habités par les Berbères, un nom dérivé du latin *barbari*, signifiant «barbares», que les Romains avaient attribué aux peuples de l'Afrique du Nord lors de[1] l'invasion romaine au 2e siècle avant Jésus-Christ. Depuis le 10e siècle avant Jésus-Christ, des villes comme Fès au Maroc et Carthage en Tunisie étaient déjà de grands centres économiques dans le commerce trans-saharien de l'or, du sel et des esclaves. A l'époque des Phéniciens (8e siècle av. J.-C.), Carthage était un des plus grands ports de la Méditerranée. Après l'occupation romaine (146 av. J.-C.–429 apr. J.-C.), le Maghreb a connu une série d'invasions, en particulier par les Arabes qui ont apporté leur langue et la religion islamique. Du 7e au 16e siècles, le Maghreb a vu une alternance de dynasties arabes et de dynasties berbères arabisées, dont les Almoravides qui étaient connus pour leur zèle religieux et qui ont répandu[2] l'islam jusqu'en Espagne au nord et en Afrique noire au sud. Du 16e au 19e siècles, c'est l'Empire Ottoman qui est venu occuper la Lybie, la Tunisie et l'Algérie. Le Maghreb occidental a réussi à échapper à l'envahisseur turc, grâce à la dynastie Alaouite qui règne encore aujourd'hui au Maroc. Les Français sont arrivés en Algérie en 1830, marquant le début de la période coloniale. A partir de 1881, la France contrôlait aussi la Tunisie, sous la forme d'un protectorat, puis en 1912, la France et l'Espagne se sont partagé le Maroc.

L'influence française a marqué tous les secteurs de la vie du Maghreb jusqu'aux indépendances, qui se sont réalisées pacifique-ment en 1956 au Maroc et en Tunisie, mais qui ont occasionné une guerre de huit ans en Algérie (1956–1962), laissant plus d'un million de morts. Depuis son indépendance, l'Algérie a connu de longues périodes de terrorisme islamiste, avec des massacres collectifs de populations civiles dans les années 90. La violence décrite dans *La Jeune Fille au balcon* de Leïla Sebbar (p. 267) est toujours une réalité dans certaines régions d'Algérie. La situation est beaucoup plus stable en Tunisie, où le gouvernement républicain exerce une politique répressive vis-à-vis des islamistes, et au Maroc, où la monarchie constitutionnelle héréditaire reste ouverte sur le monde extérieur.

Bien que l'arabe soit la langue officielle du Maghreb, le français est toujours la langue de l'éducation supérieure, de l'administration et des affaires. Quand on parle du Maghreb francophone, il ne faut pas oublier non plus les centaines de milliers d'immigrés maghrébins qui vivent en France et qui incluent les plus grands noms de la littérature maghrébine.

Née au moment des combats de libération nationale, la littérature maghrébine d'expression française des années 40 et 50 visait un public international qu'elle voulait gagner à la cause de l'indépendance. A la suite des indépendances et des politiques d'arabisation du Maghreb, on aurait pu s'attendre à ce que cette littérature dépérisse[3] progressivement, mais au contraire, elle ne cesse de se développer et de se diversifier, touchant un public aussi bien maghrébin que français et établissant un dialogue culturel entre les deux rives[4] de la Méditerranée.

Contrairement à l'Afrique noire, où le français est souvent un outil d'unification, évitant le choix difficile de la langue d'une

---

1. pendant   2. apporté   3. meure (mourir)   4. côtés

certaine ethnie comme langue officielle dans des pays où cohabitent de nombreuses ethnies, la langue française dans le Maghreb a un statut problématique. Oui, on entend le français toute la journée à la télévision et à la radio, on le parle à l'école et dans les administrations, mais face à l'arabe, synonyme de libération, le français est la langue de l'aliénation. Certains écrivains choisissent d'écrire en arabe parce que le français est une «source de déchirement». D'autres, comme le Tunisien Salah Garmadi, disent que «c'est par l'intermédiaire de la langue française [qu'ils se sentent] le plus libérés du poids de la tradition».

En Algérie, les premières œuvres de langue française sont des recueils de traditions berbères et kabyles[5] par Jean Amrouche (1939) mais dès 1952, les romans *La Grande Maison* de Mohammed Dib et *La Colline oubliée* de Mouloud Mammeri annoncent le déchirement de la guerre d'indépendance. Kateb Yacine se fait la voix de ce déchirement avec son roman *Nedjma* (1956) et sa pièce de théâtre *Le Cercle des représailles* (1959). Dans les années 60 et 70, des écrivains comme Mourad Bourboune (*Le Muezzin*, 1968), Nabile Farès (*Yahia pas de chance*, 1970) et Rachid Boudjedra (*L'Escargot entêté*[6], 1977) s'interrogent sur l'identité individuelle ou collective dans des textes volontairement plus opaques. En 1980, Assia Djebar devient la première Algérienne à publier des nouvelles, sous le titre de *Femmes d'Alger dans leur appartement*, sur la condition de la femme dans une société très patriarcale. Leïla Sebbar reprendra ce thème. Sebbar est un des plus grands noms de la «littérature beur», c'est-à-dire des écrivains maghrébins immigrés en France. D'autres grands noms de la littérature algérienne des dernières années incluent Rabah Belamri (*Regard blessé*, 1987) et

Rachid Mimouni (*L'Honneur de la tribu*, 1990), qui essaient de poser un regard lucide sur une société secouée par la violence.

En Tunisie, où la colonisation n'avait pas mis fin à l'enseignement en arabe, la littérature de langue française est longtemps restée marginale. Le seul écrivain francophone reconnu dans les années 50 était Albert Memmi (*La Statue de sel*, 1953), qui s'est fait la voix des Judéo-Maghrébins et un analyste de la situation du colonisé en Tunisie. La littérature tunisienne de langue française s'est rattrapée à partir des années 70, avec le poète Salah Garmadi (*Nos ancêtres les Bédouins*, 1975), et des romanciers comme Abdelwahab Meddeb (*Talismano*, 1979), Mustapha Tlili (*La Gloire des sables*, 1982) et Hélé Béji (*L'Œil du jour*, 1985).

Au Maroc, les premiers textes de langue française sont des romans ethnographiques avec Ahmed Sefrioui (*La Boîte à merveilles*, 1954) ou contestataires avec Driss Chraïbi (*Le Passé simple*, 1954; *Succession ouverte*, 1962). Dans les années 70 et 80, Driss Chraïbi renouvellera son inspiration en alliant l'humour à l'observation sociale (*La Civilisation, ma mère!*, 1972; *La Mère du printemps*, 1982). D'autres écrivains comme Abdellatif Laâbi (qui sera lontemps emprisonné pour ses écrits), Mohammed Khaïr-Eddine (connu pour son ton volcanique) et Abdelkebir Khatibi (*La Mémoire tatouée*, 1971), essaient d'allier la critique de l'idéologie bourgeoise marocaine à l'expérimentation sur les formes littéraires. Tahar Ben Jelloun, lui, essaie de donner la parole aux reclus[7] et aux exclus. Ses romans *L'Enfant de sable* (1985, voir p. 261) et *La Nuit sacrée*, qui a reçu le Prix Goncourt en 1987, ont propulsé le Maroc au premier plan de la littérature francophone.

---

5. de la région de Kabylie 6. *The Obstinate Snail* 7. (mot apparenté)

Tahar Ben Jelloun
(1944–)

Tahar Ben Jelloun est né à Fès, au Maroc, en 1944. Il fréquente d'abord l'école coranique puis il entre à l'école primaire franco-marocaine où l'enseignement se fait en français le matin et en arabe l'après-midi. Il fait ses études secondaires en français à Tanger, puis des études supérieures de philosophie à l'Université de Rabat. Pendant sa deuxième année à l'université, il est envoyé dans un camp disciplinaire de l'armée marocaine avec 94 autres étudiants accusés d'avoir organisé des manifestations. Après deux ans dans ce camp, il reprend ses études et devient professeur de philosophie dans un lycée de Casablanca. C'est à cette époque qu'il publie son premier recueil de poésie, *Hommes sous linceul[1] de silence* (1970). En 1971, Ben Jelloun part à Paris faire un doctorat en sociologie. En 1973, il devient collaborateur au journal *Le Monde* et publie son premier roman, *Harrouda*. En 1975, à partir de sa thèse de doctorat intitulée «Problèmes affectifs et sexuels de travailleurs nord-africains en France», il publie son deuxième roman *La Plus Haute des Solitudes*, qui connaît un grand succès. Après cela, les publications se multiplient; elles incluent des recueils de poésie, des essais (*Hospitalité française*, 1984; *Le Racisme expliqué à ma fille*, 1998; *L'Islam expliqué aux enfants*, 2002), des nouvelles (*L'Ange aveugle*, 1992), des récits autobiographiques (*L'Ecrivain public*, 1983), une pièce de théâtre (*La Fiancée de l'eau*, 1984) et surtout des romans, dont les plus connus sont *L'Enfant de sable* (1985), *La Nuit sacrée* (1987, suite de *l'Enfant de sable*, Prix Goncourt), *Les Yeux baissés* (1991), *L'Homme rompu* (1994), *Les Raisins de la galère* (1996) et *Cette aveuglante absence de lumière* (2000). *L'Enfant de sable* et *La Nuit sacrée* ont été traduits en 43 langues et *Le Racisme expliqué à ma fille* a été traduit en 25 langues. Tahar Ben Jelloun s'est fait beaucoup d'ennemis, surtout dans le monde arabe, où certains de ses livres sont censurés.

Le texte que vous allez lire est extrait de *L'Enfant de sable*, une histoire inspirée d'un fait réel qui se passe au Maroc. Le narrateur est un conteur qui a trouvé cette histoire dans un vieux manuscrit.

1. *shroud*

PREPARATION A LA LECTURE

Imaginez, dans une société très patriarcale, un père qui n'a que des filles. Sept filles! Sa honte a grandi avec chaque naissance, et maintenant que la naissance de son huitième enfant est imminente, il se prépare à faire quelque chose d'impensable. Quoi, à votre avis? Imaginez plusieurs possibilités, puis parcourez le deuxième paragraphe du texte pour confirmer vos hypothèses.

L'ENFANT DE SABLE [extraits]

[Notre héros est arrivé un jeudi matin.] Sa mère était prête dès le lundi mais elle a réussi à le retenir en elle jusqu'au jeudi, car elle savait que ce jour de la semaine n'accueille que les naissances mâles. Appelons-le Ahmed. […] Son père prétend que le ciel était couvert ce matin-là, et que ce fut Ahmed qui
5　apporta la lumière dans le ciel. […] Il est arrivé après une longue attente. Le père n'avait pas de chance; il était persuadé qu'une malédiction° lointaine et   *a curse*
lourde pesait° sur sa vie: sur sept naissances, il eut sept filles. […] Sept, c'était   *weighed down*
trop, c'était même tragique. Que de fois il se remémora l'histoire des Arabes
d'avant l'Islam qui enterraient leurs filles vivantes°! Comme il ne pouvait s'en   **enterraient…** *buried*
10　débarrasser°, il cultivait à leur égard non pas de la haine, mais de l'indif-   *their daughters alive /*
férence. Il vivait à la maison comme s'il n'avait pas de progéniture°. […] Il di-   **s'en…** *get rid of them /*
sait que son visage était habité par la honte, que son corps était possédé par   *pas d'enfants*
une graine maudite° […]. [S]es deux frères […] jubilaient publiquement et   **une…** *a cursed seed*
faisaient des spéculations à propos de l'héritage°. Vous n'êtes pas sans savoir,   *inheritance*
15　ô mes amis et complices, que notre religion est impitoyable° pour l'homme   *pitiless*
sans héritier°; elle le dépossède ou presque en faveur des frères. Quant aux   *an heir*
filles, elles reçoivent seulement le tiers° de l'héritage. Donc les frères at-   *one-third*
tendaient la mort de l'aîné pour se partager une grande partie de sa fortune
[…]. Lui, il avait tout essayé pour tourner la loi du destin. Il avait consulté des
20　médecins, des fqihs°, des charlatans, des guérisseurs° de toutes les régions du   *instructeurs coraniques /*
pays. […] [Sa femme] avait porté des amulettes et des écritures ayant   *healers* (guérir = *to*
séjourné à La Mecque°. Elle avait avalé° des herbes rares importées […] du   *heal*) / ville sacrée de
Yémen. […] Sa vie était devenue un enfer°, et son époux, toujours mécon-   l'Islam / mangé
tent, […] la rendait responsable du malheur qui s'était abattu° sur eux. […]   *hell*
    était venu

25　*[Finalement, après un rêve étrange, le père eut une idée.]*

　　Son idée était simple, difficile à réaliser, à maintenir dans toute sa force:
l'enfant à naître sera un mâle même si c'est une fille! C'était cela sa décision, une détermination inébranlable°, une fixation sans recours. Il appela   *unshakable*
un soir son épouse enceinte°, s'enferma avec elle dans une chambre à la   *pregnant*
30　terrasse et lui dit sur un ton ferme et solennel: «Notre vie n'a été jusqu'à
présent qu'une attente stupide […]. Tu es une femme de bien, épouse

soumise°, obéissante, mais au bout de ta septième fille, j'ai compris que tu   *submissive*
portes en toi une infirmité: ton ventre ne peut concevoir d'enfant mâle
[…]. Tu n'y peux rien. […] Je ne peux pas t'en vouloir.° Je suis un homme   **Tu…** *You can't do*
35 de bien. Je ne te répudierai pas et je ne prendrai pas une deuxième femme.   *anything about it. I can't*
[…] Je veux être celui qui […] guérit […]. Alors j'ai décidé que la huitième   *hold it against you.*
naissance serait une fête, la plus grande des cérémonies, une joie qui du-
rerait sept jours et sept nuits. Tu seras une mère, une vraie mère, tu seras
une princesse, car tu auras accouché d'un garçon. L'enfant que tu mettras
40 au monde sera un mâle, ce sera un homme, il s'appellera Ahmed même si
c'est une fille! J'ai tout arrangé, j'ai tout prévu. On fera venir Lalla Radhia,
la vieille sage-femme°; […] je lui donnerai l'argent qu'il faut pour qu'elle   *midwife*
garde le secret. […] Toi, bien entendu, tu seras le puits et la tombe° de ce   **le puits…** *the well and*
secret. […] Cet enfant sera accueilli en homme qui va illuminer de sa   *the grave*
45 présence cette maison terne°, il sera élevé selon la tradition réservée aux   triste
mâles, et bien sûr il gouvernera et vous protégera après ma mort.» […]
    La femme ne pouvait qu'aquiescer. Elle obéit à son mari, comme
d'habitude, mais se sentit cette fois-ci concernée par une action commune.
Elle était enfin dans une complicité avec son époux. […]
50   Et le grand jour, le jour de la naissance vint. La femme gardait un petit
espoir: peut-être que le destin allait enfin lui donner une vraie joie, […].
Hélas! le destin était fidèle et têtu°. […]   obstiné
    Toute la famille fut convoquée et réunie dans la maison du Hadj° dès le   musulman qui est allé à
mercredi soir. […] Vers minuit on entendit des gémissements°: c'étaient les   La Mecque / *groans*
55 premières douleurs. […] A l'aube, on entendit l'appel à la prière. […] La
femme hurlait° à présent. […] Vers dix heures du matin, le matin de ce jeudi   criait très fort
historique, […] Lalla Radhia entrouvrit la porte et poussa un cri [de joie et]
répéta jusqu'à s'essoufler: c'est un homme, un homme, un homme… Hadj
arriva au milieu de ce rassemblement comme un prince. […]
60   Il pénétra dans la chambre, ferma la porte à clé, et demanda à Lalla
Radhia d'ôter les langes° du nouveau-né. C'était évidemment une fille. Sa   **ôter…** *remove the*
femme s'était voilé le visage pour pleurer. Il tenait le bébé dans son bras   *swaddling clothes*
gauche et de sa main droite il tira violemment sur le voile et dit à sa
femme: «Pourquoi ces larmes°? J'espère que tu pleures de joie! Regarde,   *tears*
65 regarde bien, c'est un garçon! Plus besoin de te cacher le visage. Tu dois
être fière… Tu viens après quinze ans de mariage de me donner un enfant,
c'est un garçon, c'est mon premier enfant, regarde comme il est beau!»
[…] Il sortit de la pièce, arborant° un grand sourire… Il portait sur les   avec
épaules et sur le visage toute la virilité du monde! A cinquante ans, il se
70 sentait léger comme un jeune homme. Il avait déjà oublié—ou peut-être
faisait-il semblant°—qu'il avait tout arrangé. Il avait bien vu une fille, mais   faire semblant = *to*
croyait fermement que c'était un garçon.   *pretend*

— *L'Enfant de sable,* 1985

COMPREHENSION

Partie I (lignes 1–24)

1. Pourquoi la mère voulait-elle que son enfant naisse un jeudi?

2. A quoi le père attribuait-il le fait qu'il avait eu sept filles?

3. Comment traitait-il (*treat*) ses filles? A quelle époque aurait-il aimé retourner?

4. Pourquoi les frères du père étaient-ils contents?

5. Qu'est-ce que le père et la mère avaient fait pour essayer de changer le destin?

Partie II (lignes 25–46)

6. Quelle décision inébranlable a-t-il prise un jour? Comment a-t-il annoncé cela à sa femme?

7. Qu'a-t-il prévu pour garder le secret?

Partie III (lignes 47–52)

8. Quelle a été la réaction de sa femme?

Partie IV (lignes 53–67)

9. Qu'est-ce qui s'est passé le mercredi soir avant la naissance?

10. Comment la nouvelle de la naissance a-t-elle été annoncée?

11. Résumez la scène entre le père et la mère dans la chambre «fermée à clé».

Partie V (lignes 68–fin)

12. Comment se sentait-il quand il est sorti de la chambre? Etait-il sincère?

PERCEPTIONS

1. Puisque le Hadj n'aimait pas la réalité, il a créé une autre réalité. Dans quel sens cet acte était-il monstrueux? Dans quels contextes est-il justifié—et inoffensif (*harmless*)—de créer une autre réalité? Comment le faisons-nous? Donnez des exemples.

2. Quelques pages après l'extrait que vous avez lu, le roman contient les phrases suivantes.

   • «Et l'enfant grandit dans une euphorie quasi quotidienne.» (p. 31)

   • «J'évite les miroirs.» (Journal d'Ahmed, p. 44)

   • «Ma condition, non seulement je l'accepte et je la vis, mais je l'aime. Elle m'intéresse. Elle me permet d'avoir les privilèges que je n'aurais jamais pu connaître. Elle m'ouvre des portes et j'aime cela, même si elle m'enferme ensuite dans une cage de vitres [*windowpanes*].» (dialogue entre Ahmed adolescent et son père, p. 50)

D'après ces citations, comment imaginez-vous l'enfance d'Ahmed? Et la vie de sa famille pendant cette période?

3. Un peu plus tard, cependant, la vie d'Ahmed se complique.

- «Je n'interroge personne car mes questions n'ont pas de réponse. Je le sais parce que je vis des deux côtés du miroir. Je ne réclame pas l'amour mais l'abandon. […] Je ne suis pas déprimé, je suis exaspéré. Je ne suis pas triste. Je suis désespéré. […] Je ne suis pas ce que je suis.» (journal d'Ahmed, pp. 58–59)

- «Je suis incapable d'amitié et encore moins d'amour.» (lettre d'Ahmed à un correspondant imaginaire, p. 67)

Cependant il se marie. Il choisit comme épouse une cousine infirme et épileptique qui ne demandera ni amitié ni amour. Elle meurt de sa maladie peu après leur mariage. Après la mort de son père, Ahmed s'enferme dans sa solitude. Pendant des mois, il ne sort pas, il ne voit personne. Après une longue agonie, il décide de «devenir qui il est».

A votre avis, qu'est-ce qui va lui arriver? En groupes de deux ou trois, inventez une histoire sur le reste de la vie d'Ahmed. Comparez votre histoire avec celles des autres groupes.

4. En fait, Ahmed part à l'aventure, il est kidnappé par les propriétaires sans scrupules d'un petit cirque qui font de lui une attraction publique, et la fin de l'histoire est restée un mystère, car le conteur a disparu avec son manuscrit. Certains imaginent qu'Ahmed, brutalisé par le patron du cirque, a subi à 25 ans une mort violente. D'autres disent qu'Ahmed est devenu fou. Un ami du conteur prétend se rappeler des extraits supplémentaires du journal d'Ahmed:

«Je voudrais sortir pour naître de nouveau, naître à vingt-cinq ans, sans parents, sans famille, mais avec un prénom de femme, débarrassée à jamais de tous ces mensonges. Il m'arrive encore d'imaginer quelle vie j'aurais eue si je n'avais été qu'une fille parmi d'autres, une fille de plus, la huitième, une autre source d'angoisse et de malheur. Ah, ce que je m'en veux [*how mad I am at myself*] à présent de ne pas avoir plus tôt dévoilé mon identité et brisé [cassé] les miroirs qui me tenaient éloignée [*that kept me at a distance*] de la vie. Aujourd'hui je suis une femme seule.» (p. 153)

a. Selon vous, pourquoi Ahmed utilise-t-il l'image des miroirs et des vitres pour décrire sa vie de mensonges? Analysez ces images dans toutes les citations ci-dessus.

b. Quelle vie aurait-il eue s'il n'avait été «qu'une fille parmi d'autres»? Cette option est-elle préférable à la solitude?

5. Un procès (*trial*)! Imaginez que le Hadj paraît devant un tribunal. En groupes de deux ou trois étudiants, formez des équipes qui représentent les avocats de la défense et les avocats de la partie plaignante (*prosecution*). Préparez vos arguments, puis «jouez» le procès du père d'Ahmed. Allez-vous le trouver coupable ou innocent (victime de sa culture, etc.)?

6. Sommes-nous aussi victimes de notre culture? Dans quel sens? Donnez des exemples spécifiques. Peut-on vivre de façon contraire à sa culture? Doit-on le faire quand on n'est pas d'accord avec une pratique culturelle, comme les cuites (*binge drinking*) dans les universités, par exemple? Quelles sont les conséquences?

7. Certaines cultures encouragent les parents à élever leurs fils de façon différente de leurs filles. Que pensez-vous de cette pratique? Quelles en sont les conséquences? Dans votre propre famille et dans les familles que vous connaissez, les garçons et les filles étaient-ils traités de la même manière, ou y avait-il des différences? Expliquez.

Leïla Sebbar
(1941–)

Leïla Sebbar est née à Aflou, en Algérie, d'un père algérien et d'une mère française, tous les deux instituteurs. Elle a fait des études supérieures de lettres à Aix-en-Provence puis à Paris, avec une thèse de doctorat sur les représentations du «bon nègre» dans la littérature coloniale du 18e siècle. Depuis 1962, elle vit à Paris où elle collabore à des magazines littéraires et à Radio France-Culture. Sa carrière d'écrivain a commencé en 1978, avec la publication d'un essai intitulé «On tue les petites filles». Son premier roman, *Fatima ou les Algériennes au square*, date de 1981. Onze romans ont suivi, dont la trilogie de Shéhérazade (*Shéhérazade, 17 ans, brune, frisée, les yeux verts*, 1982; *Les Carnets de Shéhérazade*, 1985; *Le Fou de Shéhérazade*, 1991), *Le Silence des rives* (1993) et *Je ne parle pas la langue de mon père* (2003). Leïla Sebbar est aussi connue pour ses nouvelles, dont *La Jeune Fille au balcon* (1996), *Le Baiser* (1997), *Soldats* (1999) et *Sept Filles* (2003), ainsi que ses recueils de récits d'enfance, dont *Une enfance algérienne* (1999). Les livres de Sebbar se lisent comme une exploration identitaire: celle de leur auteur déchirée entre les deux côtés de la Méditerranée.

Le texte que vous allez lire est extrait de la nouvelle *La Jeune Fille au balcon*, qui a reçu le Prix Lecture Jeune en 1997. C'est l'histoire d'une adolescente, Mélissa, qui observe de son balcon la vie quotidienne dans une Algérie paralysée par le terrorisme islamiste. C'est l'Algérie des années 90, en proie à une guerre civile entre les partisans du gouvernement républicain et les groupes islamistes armés comme le FIS (Front Islamiste du Salut). Les assassinats, les «disparitions» et les massacres collectifs sont devenus chose commune. Les morts se comptent non pas en milliers mais en millions. La presse internationale n'en parle pratiquement pas. La plupart des Algériens eux-mêmes ont trop peur pour en parler. Mais de son balcon, Mélissa observe…

PREPARATION A LA LECTURE

Mélissa et sa famille habitent dans un quartier d'Alger particulièrement violent. Imaginez la vie d'une jeune fille de quinze ans dans un tel quartier, où les coups de feu (*gun shots*) sont aussi communs que les bruits de voitures. Nommez quatre ou cinq activités qu'elle ne peut sans doute pas faire dans ces circonstances, et deux ou trois activités qu'elle observe sans doute de son balcon, puis vérifiez vos hypothèses pendant votre première lecture.

✦ LA JEUNE FILLE AU BALCON [extrait]

On entend une explosion.

Et aussitôt des cris. Les fenêtres s'ouvrent et se ferment avec fracas, les portes claquent, les garçons […] dégringolent° les escaliers, sourds aux   *descendent en courant*
appels aigus et coléreux des mères. Les sœurs tirent les petits frères qui
5 pleurent pour ne pas rentrer à la maison, cris, gémissements°, insultes…   *groans*
Une agitation telle qu'on a oublié l'explosion. Le gaz dans un immeuble?
Une voiture piégée°? Un attentat dans un dépôt incendié? Un pétard° trop   *booby trapped / firecracker*
puissant?

On ne veut plus savoir. Et puis le bruit décroît°, comme si rien ne s'était   *diminue*
10 passé, les cris, peut-être les cris des victimes, sont oubliés, jusqu'aux prochaines.

On a peur du désordre et on l'attend.

Mélissa revient sur le balcon. […]

Dans ce quartier d'Alger qui porte aujourd'hui le nom de la capitale de
15 l'Afghanistan—le Kaboul, c'est un quartier *chaud* comme disent les jour-   *searches / burglaries /*
naux, trafic, marché noir, ratissages°, cambriolages°, meurtres, ailleurs° on   *dans un autre pays*
dirait que c'est Chicago… —dans ce quartier où femmes, enfants, vieil-
lards… chacun risque la mort, habite Mélissa. Elle est née dans la maison
où sa mère et la mère de sa mère sont nées. Quand on lui dit, comme pour
20 la plaindre:

—Tu vis à *Kaboul*, c'est affreux, comment tu fais? Tes parents sont fous,
il faut déménager… On va te tuer…

Mélissa répond:

—Qui va me tuer, moi? Pourquoi on va me tuer, moi ou ma famille?
25 Qu'est-ce qu'on a fait? Rien. Alors…

Si on insiste:

—On partira jamais. Ma mère l'a dit, mon père l'a dit, et c'est vrai. On partira jamais.

—Et tu n'as pas peur?

30   —Non.

Combien de fois ses cousines qui habitent des villes plus calmes ou des quartiers épargnés° lui ont parlé ainsi. Elles ne l'ont pas convaincue. Les sœurs de sa mère ne viennent plus aussi souvent, avec les enfants, passer l'après-midi ou la soirée pour un feuilleton, une série, un film sur la chaîne

35   parabolée°.

Les antennes paraboliques, les «barbus°» les appellent les «paradia-boliques», ils ont menacé combien de fois de les casser à coups de hache, ils n'ont pas osé, ils ont peur de la colère des femmes. On dit qu'ils regar-dent les chaînes étrangères en cachette°. Ils se réunissent dans une pièce,

40   ils mettent une cassette islamique à fond et pendant ce temps la télé marche, parfois toute la nuit. […]

Tous les matins, […] la mère de Mélissa appelle l'une de ses sœurs, les deux parfois, pour leur lire le programme parabolé qu'elle a sélectionné la veille. Elles ne sont pas toujours d'accord […]. Les sœurs s'entendent

45   seulement pour des reportages sur l'Algérie. Les enfants s'ennuient, elles restent entre elles, devant l'écran et un pays, leur pays vu de l'autre rive, c'est comme si elles le découvraient. Elles s'exclament, s'étonnent, s'inter-rogent. Elles ne voyagent plus depuis plusieurs années, et lorsqu'elles voient les familles au bord de la mer sur les plages voisines, elles se deman-

50   dent si ce pays est bien l'Algérie, si on ne les trompe pas, sur les chaînes étrangères. Les journalistes étrangers viennent dans leur pays, ils filment, ils vont partout où les Algériens ne vont plus parce qu'ils ont peur de leurs propres frères, ils filment une Algérie, des Algérie qu'elles ne connaissent pas. Leur pays est comme un pays étranger pour elles. Elles ne sortent pas

55   du quartier. Le quartier est un pays, leur pays. […]

Du balcon, Mélissa voit tout.

Les murs de la cité sont maculés° de graffitis, des slogans politiques en français et en arabe, rouge, bleu, noir, des prénoms qui s'enlacent, des ca-ricatures de vedettes de la télévision. Les affiches électorales sont à moitié

60   déchirées […]. Les murs paraissent aussi boueux° que les cours qui sépa-rent les immeubles. La terre battue°, dès qu'il pleut, ressemble au fond des oueds° pris par la crue°. […]

Le long des murs, debout comme des cigognes° en attente, des garçons, des jeunes gens, des copains qui bavardent. Mélissa les reconnaît, toujours

65   les mêmes. On les appelle les hittistes°, ceux qui tiennent les murs, ap-puyés contre les immeubles des jours entiers, ils n'ont rien à faire. Des chômeurs° qui s'ennuient, ils ont renoncé à chercher du travail […]. Ils ont tout abandonné, les petits boulots sur le port, le marché noir… Ils sont fa-tigués […]. Résignés pour toujours, c'est, comme ils disent: «le dégoûtage».

70   Ils ne rêvent même plus du *Babor Australia*, le bateau pour l'Australie qui

---

Glosses:

- épargnés° — *spared*
- chaîne… — *cable or satellite channel* / ceux avec des barbes, des islamistes
- cachette° — en secret
- maculés° — couverts
- boueux° — *muddy*
- terre… — *hard-packed earth*
- oueds° — rivières / crue° *flooded*
- cigognes° — *storks*
- hittistes° — (Le mot *hit*, en arabe, signifie «mur».)
- chômeurs° — individus qui sont sans travail

les conduirait loin, très loin, et plus jamais ils ne reviendraient, ils feraient fortune. Ils n'en parlent plus. […]

Mélissa […] se dirige vers le balcon, interdit dès le crépuscule. Le couvre-feu° est à 22 h 30, mais personne ne sort après 20 heures. C'est la *curfew*
75 première fois depuis des mois qu'elle regarde la nuit et la rue. Dans la journée on ne les voit pas, mais tout le monde en parle, ils font peur, on les redoute autant que les terroristes, il est interdit de les photographier, les journalistes ne peuvent pas les approcher, ces hommes sont des extraterrestres, aussi fascinants et terrifiants. Mélissa regarde la cité, la rue.

80 Elle va peut-être voir les invisibles qu'on appelle les Ninjas. Depuis les tortues Ninja du cinéma américain, tous les enfants les connaissent, ils les aiment, mais les Ninjas algériens, nocturnes, sont féroces, on ne les voit pas. Ils patrouillent toute la nuit, quadrillent° les quartiers à la recherche *crisscross, comb* d'islamistes. Ils sortent des écoles d'arts martiaux, les garçons du quartier
85 les admirent, ils veulent tous pratiquer les arts martiaux. Ils portent des cagoules° noires, un uniforme noir. Ils sont armés de fusils d'assaut et on *hoods* entend jusqu'au matin les bruits de leurs Jeeps Patrol, les Jeeps de la guérilla urbaine. Les Ninjas sont des diables noirs, disent les enfants, qui les dessinent partout. Mélissa sursaute.

90 Elle vient d'apercevoir un commando de Ninjas. Ils avancent par deux vers un immeuble de la cité. Elle s'accroupit°, regarde en écartant° les *crouches / spreading* roseaux° du balcon. *reeds*

Elle ne voit ni la lumière blanche et bleue de la télévision, ni la lumière jaune des plafonniers°. Elle est sûre que derrière fenêtres et volets°, dans *ceiling lights / shutters*
95 le noir, on suit les Ninjas jusqu'à l'immeuble qu'ils vont cerner°. Mélissa *surround* devrait quitter le balcon, fermer les volets et retourner dans la chambre qu'elle partage avec ses petites sœurs. Elle se relève pour mieux voir, les Ninjas ne sont pas tout près.

Ils sont nombreux, au pied de l'immeuble, plusieurs massés devant la
100 porte, le fusil mitrailleur° pointé sur l'ennemi invisible, prêts à l'assaut. *machine gun* Mélissa attend longtemps. Au moment où elle va quitter le balcon, on entend des cris de douleur en même temps que des coups de feu, mitraillés sans interruption.

Mélissa saute dans le salon et se heurte à son père, debout contre la
105 fenêtre ouverte:

—Qu'est-ce que tu fais là? Tu es complètement folle… Tu veux qu'on nous mitraille aussi… Qui t'a permis?

Il gifle° Mélissa. La mère arrive en courant: *slaps*

—Qu'est-ce qui se passe? Mélissa, ma fille… Tu es blessée? Tu pleures?
110 Ma fille… ma fille…

—Ta fille! Elle était sur le balcon, à minuit… […] Elle veut notre mort à tous…

La mère gifle à son tour Mélissa qui court s'enfermer dans sa chambre.

—Ta fille est trop libre. Tu la laisses faire n'importe quoi. C'est toi qui
115 dois la surveiller. […]

La mère se dirige vers la chambre des filles, elle frappe à la porte,
Mélissa n'ouvre pas:

—Ouvre-moi, ma fille. Je sais que je peux entrer si je veux, mais c'est toi
qui dois m'ouvrir, ouvre-moi.

120 Mélissa ouvre la porte de sa chambre. Sa mère la prend dans ses bras, la
serre° contre elle comme une petite fille. Mélissa renifle° dans son cou.   *presses / sniffles*
Elle n'a plus quinze ans, elle a six ans, le cou de sa mère est chaud, elle
peut pleurer, ça sent l'eau de fleur d'oranger, l'odeur de la maison avant la
guerre des rues et la peur.

125 —C'est moi, ma petite fille, ta maman, ne pleure plus… On a eu peur,
tu comprends, les coups de feu, les cris, toi sur le balcon… […] Couche-
toi, tu es ma petite Mélissa, couche-toi, je vais m'asseoir contre ton lit et te
chanter, comme à tes sœurs.

Mélissa s'est endormie dans les soupirs du chagrin et de la tendresse.

— *La Jeune Fille au balcon*, 1996

COMPREHENSION

A. Identifiez dans le tableau ci-dessous les mots de droite qui correspondent logiquement aux descriptions de gauche.

1. __ le nom du quartier où habitent Mélissa et sa famille	a. l'Algérie
2. __ quelque chose que les «barbus» détestent	b. antennes paraboliques
3. __ un endroit que les sœurs découvrent par les chaînes étrangères	c. les Ninjas
4. __ un endroit où autrefois les chômeurs rêvaient d'aller	d. Kaboul
5. __ les «invisibles» que Mélissa essaie de voir la nuit	e. Australie

B. Pourquoi le père de Mélissa se fâche-t-il quand elle rentre du balcon?

C. Qu'est-ce qui se passe dans les rues de Kaboul (Alger) pendant la nuit? Résumez en détail.

PERCEPTIONS

1. Mélissa a quinze ans et habite un quartier dangereux. Mais elle est curieuse et passe beaucoup de temps sur le balcon de son appartement. Que pensez-vous de ses actions? Feriez-vous comme elle, ou respecteriez-vous le couvre-feu? Comment peut-on essayer de vivre «normalement» dans de telles circonstances?

2. On voit que la télévision devient très importante pour les femmes de la famille. Quelles sortes de reportages préfèrent-elles? Pourquoi? Qu'est-ce qui est ironique dans cette situation?

3. Quelle est l'attitude des «barbus» envers la télévision? Pourquoi ne détruisent-ils pas les antennes? Quelles sont leurs émissions favorites et comment les regardent-ils? Est-ce de l'hypocrisie? Expliquez.

4. La famille de Mélissa a choisi de rester dans ce quartier «chaud», alors que bien des parents et amis ont déménagé dans des villes ou des quartiers moins dangereux. Qu'est-ce qui est préférable, à votre avis: rester dans l'habitation familiale traditionnelle au risque de se faire tuer, ou déménager dans un milieu plus sûr mais aussi plus stérile? Discutez les avantages et les inconvénients de chaque choix.

5. Sebbar nous fait un portrait des jeunes chômeurs d'Alger. Que font-ils chaque jour? Décrivez leur état d'esprit. Connaissez-vous des chômeurs? Si oui, comparez leur situation avec celle que Sebbar décrit. Quelle est la responsabilité de la société envers les chômeurs? Quels liens y a-t-il entre le chômage et le terrorisme?

6. Qui sont les «Ninjas»? Que font-ils chaque nuit? Qui sont les «Ninjas» du reste du monde actuel? Dans quelles circonstances, à votre avis, la violence est-elle justifiée?

C. La littérature francophone du Canada

a littérature francophone du Canada reflète une culture d'expression française solidement enracinée dans le continent américain et dont la source est un groupe de dix mille pionniers français qui sont venus s'installer au Canada aux 16e et 17e siècles. C'est l'explorateur Jacques Cartier qui a été le premier de ces pionniers, découvrant en 1534 le territoire qu'on allait appeler pendant près de deux siècles la Nouvelle France. Les colons[1] qui ont suivi étaient animés d'un zèle missionnaire et voulaient avant tout répandre leur religion et leur mode de vie, contrairement aux Puritains de la Nouvelle Angleterre qui voulaient rompre tout lien avec la mère patrie. Deux cents cinquante mille Amérindiens occupaient alors le territoire de la Nouvelle France; la cohabitation avec les Montagnais et les Hurons a été généralement pacifique, mais les guerres avec les Iroquois (1641–1666) mèneront à des confrontations entre la France et l'Angleterre.

Samuel de Champlain, fondateur de la ville de Québec en 1608 et Gouverneur de la Nouvelle France, a laissé dans ses *Voyages en Nouvelle France* (1632) un précieux témoignage de la vie coloniale des Français au Canada. Les colons se divisaient principalement en trois groupes: les marchands, qui recherchaient surtout les peaux de castor[2] pour la fabrication des chapeaux de feutre[3]; les coureurs des bois qui transportaient les peaux, et les missionnaires qui évangélisaient les Amérindiens et exerçaient un contrôle ecclésiastique très puissant sur la colonie.

Les guerres franco-britanniques en Nouvelle France ont commencé en 1686. En 1713, la France a perdu Terre Neuve, l'Acadie et la baie d'Hudson aux Anglais. Peu après, s'est produit «le grand dérangement», ou la déportation des Acadiens par les Anglais. Beaucoup de ces Acadiens sont allés s'installer en Louisiane en 1755, devenant les «Cajuns». La dernière guerre franco-britannique (1756–1763) marquée par la bataille des Plaines d'Abraham à Québec, a sonné le glas[4] de la Nouvelle France, qui est devenue en 1763 un territoire anglais. A cette date, presque tous les nobles et administrateurs sont rentrés en France, emportant dans leurs bagages les capitaux liquides de la colonie. Les soixante mille colons qui sont restés étaient pour la plupart des paysans illettrés[5] pris en charge par le bas clergé. Pour pacifier cette petite collectivité, en 1774, l'Angleterre a signé l'Acte de Québec, assurant aux francophones le droit de parler la langue française et de pratiquer la religion catholique.

Le manque d'éducation, l'isolement géographique et les conditions primitives de la vie de ces pionniers expliquent la naissance tardive de la littérature francophone du Canada. L'anti-intellectualisme de l'Eglise catholique n'encourageait guère la créativité, et la première université de langue française au Québec, l'Université Laval, n'a été fondée qu'en 1852. Le genre le plus populaire au 19e siècle était la chanson poétique, une forme de littérature orale accessible à tous, avec des titres comme *A la claire fontaine* et *O Canada!* Le roman, longtemps considéré comme nuisible à[6] la morale chrétienne,

---

1. colonisateurs 2. *beaver* 3. *felt* 4. **sonné...** *sounded the death knell* 5. qui ne savaient ni lire ni écrire 6. mauvais pour

n'a connu son premier chef-d'œuvre qu'au début du 20ᵉ siècle, avec la publication en 1913 de *Maria Chapdelaine* par Louis Hémon (voir p. 275). C'était une littérature rurale qui idéalisait la terre et les valeurs du passé. Mais avec l'urbanisation de la société canadienne française est venue une nouvelle littérature, dominée non plus par la nostalgie d'un monde perdu, mais par les préoccupations d'un peuple minoritaire qui devait sans cesse défendre son identité. Emile Nelligan, considéré comme le plus grand poète du Canada français et souvent comparé à Baudelaire ou Verlaine, exprime ainsi dans ses poèmes l'angoisse d'être «aliéné de l'intérieur».

A partir des années quarante, le roman canadien français connaît une évolution spectaculaire avec des écrivains comme Albert La Berge, un naturaliste à la Zola (auteur de *La Scouine*); Marie-Claire Blais, connue pour son roman *Une saison dans la vie d'Emmanuel* (1966) et son humour noir; Anne Hébert, dont le roman *Kamouraska* (1970) a été porté au cinéma; Antonine Maillet, qui met en valeur la richesse des traditions acadiennes (*Pélagie-la Charrette*, 1979); Roch Carrier, dont les romans illustrent que «c'est un pays dur, icitte[7]» (*Il n'y a pas de pays sans grand-père*, 1977); et Gabrielle Roy (voir p. 280), qui depuis la publication de *Bonheur d'occasion* en 1947 jusqu'à sa mort en 1983, est considérée comme le chef de file des «romans de l'observation». Ce sont des romans qui dénoncent la domination de l'Eglise catholique, décrivent la désintégration de la famille canadienne française traditionnelle, et expriment les déchirements d'une société bousculée par de profonds changements sociaux, politiques, économiques et religieux. Au théâtre, la pièce *Les Belles-Sœurs* de Michel Tremblay fait scandale en 1968 en osant représenter l'univers des pauvres qui s'expriment en *joual*, le dialecte urbain des classes défavorisées. Les années soixante sont l'époque de la «Révolution tranquille», une prise de conscience nationale marquée par la création du Parti indépendantiste québécois en 1968. Ce mouvement mènera au fameux Référendum de 1980 sur le «Québec libre»: 41% diront oui, 59% diront non. Cependant, la défaite des indépendantistes ne change en rien la volonté de rester francophone, comme l'illustre la profusion de jeunes écrivains au Québec, que ce soit dans le domaine du roman, du théâtre ou de la poésie. Un autre genre qui illustre la vitalité de la culture francophone du Canada est la chanson poétique, avec des chansonniers comme Félix Leclerc (voir p. 286) et Gilles Vigneault, qui exaltent la vie et le Québec pour redonner aux gens de leur pays leur identité propre, dans un grand mouvement d'amour et de tendresse.

Etre francophone en Amérique du Nord n'est pas chose facile. La littérature canadienne francophone continuera sans doute longtemps à être militante pour exprimer l'âme d'un peuple déterminé à survivre—en français. Selon le critique québécois Guy Sylvestre, «la littérature canadienne francophone est une littérature américaine écrite en français dans un pays britannique; elle présente l'image complexe d'un peuple dont l'esprit est américain et le cœur français.»[8]

---

7. «ici» en québécois   8. Cité dans *La Littérature canadienne francophone* par Edwin Hamblet, Hatier, 1987, p. 149.

Louis Hémon
(1880–1913)

Né à Brest, en Bretagne, Louis Hémon a fait ses études au lycée Louis-le-Grand à Paris, puis à la Sorbonne, où il a obtenu une licence en droit et une autre en langues orientales. Après son service militaire, il est parti pour Londres où il a collaboré à plusieurs revues françaises et écrit des romans qui n'ont jamais été publiés. A l'âge de 31 ans, en 1911, il a décidé de partir au Québec pour chercher l'aventure. Après un court séjour dans les grandes villes, il s'est engagé comme garçon de ferme à Péribonka, dans la région du lac Saint-Jean, où il a pu observer de près la vie traditionnelle des paysans canadiens français. C'est là qu'il a écrit son fameux roman *Maria Chapdelaine*. Ce n'est qu'après sa mort, survenue à Chapleau (Ontario), que l'œuvre a paru, d'abord sous forme d'un feuilleton dans le journal *Le Temps* de Montréal (1914), puis sous forme de livre en 1916. Avec plus de dix millions d'exemplaires vendus et des traductions en plus de vingt langues, *Maria Chapdelaine* reste le roman le plus populaire de la littérature francophone, au grand chagrin des Canadiens français d'aujourd'hui qui accusent *Maria Chapdelaine* de perpétuer l'image stéréo-typée d'un Canada primitif habité par des bûcherons[1] et des coureurs des bois.

Le roman raconte l'histoire de la famille Chapdelaine: Samuel, le père, est un pionnier traditionnel qui aime le défi[2] de la forêt vierge canadienne. Sa femme souffre de l'isolement de l'arrière-pays mais, par fidélité, accepte son sort en silence. Maria, la fille, est un modèle de courage, de bon carac-tère et de simplicité. Trois archétypes d'hommes viennent lui faire la cour[3]. François Paradis, bûcheron alcoolique, est celui qu'elle aime; c'est un coureur des bois de caractère instable et qui n'aime pas la vie sédentaire. Maria avait choisi de partager sa vie aventureuse, mais il meurt dans une tempête de neige en essayant d'aller voir Maria le jour de Noël. Il reste Lorenzo Surprenant, le Franco-Américain, l'émigré, qui invite Maria à venir vivre aux Etats-Unis où la vie est plus facile. Eutrope Gagnon, lui, est un voisin, un simple paysan qui ne peut offrir à Maria que l'existence qu'elle connaît depuis toujours. Qui Maria va-t-elle choisir? Au moment de la mort de sa mère, Maria va recevoir sa réponse sous forme de «voix».

1. travailleurs qui coupent les arbres pour la production du bois   2. *challenge*
3. **faire...** rechercher sa main en mariage

PREPARATION A LA LECTURE

Cette section du roman est connue sous le nom de «voix de Maria». Trois voix lui «parlent», chacune offrant une raison pour laquelle elle doit rester au Québec. Parcourez le texte, faites une liste des arguments de chaque voix et donnez un titre à chacune.

Les voix	*Les arguments*
1. La voix du _____	1.
2. La voix du _____	2.
3. La voix du _____	3.

✦ MARIA CHAPDELAINE [extrait]

Maria se demandait encore: pourquoi rester là, et tant peiner°, et tant souffrir? Pourquoi?… Et comme elle ne trouvait pas de réponse voici que du silence de la nuit, à la longue, des voix s'élevèrent.

Elles n'avaient rien de miraculeux, ces voix; chacun de nous en entend
5 de semblables lorsqu'il s'isole et se recueille° assez pour laisser loin derrière lui le tumulte mesquin de la vie journalière. Seulement elles parlent plus haut et plus clair aux cœurs simples, au milieu des grands bois du Nord et des campagnes désolées. Comme Maria songeait aux merveilles lointaines des cités, la première voix vint lui rappeler en chuchotant° les
10 cent douceurs méconnues° du pays qu'elle voulait fuir°.

L'apparition quasi° miraculeuse de la terre au printemps, après les longs mois d'hiver… La neige redoutable se muant° en ruisselets° espiègles sur toutes les pentes; les racines surgissant°, puis la mousse encore gonflée d'eau, et bientôt le sol° délivré sur lequel on marche avec des
15 regards de délice et des soupirs° d'allégresse°, comme en une exquise° convalescence… Un peu plus tard les bourgeons° se montraient sur les bouleaux°, les aunes° et les trembles°, le bois de charme se couvrait de fleurs roses, et après le repos forcé de l'hiver le dur travail de la terre était presque une fête; peiner du matin au soir semblait une permission
20 bénie°…

Le plus pauvre des fermiers s'arrêtait parfois au milieu de sa cour ou de ses champs, les mains dans ses poches, et savourait le grand contentement de savoir que la chaleur du soleil, la pluie tiède°, l'alchimie généreuse de la terre,—toutes sortes de forces géantes,—travaillaient en esclaves
25 soumises pour lui… pour lui…

travailler

se… fait de la méditation

parlant bas
pas appréciées / flee
presque
se… changeant /
streams / racines…
roots appearing / terre

sighs / joie / (mot apparenté) / buds

birches / alders / aspens

blessed

presque chaude

Dans les villes il y aurait des merveilles dont Lorenzo Surprenant avait parlé, et ces autres merveilles qu'elle imaginait elle-même confusément: les larges rues illuminées, les magasins magnifiques, la vie facile, presque sans labeur, emplie° de petits plaisirs. Mais peut-être se lassait-on° de ce vertige° à
30 la longue, et les soirs où l'on ne désirait rien que le repos et la tranquillité. Où retrouver la quiétude° des champs et des bois, la caresse de la première brise fraîche, venant du nord-ouest après le coucher du soleil, et la paix infinie de la campagne s'endormant tout entière dans le silence?

pleine / **se...** on se fatiguait / *dizziness*

calme

«Ça doit être beau, pourtant!» se dit-elle en songeant aux grandes cités
35 américaines. Et une autre voix s'éleva comme une réponse. Là-bas c'était l'étranger: des gens d'une autre race parlant d'autre chose dans une autre langue.

Tous les noms de son pays, ceux qu'elle entendait tous les jours, comme ceux qu'elle n'avait entendus qu'une fois, se réveillèrent dans sa mémoire:
40 les mille noms que des paysans pieux° venus de France ont donnés aux lacs, aux rivières et aux villages de la contrée nouvelle qu'ils découvraient et peuplaient à mesure... lac à l'Eau-Claire... la Famine... Saint-Cœur-de-Marie... Trois-Pistoles... Sainte-Rose-du-Dégel... Pointe-aux-Outardes... Saint-André-de-l'Épouvante...

(mot apparenté)

45 Qu'il était plaisant d'entendre prononcer ces noms, lorsqu'on parlait de parents ou d'amis éloignés°, ou bien de longs voyages! Comme ils étaient familliers et fraternels, donnant chaque fois une sensation chaude de parenté°, faisant que chacun songeait° en les répétant: «Dans tout ce pays-ci, nous sommes chez nous... chez nous!»

(comparez: «loin»)

relation / pensait

50 Vers l'ouest, dès qu'on sortait de la province, vers le sud, dès qu'on avait passé la frontière, ce n'était plus partout que des noms anglais qu'on apprenait à prononcer à la longue et qui finissaient par sembler naturels sans doute; mais où retrouver la douceur joyeuse des noms français?

Maria frissonna°; l'attendrissement qui était venu baigner° son cœur
55 s'évanouit°, elle se dit une fois de plus:

a tremblé / (comparez: «bain») / a disparu

«Tout de même... c'est un pays dur, icitte. Pourquoi rester?»

Alors une troisième voix plus grande que les autres s'éleva dans le silence: la voix du pays de Québec, qui était à moitié un chant de femme et à moitié un sermon de prêtre°.

priest

60 Elle vint comme un son de cloche, comme la clameur auguste des orgues° dans les églises, comme une complainte naïve et comme le cri perçant et prolongé par lequel les bûcherons s'appellent dans les bois. Car en vérité tout ce qui fait l'âme de la province tenait dans cette voix: la solennité° chère du vieux culte, la douceur de la vieille langue jalousement
65 gardée, la splendeur et la force barbare du pays neuf où une racine ancienne a retrouvé son adolescence.

(mot apparenté)

(mot apparenté)

Elle disait:

«Nous sommes venus il y a trois cents ans, et nous sommes restés… Ceux qui nous ont menés ici pourraient revenir parmi nous sans amertume° et

70 sans chagrin, car s'il est vrai que nous n'ayons guère° appris, assurément nous n'avons rien oublié.

«Nous avions apporté d'outre-mer° nos prières et nos chansons; elles sont toujours les mêmes. Nous avions apporté dans nos poitrines° le cœur des hommes de notre pays, vaillant° et vif°, aussi prompt à la pitié qu'au

75 rire, le cœur le plus humain de tous les cœurs humains: il n'a pas changé. Nous avons marqué un plan du continent nouveau en disant: ici toutes les choses que nous avons apportées avec nous deviennent des choses sacrées intangibles et qui devront demeurer jusqu'à la fin.

«Autour de nous des étrangers sont venus, qu'il nous plaît d'appeler des

80 barbares; ils ont pris presque tout le pouvoir; ils ont acquis° presque tout l'argent; mais au pays de Québec rien n'a changé. Rien ne changera, parce que nous sommes un témoignage°. De nous-mêmes et de nos destinées nous n'avons compris clairement que ce devoir-là: persister… nous maintenir…

85 «C'est pourquoi il faut rester dans la province où nos pères sont restés, et vivre comme ils ont vécu, pour obéir au commandement inexprimé° qui s'est formé dans leurs cœurs, qui a passé dans les nôtres et que nous devrons transmettre à notre tour à de nombreux enfants: Au pays de Québec rien ne doit mourir et rien ne doit changer… »

90 Maria Chapdelaine sortit de son rêve et songea: «Alors je vais rester ici… de même!» car les voix avaient parlé clairement et elle sentait qu'il fallait obéir.

— *Maria Chapdelaine*, 1916

(comparez: «amer»)

ne… *scarcely*

d'… *from overseas*
chests
(mot apparenté) /
vivant

(mot apparenté)

witnessing

unexpressed

COMPREHENSION

A. Répondez.

1. Qu'est-ce qui fait que Maria est disposée à entendre des voix?

2. Quelles sortes de beautés de la nature suggère la première voix?

3. Quelle tactique utilise la deuxième voix?

4. Quel est l'argument principal de la troisième?

5. Quels sont les attraits de la vie en ville?

6. Laquelle des trois voix réussit à la convaincre?

7. Quelle est sa décision finale?

B. En parlant du Québec, Hémon insiste sur la lutte pour survivre. Mais il exprime aussi son amour du pays. Sur quoi cet amour est-il basé? Essayez de définir ce qui lie Hémon au Québec.

C. Il y a une qualité poétique au roman de Hémon. Considérez par exemple le troisième et le quatrième paragraphe du passage où il décrit l'arrivée du printemps. Quelles images y trouvez-vous? Quel est leur effet? Essayez de dégager les éléments de son style qui créent cet effet. Parlez de sa manière de décrire les sons et les couleurs du paysage.

PERCEPTIONS

1. Le choix de Maria est basé sur un jugement de valeur. Pourriez-vous vous souvenir d'un choix difficile que vous avez dû faire? Comment avez-vous fait votre choix? Avec le temps et la distance qui changent bien souvent nos idées, pensez-vous que vous prendriez la même décision aujourd'hui? Sinon, parlez de ce que vous auriez dû faire.

2. Avec un(e) camarade de classe, discutez le choix de Maria. Une personne expliquera pourquoi elle doit rester au Québec. L'autre expliquera pourquoi il serait préférable qu'elle parte.

3. A votre avis, Maria est-elle une héroïne ou une victime? Victime de son devoir filial? d'un pays froid et dur? Expliquez votre impression. Auriez-vous pris la même décision que Maria?

4. Imaginez que vous ayez l'occasion de quitter votre ville natale pour aller travailler et vivre à Paris. Vous pensez longtemps à votre choix. Vous entendez une «voix» qui vous chuchote «les cent douceurs méconnues du pays… [que vous voulez] fuir». Quelles seraient ces «douceurs»? Discutez avec un(e) camarade de classe et comparez ce qui vous manquera quand vous serez loin de chez vous.

5. Maria est tentée par la vie à la ville qui semble bien plus facile que la vie à la campagne. Selon vous, est-ce plus stressant de vivre en ville ou à la campagne? Dans un climat chaud ou froid? Examinez l'influence du milieu et du climat sur la qualité de la vie.

6. Maria hésite quand elle imagine sa vie dans un pays étranger parmi «des gens d'une autre race parlant… dans une autre langue». Avez-vous fait l'expérience d'être entouré(e) de gens qui parlaient une langue inconnue, soit en voyageant, soit chez vous parmi des immigrés? Etiez-vous désorienté(e)? frustré(e)? curieux (curieuse)? fasciné(e)? Expliquez.

7. Comme l'exemple de Maria nous le montre, les actions et les choix de nos ancêtres affectent notre vie. C'est surtout le cas quand nos ancêtres ont choisi d'immigrer dans un autre pays. Parlez de votre famille et de ses origines. Voudriez-vous retourner au pays d'origine de votre famille (ou un de ces pays)? Serait-ce pour une simple visite ou pour y vivre? Discutez avec un(e) camarade de classe.

Gabrielle Roy
(1909–1983)

Gabrielle Roy est née en 1909 à Saint-Boniface, dans le Manitoba. Elle était la plus jeune de onze enfants et était très attachée à sa mère, Mélina, qui lui a transmis son talent de conteuse et qui lui a servi d'inspiration pour un grand nombre de ses personnages féminins. La pauvreté, dont Roy parlera beaucoup dans ses romans, est quelque chose que Gabrielle a connu très personnellement pendant son enfance. Grâce à une bourse, elle a pu faire des études d'institutrice à l'école normale de Winnipeg et elle a enseigné pendant huit ans à Saint-Boniface. Son rêve, cependant, était d'aller étudier l'art dramatique en France et en Angleterre, un rêve qu'elle a réalisé de 1937 à 1939. La guerre a précipité son retour au Canada et elle s'est installée à Montréal où elle a collaboré à plusieurs journaux et écrit son premier roman, *Bonheur d'occasion*, qui est sorti en 1945 et l'a propulsée vers la gloire. Ce roman lui a valu l'honneur d'être le premier auteur canadien à recevoir le Prix Femina, décerné à Paris en 1947. Après son mariage au docteur Marcel Carbotte et un deuxième séjour en Europe, Gabrielle Roy a publié son deuxième roman, *La Petite Poule d'eau* (1950) et s'est installée définitivement à proximité de la ville de Québec. C'est là qu'elle a écrit le reste de ses œuvres, des romans et des nouvelles qui ont reçu plusieurs prix littéraires et qui incluent *Rue Deschambault* (1955), *Cet été qui chantait* (1972), *Ces enfants de ma vie* (1977) et *De quoi t'ennuies-tu, Eveline?* (1982). L'autobiographie de Gabrielle Roy, *La Détresse et l'Enchantement*, est sortie en 1984, un an après sa mort.

De nombreux critiques considèrent les romans de Gabrielle Roy comme les plus importants de toute la littérature canadienne francophone. C'est elle qui, pour la première fois, s'est servie de Montréal comme décor littéraire et a tiré ses personnages du prolétariat canadien français. Sa préoccupation en tant que romancière est moins l'intrigue (ou l'action) que l'étude psychologique des personnages. Dans la nouvelle *De quoi t'ennuies-tu, Eveline?* dont vous allez lire un extrait, «l'action» est un long voyage en autobus, mais ce qui captive le lecteur, c'est Eveline, une femme assez âgée qui rayonne de bonté, de simplicité et d'enthousiasme.

PREPARATION A LA LECTURE

La nouvelle *De quoi t'ennuies-tu, Eveline?* se situe dans trois endroits différents: à Winnipeg, dans un autobus qui va du Canada à la Californie, et avec la famille en Californie à Bella Vista, près de San Juan Capistrano. Parcourez le texte pour identifier l'événement central associé à chaque endroit, et les réactions principales d'Eveline.

Où?	L'événement central	Réactions d'Eveline
à Winnipeg		
dans l'autocar		
en Californie		

✦ DE QUOI T'ENNUIES-TU, EVELINE? [extraits]

Dans sa vieillesse, quand elle n'attendait plus grande surprise ni pour le cœur ni pour l'esprit, maman eut une aventure. Elle lui arriva par Majorique, le frère qu'elle n'avait jamais cessé de chérir° tendrement, peut-être   aimer
parce qu'il menait la vie qu'elle eût aimée pour elle-même: partir, connaître
5 autant que possible les merveilles de ce monde, traverser la vie en voyageur.
Toute sa vie d'adulte, captive de son foyer, de ses devoirs, jamais maman
n'avait abdiqué son désir de liberté, et quand la liberté vint enfin, ce fut avec
la douleur des séparations. Son mari au cimetière, ses enfants dispersés, elle
eut le cœur enchaîné par les souvenirs et le chagrin. […] Ainsi va la vie sans
10 doute. Et pourtant, c'est alors que maman eut sa récompense°. Un jour de   reward
janvier, au Manitoba, elle reçut de Californie ce curieux télégramme:
   Majorique à la veille du grand départ souhaite revoir Eveline. Argent suit.
   Que pouvaient signifier ces mots: *à la veille du grand départ?* Que Majorique était très malade, sur le point de mourir peut-être? Ou bien qu'il
15 s'apprêtait à partir pour une autre destination tout simplement? […] Le

télégramme entre les mains, Eveline restait songeuse°, hésitant […] entre   pensive
l'inquiétude et l'émerveillement°. […]   **l'inquiétude…** *worry*
                                                                                              and wonder
    Mais soudain, Eveline se reprit […]. Majorique la demandait et, quelle
que fût son intention, elle devait accourir sur-le-champ°.   immédiatement
20   Avait-elle seulement idée de la distance entre Winnipeg et ce petit
village de Californie où habitait Majorique: Bella Vista? Probablement
pas, car la folie de son frère, pour qui un voyage de mille milles s'entre-
prenait aussi facilement qu'une visite à un voisin, cette folie la gagna aussitôt […]. Merveilleusement, elle ignora qu'elle avait soixante-treize ans
25 et que son cœur demandait des ménagements. […] Enveloppée d'un   *fur collar/ lined boots*
long manteau à col de fourrure°, les pieds chaussés de bottes fourrées°,
[…] elle s'élança vers la Californie comme si c'était au pôle qu'elle se
rendait.

[Le long voyage de cinq jours en autobus commence donc, ainsi que la conversation
30 *avec plusieurs personnes assises autour d'elle, et le flot de souvenirs.]*

    Et voici […] que lui revint un souvenir. Un jour—elle était en ce temps-
là une jeune femme avec une maisonnée sur les bras, plusieurs enfants
tout jeunes et peu de temps pour ruminer ses regrets—un jour Majorique,
en passant, s'était arrêté la saluer. Comment avait-il su qu'elle désirait
35 autre chose que tout ce qu'elle possédait, autre chose d'imprécis et pour-   *demanding*
tant de si exigeant° à sa manière? Il avait pris entre ses mains le visage de
sa sœur, scrutant les yeux: «De quoi t'ennuies-tu, Eveline?» Et elle avait
répondu: «Je ne le sais même pas, voilà qui est bien fou, n'est-ce pas,
Majorique?»—«Peut-être de ce que tu n'as pas vu, hein, sœurette?» Et au
40 même instant elle avait saisi à quel point c'était vrai. «Oui, de ce que je n'ai
pas vu et ne verrai sans doute jamais. […]» Alors, serrant un peu plus fort
son visage entre ses mains, Majorique lui avait promis: «Un jour, je te ferai
venir, loin, là où je serai, peut-être en Californie.»
    Et voyez comme tournent les choses. Il y a bien plus de merveilles au-
45 devant de nous qu'on le croit.

[Ses compagnons de voyage, intrigués par l'histoire du télégramme et charmés par la
personnalité d'Eveline, se lient d'amitié° avec elle. Certains voyageurs l'invitent   **se…** deviennent amis
même à s'arrêter chez eux au retour.]

    Quelles braves gens, ces Américains, se dit-elle, comme ils ont le cœur
50 sur la main, on dirait des enfants, des enfants généreux qui voudraient
partager° tout ce qu'ils ont. Elle en eut les larmes aux yeux. Le plus beau   *share*
du voyage, de tous les voyages peut-être, pensa-t-elle, ce ne sont pas les
sites, les paysages, si nouveaux soient-ils, mais bien l'éternelle ressemblance des hommes, sous tous les cieux, avec leur bonté, leur douceur si
55 touchante. De plus en plus elle avait le sentiment que les humains, que
presque tous les humains, au fond, sont nos amis, pourvu qu'on leur en

laisse la chance, qu'on se remette entre leurs mains et qu'on leur laisse voir le moindre signe d'amitié.

[Le chauffeur du bus observe souvent par le rétroviseur° «la petite vieille habillée   rearview mirror
60 *comme pour aller au pôle» et qui, quand elle raconte des histoires, est «tout animée».]*

C'était très étrange ce qui se passait autour d'elle: à l'entendre, à la voir, elle qui était certainement très vieille, tous paraissaient rajeunis, égayés, et non seulement elle les rendait ainsi en restituant aux gens leurs propres
65 souvenirs, mais c'était aussi elle, apparemment, qui leur faisait découvrir la beauté, l'intensité du présent. Lorsqu'on entra dans le Montana, elle s'écria, dressée tout à coup sur le bord de son siège:

—Ah, il faut que je regarde bien! Le Montana, voilà un Etat que j'ai toujours désiré connaître. On y fait l'élevage des bêtes à cornes, n'est-ce pas?

70 *[Après un moment d'inquiétude, imaginant le pire pour Majorique, les autres voyageurs essaient de rassurer Eveline.]*

Mais ils se demandaient, oui, eux aussi ils se demandaient ce que la voyageuse allait trouver à la fin de ses songes.

Les collines ne furent plus bientôt que des silhouettes très noires, trou-
75 blantes [...]. Et les gens, dans cet autobus aux lumières éteintes, s'étaient mis à songer à leurs vies [...]. Ces collines de nuit rappelèrent à Eveline le visage de sa vieille mère [et son] attachement pour le petit village montagneux du Québec d'où elle était partie un jour pour le Manitoba. [...] Et ce souvenir [...] mit aussitôt ses compagnons de voyage dans l'état d'esprit
80 qu'il faut pour accueillir° en soi les âmes disparues. De nouveau le fermier   recevoir
du Wyoming parla de son vieux père. Ah, que les récits avaient le don° de   gift
rassembler les gens, se dit Eveline. Mille fois dans sa vie elle en avait fait l'expérience. Dès qu'on remue un souvenir de sa vie, par là même on entraîne les autres à en faire autant. Et peu à peu le cercle rassemblé
85 autour du conteur finit par être immense, immense. [...]

Autant Eveline aimait raconter, autant elle aimait écouter. Cette nuit-là elle se sentit délicieusement dépaysée°, et assez jeune encore pour goûter   disoriented
la richesse qui accompagne le dépaysement. [...] A l'arrière de l'autobus se trouvait aussi un Français, qui jusque-là avait paru distant et ne s'était
90 mêlé à aucune conversation. Mais voici qu'il éprouva à son tour le désir de charmer Eveline [...]. Etienne Denis raconta que tout jeune, il était venu de sa province terminer ses études à Paris [...]. Il décrivit les terrasses de cafés remplies de gens [...], les allées du Luxembourg, les promenades le long des quais de la Seine... Tout allait bien, chacun écoutait avec le plus
95 grand plaisir. Pourquoi osa-t-il déclarer alors que nulle ville au monde ne pouvait se comparer à Paris? Aussitôt, un autre voyageur silencieux jusquelà protesta: selon lui, la plus belle ville du monde était Vienne. Et voici

qu'on cessa de voir les villes en question et d'entendre leur doux murmure. Il n'y eut plus que des voix impérieuses, tranchantes°. «Non, c'est *sharp, assertive*
100 New York […].» «Non, San Francisco…» «Non, Londres…» […] D'un sourire peiné, Eveline tâcha° de faire comprendre au Français qu'il valait *essaya* mieux abandonner cette discussion. Ah, elle aurait pu lui dire à quel moment exactement il avait perdu son petit auditoire: lorsqu'il avait affirmé. Cela ne donnait rien d'affirmer, ce qui comptait c'était de faire voir, de
105 faire aimer…

[Eveline continue ainsi son voyage et quand elle arrive finalement à sa destination, c'est pour apprendre que Majorique, son frère, vient de mourir. Pourquoi avait-il envoyé ce télégramme si étrange? «Que ma petite sœur Eveline fasse au moins un beau voyage, elle qui a si peu voyagé… Il ne faut jamais, en voyageant, se laisser gâter sa
110 *curiosité par l'inquiétude…» (p. 87) Les enfants et petits-enfants de Majorique accueillent Eveline à bras ouverts et la famille réunie accompagne Majorique pour son dernier voyage, sur une colline de sa propriété.]*

[Q]uand ils attaquèrent ensemble la dernière pente de la colline, Eveline pensa que Majorique, en tête du défilé°, devait sourire de triom- *parade, here: line of*
115 phe. N'avait-il pas réalisé aujourd'hui le plus beau tour° de sa vie? *mourners / trick*

La montagne verdoyante°, les fleurs exquises, ce ciel d'été quand ce *verte* devrait être l'hiver, c'en était trop sans doute pour Eveline. Elle pensa un moment: «Majorique n'est pas mort. Il s'amuse à nous réunir de tous les coins du monde pour cette promenade magnifique.» […]
120 Alors, levant la tête, Eveline aperçut en bas, très loin, miroitant° sous le *brillant* soleil, une surface calme, brillante et infinie. Qu'était-ce? Un mirage? […] Ayant suivi son regard et lisant sur son visage l'expression du doute et de l'espérance, le petit Edwin […] chuchota°: *whispered*
—Oui, *Auntie dear*, c'est l'océan.

— De quoi t'ennuies-tu, Eveline? 1982

COMPREHENSION

1. Le télégramme dit «Majorique à la veille du grand départ». Quelles sont les interprétations possibles de ce message?

2. Pourquoi Eveline n'avait-elle jamais voyagé?

3. En tant que jeune mariée, Eveline n'était pas heureuse et son frère avait essayé de comprendre ses peines. Qu'est-ce qu'il avait promis de faire pour elle un jour?

4. Dans l'autobus, pourquoi les passagers se sont-ils pris d'affection pour Eveline et qu'ont-ils commencé à faire?

5. Comment Eveline était-elle habillée? Pourquoi était-ce comique?

6. Pourquoi la dernière «promenade» de Majorique était-elle «le plus beau tour de sa vie»?

7. Que symbolisait l'océan pour Eveline?

PERCEPTIONS

1. Gabrielle Roy décrit Eveline avec beaucoup de sensibilité. Cherchez dans le texte les détails qui nous donnent son portrait: son apparence, ses pensées, ses sentiments, son caractère. Avec ces éléments, composez un paragraphe pour la décrire à quelqu'un qui n'a pas lu l'œuvre.

2. «Il y a bien plus de merveilles au-devant de nous qu'on le croit.» (lignes 44–45) Dans quel contexte Gabrielle Roy dit-elle cela? Est-ce vrai pour tout le monde? Expliquez.

3. Eveline raconte des histoires de sa famille au Manitoba d'une voix douce et nostalgique. Quelle est la réaction des voyageurs? Pourquoi les récits ont-ils «le don de rassembler les gens» et pourquoi «le cercle rassemblé autour du conteur finit [-il] par devenir immense, immense»?

4. L'hiver et les paysages se ressemblent au Manitoba, dans le Montana et dans le Dakota du Nord. Eveline remarque que «rien ne change quand on traverse la frontière». Avez-vous fait l'expérience de changer d'école ou de maison ou de ville, et de trouver que «rien ne change»? Expliquez.

5. Gabrielle Roy dit que les gens qui sourient intriguent les autres. Est-ce vrai d'après vous? Pourquoi ou pourquoi pas?

6. «[L]e plus beau du voyage, de tous les voyages peut-être, […] ce ne sont pas les sites, les paysages, si nouveaux soient-ils, mais bien l'éternelle ressemblance des hommes.» (lignes 51–54) Etes-vous d'accord? Pensez à un voyage que vous avez fait. Qu'est-ce qui en a fait une expérience mémorable? Racontez.

7. «[P]resque tous les humains, au fond, sont nos amis, pourvu qu'on leur en laisse la chance.» (lignes 56–57) Etes-vous d'accord? Que faut-il faire pour «leur en laisser la chance»? Racontez une histoire personnelle qui confirme ou réfute cette phrase.

8. Eveline se trouve dans un espace clos avec un groupe de personnes pendant cinq jours. Le groupe commence à développer une sorte d'identité. Avez-vous eu une telle expérience (dans une classe, dans une voiture, lors d'une conférence, etc.)? Discutez.

9. Quand les voyageurs ont commencé à comparer les grandes villes du monde pour voir laquelle était «la plus belle», les voix sont devenues «impérieuses, tranchantes» et le ton de la discussion a changé. C'est alors qu'Eveline a pensé «cela ne donnait rien d'affirmer, ce qui comptait c'était de faire voir, de faire aimer» (lignes 104–105). Quelles différences voyez-vous entre «affirmer» et «faire voir»? Donnez des illustrations dans différents contextes.

Félix Leclerc
(1914–1988)

Surnommé le «père» de la chanson québécoise, Félix Leclerc est né à La Tuque en 1914. Sixième d'une famille de onze enfants, il a eu une enfance pauvre mais heureuse et n'a jamais oublié la magie des moments privilégiés où la famille se regroupait autour de la mère et du vieux piano familial le dimanche après-midi. Il a fait ses études secondaires au Junoriat du Sacré Cœur à Ottawa puis a commencé des études de belles lettres et de rhétorique à l'Université d'Ottawa, mais la crise économique de 1929 est venue interrompre ses rêves universitaires. Il est alors devenu annonceur de radio à Québec puis à Trois-Rivières, et en 1939, il est entré à Radio-Canada comme comédien. Il écrivait déjà des contes, des poèmes, des nouvelles, des textes dramatiques pour la radio, et des chansons. Sa vie a complètement changé lorsque Jacques Cannetti, un impresario français en visite à Montréal, l'a découvert un soir d'été 1950, lui a tout de suite offert un contrat de cinq ans et l'a ramené en France où il a reçu, quelques semaines après son arrivée, le Grand Prix de l'Académie Charles Cros—le prix le plus prestigieux de la chanson française! Il le recevra encore en 1958 et 1973. Son influence dans le monde de la chanson était telle que non seulement les chansonniers québécois comme Vigneault et Lévesque se sont inspirés de son style, mais aussi les chansonniers français comme Jacques Brel et Georges Brassens.

Pendant de nombreuses années, Félix Leclerc a fait le va-et-vient entre la France et le Québec, mais en 1970, il s'est installé définitivement à l'Ile d'Orléans, près de Québec. Pendant les années 70, il s'est engagé politiquement pour la souveraineté du Québec, exprimant sa prise de position indépendantiste dans ses chansons et poèmes. En 1987, il a reçu la Médaille de l'Académie des Lettres du Québec. Il travaillait à un autre de ses «Calepins du flâneur»[1], un recueil de pensées, de maximes et de petits récits, quand il est mort subitement, le 8 août 1988. Félix Leclerc est toujours révéré au Québec comme celui qui «a mis le Québec sur la carte culturelle du monde francophone».

1. *petits cahiers de quelqu'un qui se promène*

PREPARATION A LA LECTURE

Le poème que vous allez lire est basé sur une métaphore des souliers (ou chaussures). Imaginez que vous allez écrire un poème au sujet de vos souliers. Faites une liste de six ou sept choses que vous pourriez dire sur vos souliers. Maintenant, parcourez le poème pour voir si le poète a mentionné les mêmes choses que vous.

MOI, MES SOULIERS

Moi, mes souliers ont beaucoup voyagé,
Ils m'ont porté de l'école à la guerre,
J'ai traversé sur mes souliers ferrés°   *hobnailed; steel-tipped*
Le monde et sa misère.

5   Moi, mes souliers ont passé dans les prés,
Moi, mes souliers ont piétiné° la lune,   *stamped on*
Puis mes souliers ont couché chez les fées°   *fairies*
Et fait danser plus d'une…

Sur mes souliers y'a de l'eau des rochers,
10 D'la boue° des champs et des pleurs de femmes,   *mud*
J'peux dire qu'ils ont respecté le curé°,   *prêtre de campagne*
L'pays, l'bon Dieu et l'âme.

S'ils ont marché pour trouver l'débouché°,   *ouverture*
S'ils ont traîné° de village en village,   *dragged*
15 Suis pas rendu plus loin qu'à mon lever
Mais devenu plus sage.

Tous les souliers qui bougent dans les cités,
Souliers de gueux° et souliers de reines,   pauvres
Un jour cesseront d'user les planchers,
20   Peut-être cette semaine.

Moi, mes souliers n'ont pas foulé° Athènes,   marché dans
Moi, mes souliers ont préféré les plaines,
Quand mes souliers iront dans les musées
Ce s'ra pour s'y accrocher°.   être sur un mur

25   Au paradis, paraît-il, mes amis,
C'est pas la place pour les souliers vernis°,   patent leather
Dépêchez-vous de salir vos souliers
Si vous voulez être pardonnés…
… Si vous voulez être pardonnés.

— *Cent chansons*, 1988

COMPREHENSION

1. Résumez chacune des sept strophes en quelques mots du point de vue du parcours (itinéraire) des souliers.

   EXEMPLE: Strophe #1: l'enfance, le service militaire

        Strophe #2: (etc.)

2. Le poète suggère qu'il a beaucoup voyagé dans sa jeunesse. Quelle sorte de monde a-t-il trouvé?

3. Quelles sont les trois formes d'eau qui ont mouillé ses souliers? Expliquez.

4. Leclerc dit que tous les souliers «un jour cesseront d'user les planchers». Qu'entend-il par là?

5. Est-ce que ses souliers ont passé plus de temps dans les villes ou à la campagne? Identifiez les vers qui répondent à cette question.

6. Le poète pense-t-il qu'il a mené une vie «morale»? Expliquez.

7. Quand le poète suggère de «salir vos souliers», comment interprétez-vous cette recommandation?

PERCEPTIONS

1. Le poème semble suggérer qu'on devient plus sage après des voyages même si on revient où on a commencé. Etes-vous d'accord? Parlez d'un voyage que vous avez fait (dans une autre ville, un autre état ou un autre pays) et de ce que vous avez appris.

2. Le poète dit que si ses souliers entrent un jour dans un musée, ce ne sera pas à ses pieds, mais comme une relique digne d'être exposée. Tout d'abord, pourquoi sa vie semble-t-elle incompatible avec l'univers des musées? Ensuite, dans quel sens peut-on dire qu'une paire de souliers qui a «vu» le monde est une relique digne d'être exposée dans un musée? Quelle sorte de musée?

3. «Moi, mes souliers» semble glorifier le nomadisme. Quels sont les avantages et les inconvénients d'une telle vie? Choisiriez-vous un travail qui demanderait des voyages constants?

4. L'agencement des rimes (*rhyme scheme*) d'un poème peut renforcer son message. Identifiez la séquence des rimes (rimes embrassées? rimes croisées? rimes plates?) dans les cinq premières strophes puis dans les deux dernières. Quel est l'effet de ces rimes? Que se passe-t-il dans les deux dernières strophes qui change le «pas» des souliers? Donnez votre interprétation.

5. Selon Leclerc, le paradis «n'est pas la place pour les souliers vernis», c'est-à-dire les souliers du luxe ou des grandes occasions, mais c'est plutôt la place pour les souliers qui ont été salis par la vie (vers 25–29). Comment interprétez-vous cette métaphore? Dans quel sens faut-il «salir ses souliers» pour mériter «le paradis»?

6. Dans «Moi, mes souliers», le poète s'identifie avec ses souliers. Leur voyage dans la vie est son propre voyage dans la vie, sa vie même. En petits groupes, choisissez un autre vêtement et imaginez quelles expériences ce vêtement possède qui résument votre vie. Soyez prêts à présenter cet autre «vous» à la classe.

Synthèse

◆━━━━━━━━━━━━━━━━━━━━━━━━━━━━━━━━━━━◆

A DISCUTER

A. Comment le titre *L'Aventure ambiguë* s'applique-t-il à:

- *Cahier d'un retour au pays natal*
- *Douceurs du bercail*
- *Chemin-d'école*
- *L'Enfant de sable*
- *Maria Chapdelaine*

Expliquez et élaborez.

B. «Le Chemin du bonheur»: Comment le père dans *L'Enfant de sable,* Maria Chapdelaine, Eveline, Asta et Senghor dans «Femme noire» trouvent-ils le bonheur?

A ECRIRE

A. «Cahier d'un voyage dans la francophonie»: Qu'est-ce que vous avez appris et compris à travers les yeux des différents auteurs que vous avez lus?

B. Choisissez trois des auteurs ou personnages suivants et imaginez leur réponse à «De quoi t'ennuies-tu?»:

Césaire

Senghor

Samba Diallo

Asta

Le négrillon

Mélissa

Maria Chapdelaine

Puis, donnez votre propre réponse à la question.

Appendice littéraire

Appendice littéraire

ELEMENTS FONDAMENTAUX DE L'ANALYSE LITTERAIRE

L'analyse peut se rapporter à deux aspects principaux d'un texte:

le fond, ou les idées;

la forme, c'est-à-dire la langue, le style et les techniques de l'auteur.

La littérature se divise en trois **genres** principaux: la prose, le théâtre et la poésie.

La Prose

La prose comprend les **romans,** les **contes**[1], les **nouvelles**[2], les **lettres,** les **essais,** les **maximes,** etc. Comme le dit Molière dans *Le Bourgeois gentilhomme*, «tout ce qui n'est point prose est vers; et tout ce qui n'est point vers est prose».

Le **héros** ou l'**héroïne** d'un roman ou de tout autre ouvrage littéraire est le **personnage**[3] **principal** ou le (la) **protagoniste.** Les personnages secondaires servent souvent à mettre en valeur les personnages principaux.

Le Théâtre

Le théâtre peut être en prose ou en vers, comique ou tragique. La **farce** fait rire par son comique scénique (gestes, mimiques, grimaces, etc.). La **comédie** est plus profonde: en exposant le ridicule des personnages ou des mœurs[4], elle cache sous des aspects comiques un message souvent tragique, comme les vices ou le vide de l'existence. La **tragédie** présente «avec tristesse et majesté»[5] le spectacle des passions humaines et des catastrophes qu'elles entraînent. Le **drame** est principalement tragique, mais n'hésite pas à mélanger les tons.

Une pièce de théâtre est souvent divisée en **actes** et en **scènes** où les **monologues** alternent avec les **dialogues.** Une pièce s'organise généralement autour d'une **intrigue**[6] qui se prépare dans l'**exposition** (présentation des personnages et de la situation), se complique jusqu'au **nœud**[7] de l'action, ou la crise, puis trouve une résolution dans le **dénouement.**

---

1. *tales* 2. *short stories* 3. Attention, on ne dit pas «caractère»! 4. manières de vivre
5. expression de Racine (auteur du 17e siècle) 6. *plot* 7. *the "knot" (the climax)*

La Poésie

La poésie est la musique de la littérature; elle se distingue avant tout par sa forme et son rythme. Un poème s'organise le plus souvent en **vers** (ou lignes) et en **strophes** (ou groupes de vers).

Certains poèmes ont une forme fixe, comme le **sonnet** qui se compose de 2 **quatrains** (ou strophes de 4 vers) suivis de 2 **tercets** (ou strophes de 3 vers). Une **ballade** se compose de vers de 8 **pieds** (ou syllabes) groupés en strophes de 8 vers. Dans un **rondeau,** on retrouve les vers de 8 pieds, ou **octosyllabes,** mais groupés en strophes de 4 vers.

L'octosyllabe que nous venons de mentionner est un vers à forme fixe. Si le vers contient 10 pieds, il s'appelle un décasyllabe; s'il en contient 12, c'est un **alexandrin,** ou le vers classique français. Quand le nombre de pieds n'est pas fixe, ce sont des **vers libres.**

La syllabation diffère légèrement en poésie. Alors que le **e** final des mots ne se prononce pas dans la langue parlée, il se prononce en poésie et compte comme syllabe, sauf devant une voyelle ou à la fin du vers. Notez la syllabation dans le vers suivant:

Cet/**te**/ le/çon/ vaut/ bien/ un/ fro/ma/**ge**/ sans/ doute. (La Fontaine)

Les deux **e** en caractères gras[8] se prononcent car ils précèdent une consonne; le **e** de «doute» ne se prononce pas, car il se trouve à la fin du vers.

Chaque vers contient souvent une idée complète, mais s'il faut attendre le vers suivant pour que l'idée se complète, c'est un procédé rythmique qu'on appelle l'**enjambement.** Si l'enjambement est très court, c'est-à-dire que si l'idée du premier vers se termine au tout début du vers suivant, créant un effet de surprise, on l'appelle aussi un **rejet.** Les vers suivants de Victor Hugo présentent un exemple de rejet:

Demain, dès l'aube, à l'heure où blanchit la campagne,
Je partirai. Vois-tu, je sais que tu m'attends.

La **rime** est l'élément musical qui se répète à la fin des vers. Selon leur disposition dans une strophe, les rimes peuvent être **plates** (AABB), **croisées** (ABAB) ou **embrassées** (ABBA). Reprenons le poème de Victor Hugo déjà cité:

Demain, dès l'aube, à l'heure où blanchit la campagne,
Je partirai. Vois-tu, je sais que tu m'attends.
J'irai par la forêt, j'irai par la montagne.
Je ne puis demeurer loin de toi plus longtemps.

8. *boldface*

Dans cette strophe, nous voyons que «campagne» rime avec «montagne» (vers 1 et 3) et «attends» rime avec «longtemps» (vers 2 et 4). Les rimes sont donc croisées (disposition ABAB).

La qualité des rimes est un autre facteur à considérer en poésie, Les vers à **rime pauvre** n'ont qu'un élément identique, comme dans «ami/défi», où le seul son répété est la voyelle **i.** Les vers à **rime suffisante** ont deux éléments identiques, comme dans «attends/longtemps», où les sons répétés sont le **t** et la voyelle nasale. Une **rime riche** comprend au moins trois éléments identiques, comme dans «emporte/morte», où le **o,** le **r** et le **t** sont répétés. Pour déterminer si une rime est pauvre, suffisante ou riche, il faut se rappeler que c'est le son qui compte, et non l'orthographe—un autre signe que la poésie est avant tout musique.

FIGURES DE STYLE

Les termes suivants, présentés par ordre alphabétique, sont les plus communs parmi les figures de style ou figures de rhétorique. Un bon moyen de se les rappeler est de les associer dans sa mémoire avec un exemple-clé.

Une **allitération** est la répétition des mêmes sons consonnes dans une succession de mots.

> *Exemple:* «Pour qui sont ces serpents qui sifflent sur vos têtes?» (allitération en s).

Une **antithèse** est une opposition.

> *Exemple:* «des grêlons de flamme» (*hailstones of flame*)—l'association d'éléments contraires, comme la glace et le feu, forme une antithèse.

Une **apostrophe** s'adresse directement à une personne, une chose ou une abstraction personnifiée.

> *Exemple:* «O temps, suspends ton vol, et vous, heures propices…»

Une **assonance** est la répétition des mêmes sons voyelles dans une succession de mots.

> *Exemple:* «Les faux beaux jours…» (répétition du son **o**).

Une **comparaison** rapproche deux idées avec le mot *comme* ou un synonyme de *comme* (*tel, pareil à*).

> *Exemple:* «Le jour pour moi sera **comme** la nuit.» (Notez que cette comparaison est aussi une antithèse.)

Une **hyperbole** est une exagération de la pensée.

> *Exemple:* «C'est un géant» pour «Il est grand».

Une **litote** est une diminution de la pensée.

> *Exemple:* «Je ne vous hais pas» pour «Je vous aime».

Une **métaphore** est une comparaison sous-entendue.

> *Exemple:* «les ailes du temps» (*the wings of time*)—le temps est comparé de
> façon implicite à un oiseau.

Une **métonymie** attribue le nom d'un objet à un autre à cause des rapports
évidents qu'ils ont entre eux.

> *Exemple:* «Il a bu la mort»—on ne peut pas boire la mort, mais on peut
> boire ce qui cause la mort, c'est-à-dire du poison.

Une **périphrase** exprime en plusieurs mots ce que l'on aurait pu dire en
un seul.

> *Exemple:* «la plaine liquide» pour «la mer»; ou «l'homme de Waterloo»
> pour «Napoléon».

Une **personnification** attribue des caractéristiques humaines à des animaux, des choses ou des abstractions.

> *Exemple:* «Le printemps naît».

Dans les fables, les animaux sont personnifiés.

Un **symbole** est la représentation concrète de quelque chose d'abstrait.

> *Exemple:* Le chien est le symbole de la fidélité.

Une **synesthésie** est une association entre des sensations de nature différente.

> *Exemple:* «une musique bleue» (la musique se perçoit par les oreilles, les
> couleurs se perçoivent par les yeux); «une couleur chaude» (associa-
> tion de la vue et du toucher).

CREDITS

TEXT

p. xiii, Chart, "Assessment Criteria: Speaking Proficiency," (Table 3-E) from *The ACTFL Oral Proficiency Interview Tester Training Manual,* contributing editors Heidi Byrnes and Irene Thompson with editor Kathryn Buck, © 1989. Reprinted with permission, American Council on the Teaching of Foreign Languages (ACTFL); **p. 166,** From Jacques Prévert, *Paroles.* Copyright © 1949 Editions Gallimard. Reprinted by permission; **p. 170,** From Albert Camus, *Le Mythe de Sisyphe.* Copyright © 1942 Editions Gallimard. Reprinted by permission; **p. 176,** From Jean-Paul Sartre, *Les Mains sales.* Copyright © 1948 Editions Gallimard. Reprinted by permission; **p. 183,** From Eugène Ionesco, *La Cantatrice chauve.* Copyright © 1948 Editions Gallimard. Reprinted by permission; **p. 190,** From Jean Anouilh, *Antigone.* Copyright © 1946 Editions de la Table Ronde; **p. 196,** From Annie Ernaux, *La Vie extérieure.* Copyright © 2000 Editions Gallimard. Reprinted by permission; **p. 202,** Reprinted from Amélie Nothomb, *Les Catilinaires.* Copyright © 1995 Editions Albin Michel. Used with permission; **p. 209,** Reprinted from Yann Apperry, *Farrago.* Copyright © 2003 Editions Bernard Grasset. Reprinted with permission; **p. 216,** Reprinted from J.M.G. Le Clézio, *L'Africain.* Copyright © 2004 Mercure de France. Used with permission; **p. 223,** From Jean-Christophe Rufin, *Globalia.* Copyright © 2004 Editions Gallimard. Reprinted by permission; **p. 234,** From Aimé Césaire, *Cahier d'un retour au pays natal,* 1939. Copyright © 1983; **p. 239,** From Léopold Senghor, *Femme noire.* Copyright © 1990. Reprinted by permission; **p. 243,** Reprinted from Cheikh Hamidou Kane, *L'Aventure ambiguë.* Copyright © 1961. Used with permisison; **p. 248,** From Aminata Sow Fall, *Douceurs du bercail.* Copyright © 1998. Reprinted with permission; **p. 253,** From Patrick Chamoiseau, *Chemin-d'école.* Copyright © 1994 Editions Gallimard. Reprinted by permission; **p. 262,** Reprinted from Tahar Ben Jelloun, *L'Enfant de sable.* Copyright © 1985; **p. 268,** From Leïla Sebbar, *La Jeune Fille au balcon.* Copyright © 1996; **p. 281,** Reprinted from Gabrielle Roy, *De Quoi t'ennuies-tu, Eveline?* Copyright © 1988; **p. 287,** Félix Leclerc, "Moi, mes souliers." Used by permission.

ILLUSTRATIONS

p. 16, Pol de Limbourg, *Calendrier des très riches heures du Duc de Berry: Août.* Chantilly, Musée Condé. Réunion des Musées Nationaux/Art Resource, NY; **p. 19,** Antony Groves-Raines.; **p. 34,** Erich Lessing/Art Resource, NY; **p. 38,** Atelier de la Loire, *Concert à la fontaine,* détail central—femme jouant de l'orgue. Paris, Musée des Gobelins. Giraudon/Art Resource, NY; **p. 41,** Château de Versailles, France/Giraudon/Bridgeman Art Library; **p. 44,** Roger-Viollet, Paris/Bridgeman Art Library; **p. 47,** Bibliothèque Nationale, Paris/Giraudon/Bridgeman Art Library; **p. 50,** Musée des

Beaux-Arts, Blois, France/Giraudon/Bridgeman Art Library; **p. 53,**
Réunion des Musées Nationaux/Art Resource, NY; **p. 58,** Nicolas Poussin,
Eliezer et Rebecca. Paris, Musée du Louvre. Réunion des Musées
Nationaux/Art Resource, NY; **p. 61,** Culver Pictures Inc.; **p. 64,** Erich
Lessing/Art Resource, NY; **p. 68,** Réunion des Musées Nationaux/Art
Resource, NY; **p. 71,** Réunion des Musées Nationaux/Art Resource, NY;
p. 77, Culver Pictures Inc.; **p. 82,** Réunion des Musées Nationaux/Art
Resource, NY; **p. 90,** Jean-Honoré Fragonard, *Blind Man's Buff,* about
1750–52, oil on canvas, The Toledo Museum of Art, Purchased with
funds from the Libbey Endowment, Gift of Edward Drummond Libbey
1954.43; **p. 93,** Réunion des Musées Nationaux/Art Resource, NY; **p. 98,**
Giraudon/Art Resource, NY; **p. 103,** Giraudon/Art Resource, NY;
p. 108, Réunion des Musées Nationaux/Art Resource, NY; **p. 114,** Auguste
Renoir, *Le Déjeuner des canotiers.* Phillips Collection, Washington DC/
Bridgeman Art Library; **p. 118,** Bibliothèque Nationale, Paris/Giraudon/
Bridgeman Art Library; **p. 121,** Giraudon/Art Resource, NY; **p. 126,** ©
Hulton-Deutsch Collection/CORBIS; **p. 132,** © Hulton-Deutsch Collec-
tion/CORBIS; **p. 138,** © Bettmann/CORBIS; **p. 146,** Collection Kharbine-
Tapabor, Paris/Bridgeman Art Library; p. **150,** Bibliothèque Nationale,
Paris/Archives Charmet/Bridgeman Art Library; **p. 153,** Culver Pictures
Inc.; **p. 158,** Magritte, René (1898–1967) © ARS, NY. *La Clef des Champs*
(*The Door to Freedom*), 1936. Fundación Colección Thyssen-Bornemisza,
Madrid, Spain. Photothèque R. Magritte-ADAGP/Art Resource, NY;
p. 163, The Granger Collection, New York; **p. 166,** © Lipnitzki/Roger-
Viollet; **p. 169,** Henri Cartier-Bresson/Magnum Photos; **p. 174,** Henri
Cartier-Bresson/Magnum Photos; **p. 182,** Henri Cartier-Bresson/Magnum
Photos; **p. 189,** Dalmas/Sipa Press; **p. 195,** © Sophie Bassouls/CORBIS
SYGMA; **p. 201,** © Eric Fougere/VIP Images/CORBIS; **p. 208,** © Ornela
Vorpsi; **p. 215,** Michel Ginies/Sipa Press; **p. 222,** Richard Kalvar/Magnum
Photos; **p. 230,** (top) Lineair/Peter Arnold Inc.; (middle) Courtesy Chan-
tal Thompson; (bottom) CP/Jacques Boissinot; **p. 233,** © Sophie Bas-
souls/CORBIS SYGMA; **p. 237,** © Sophie Bassouls/CORBIS SYGMA;
p. 241, Courtesy Chantal Thompson; **p. 246,** Courtesy Chantal Thompson;
p. 252, © Giraud Philippe/CORBIS SYGMA; **p. 261,** © Sophie Bassouls/
CORBIS SYGMA; **p. 267,** © Eric Fougere/VIP Images/CORBIS; **p. 275,**
© Martinie/Roger-Viollet; **p. 280,** Collection Roger-Viollet. Courtesy
Fonds Gabrielle Roy; **p. 286,** © Richard Melloul/CORBIS SYGMA.